내 글살이의 뒤안길

내 글살이의 뒤안길

펴낸곳 서울대학교출판문화원
펴낸이 오연천
지은이 천승걸

초판 1쇄 인쇄 2011년 7월 20일
초판 1쇄 발행 2011년 7월 25일
출판등록 제 15-3호

주소 151-742 서울특별시 관악구 관악로 599
대표전화 02-880-5252
팩스 02-888-4148
마케팅팀(주문상담) 02-889-4424, 02-889-7995
이메일 snubook@snu.ac.kr
홈페이지 www.snupress.com
영문홈페이지 eng.snupress.com

ⓒ 천승걸 · 2011

저자와의 협의하에 인지는 생략합니다. 잘못된 책은 바꾸어 드립니다.
이 책의 무단 전재나 복제 행위는 저작권법 제 98조에 따라 처벌받게 됩니다.

ISBN 978-89-521-1220-0 03810

내 글살이의 뒤안길

천승걸 산문집

서울대학교출판문화원

머리말

　5년 전 정년퇴임을 자축하여 졸저 『미국 흑인문학과 그 전통』을 상재할 때 그동안 발표해 온 글들에 새 글들을 곁들여서 산문집 하나쯤 함께 엮어 냈으면 하는 바람이 없지 않았다. 그러나 원래 그런 일들을 민첩하게 해내지 못하는 타고난 게으름과 낯가림 때문에 그 바람은 실행으로 옮기지 못하고 말았다. 그 후 정년퇴임과 함께 시간의 여유가 좀 생기면서 그동안 마음속으로만 벼르며 쓰지 못하고 있던 글들, 예컨대 내 일생의 아주 많은 부분을 보낸 산에 관한 이야기들, 그 산들을 오르내리며 만나고 마주쳤던 꽃과 나무에 얽힌 이야기들, 그리고 이곳 저곳을 돌아다니며 느끼고 경험했던 여행담들, 이런 글들을 써서 이미 발표한 글들과 함께 산문집 한 권쯤 만들어 냈으면 하는 생각을 다시 하게 되었다. 그러던 중 3년 전 그만 큰 병에 걸려들고 말았다. 그 후로 지금까지 힘겨운 투병 생활을 계속해 오고 있다.
　지난해 병이 재발하여 건강이 한계점에 이르게 되자 이제는 주변을 정리해야 할 때가 되었다는 생각이 들었다. 제일 먼저 정리해야 할 것은 아무래도 내가 느끼며 생각하며 살아온 내 삶의 단편적인 기록들, 즉 내 글살이의 흔적들이어야 할 것 같았다. 그래서 새로 써보고 싶은 글들은 혹시라도 다시 글을 쓸 수 있을 만큼 건강이 회복될 수 있다면 그런 훗날의 몫으로 미루기로 하고 지금까지 써서 발표해 온 글들을 일단 정리해서 한 권의 산문집으로 엮어 보기로 했다. 그런 생각을 하자 나사니엘 호손의 「야망이 큰 손님The Ambitious Guest」이라는 소설의 젊은 주인공의 모습이 불쑥 떠올랐다. 그리고 "무덤 속에서 잊혀지고 말 삶을 참을 수 없어" 하는 야망이 큰, 그러나 불의의 산사태로 흔적 없이 이 세상에서 사라져 버리고 만 그 이름 모를 젊은이의 음성이 경고음처럼 들려왔다. "그것 보십시오! 석판이 됐건 대리석이 됐건 화강암 기둥이 됐던 사람들의 마음속의 영광스런 기억이 됐건, 어떤 기념비 같은 것을 바라는 것이 인간의 본성이죠…… 늙은 사람이건 젊은 사람이건 우리는 모두 그런 무덤과 기념비 같은 걸 늘 생각하지요." 내가 남기고 싶어 하는 산문집은 호손의 젊은 주인공이 말한 바로 그런 기념비 같은 것이라는 생각이 들었기 때문이었으리라.

    남의 기억 속에 남기를 바라는 그러한 바람은 아마도 호손의 생각처럼 야망이나 허영 같은 인간의 본성에서 비롯될 것이다. 그러나 한편, 내가 내 삶의 한 부분을 정리한 산문집을 남기는 일은, 그래서 내가 아끼고 나를 아끼는 내 가족과 이웃들, 그리고 가까운 친구들의 기억 속에 내 모습의 한 조각이라도 남기는 일은, 그들의 아낌에 대한 조그만 보답이 되리라는, 그리고 그렇게 하는 것이 그들에 대한 나의 최소한의 도리일 것이라는 생각도 들었다.

　그렇게 스스로를 다독이며 지금까지 여기저기 발표한 글들을 모아보니 책 한 권은 좋이 될 분량이 되었다. 초기의 글 중에는 너무 감상적이거나 내용이 너무 허술해 보이는 글들도 없지 않았지만 그런대로 모두 내 삶의 편린들이라는 생각에 그런 글들도 가능한 한 다 포함시키기로 했다.

　그러나 글들을 하나하나 검토해 보니 글의 형식이나 내용이나 길이가 다양해서 하나의 책 모양을 갖출 어떤 체계로 정리하는 일이 결코 쉽지가 않아 보였다. 고심 끝에 아쉬운대로 글의 성격과 주제에 따라 여덟 개의 장으로 나누어 보았다. 그리고 좀 긴 글들을 모은 여덟 개의 장을 제외한 나머지 장에서는 가능한 한 글들을 발표 연대 순으로 배열하고 각 글 뒤에 발표 연도와 발표 지면을 밝힘으로써 내가 어떤 시기의, 어떤 삶을, 어떻게 표현하며 살아 왔는가를, 즉 나의 글살이의 역정을 살펴 볼 수 있도록 배려해 보려했다. 그래서 책의 제목도 『내 글살이의 뒤안길』이라고 정했다.

　이렇게 정리한 글들을 다시 읽어보니 접장이 아니랄까봐 계몽이나 훈계나 비판 조의 글이 많은데 내 자신이 그러한 훈계나 비판에서 얼마나 자유로울 수 있는 삶을 살아왔는가를 돌이켜 보면 새삼 부끄러움과 아쉬움을 느끼지 않을 수 없다. 지나온 내 삶을 되돌아보며 그런 자성의 시간을 갖게 해 준 것만으로도 이 책을 엮는 보람이 있다고 자위해 본다.

　이런 변변치 못한 책이라도 만들어 낼 용기와 힘을 지탱하게 해 준 나를 아끼고 사랑해 준 사람들, 특히 와병 후 나의 건강을 진심으로 염려해 주고 격려해 준 가까운 이웃들에게 먼저 고마움을 전하고 싶다. 그리고 특유의 단아하고 정갈한 글로 정성들여 발문을 써 준 내 평생의 단짝 친구 백초白初 김명렬에게 감사를 표한다. 분에 넘치는 과찬의 내용에 오직 부끄러울 따름이다. 나의 사람됨이나 나의 글의 한계를 스스로 잘 알고 있는 까닭이다. 흔쾌히 이 책의 출판을 허락해 준 김성곤 전 서울대학교출판문화원장에게도 이 자리를 빌려 감사드린다. 끝으로 힘겨운 간병 생활의 고된 시간 틈틈이 원고의 정리부터 컴퓨터 입력 교정 등 모든 작업을 혼자 도맡아 수행한 아내 유인애에게 깊은 고마움을 전한다.

2011. 6. 산여재山如齋에서
천승걸

차례

머리말   4

1. 삶의 단상이라 할 몇 편의 글   11
   - 과장이 뜻하는 것   12
   - 멋과 조화   16
   - 여성다움, 모성의 희생적 사랑   21
   - 미국의 봄, 그 부조화의 조화   24
   - 바다와 밀림   27
   - 나의 서재, 내 삶의 소우주   31
   - 내 이화시절의 사진첩   37
   - 배우는 것의 어려움   41
   - 어느새 꽃망울 터뜨린 호접란   44
   - 주례퇴임 고별사   47

2. 여행첩에서 뽑은 몇 편의 글   55
   - 여로에서 : K형에게   56
   - 바다   62
   - 여름이 간다   71
   - 월출송   73
   - 어촌의 아침   78
   - 여름, 바다, 밤하늘   81
   - 백두산 등반 여행기   85

3. 언어, 말글살이와 관련된 몇 편의 글　　　　　91

　　• 「일사일언(一事一言)」 칼럼 4제
　　　　언어 공해로 얼룩진 주말　　　　　　　92
　　　　말의 인플레　　　　　　　　　　　　94
　　　　올바른 표현　　　　　　　　　　　　95
　　　　의식개혁과 의식화　　　　　　　　　97
　　• '제3의 사나이'와 '더 더드 맨'　　　　　100
　　• 얼빠진 말, 얼빠진 사회　　　　　　　　105

4. 교육문제와 연관된 몇 편의 글　　　　　　111

　　• 찢겨진 교복　　　　　　　　　　　　　112
　　• 캠퍼스의 꿈은 평화롭고　　　　　　　　116
　　• 대학 하계강좌 유감　　　　　　　　　　120
　　• 내가 책을 읽는 이유　　　　　　　　　　124
　　• 인간의 능력과 '질량불변의 법칙'　　　　129
　　• 졸업, 새끼 뻐꾸기의 비상　　　　　　　134

5. 시론이라 할 만한 몇 편의 글　　　　　　　137

　　• 원칙과 예외의 철학　　　　　　　　　　138
　　• 「청론탁설(淸論濁說)」 칼럼 4제
　　　　교수님　　　　　　　　　　　　　　142
　　　　말 잘 듣는 어린이　　　　　　　　　143
　　　　근시안　　　　　　　　　　　　　　145
　　　　눈치의 윤리　　　　　　　　　　　　147
　　• 올림픽과 카드섹션　　　　　　　　　　150
　　• 88년을 보내며 - 송년 권두 에세이　　　156
　　• 미국 독립기념일을 맞이하여　　　　　　164
　　• 컴퓨터로 쓴 편지　　　　　　　　　　　169

6. 네 사람을 기리는 네 편의 글 175

- 잊을 수 없는 스승 - 송욱 선생님 176
- 나의 어머니 박화성 - 돌아가신 어머니를 추모하며 183
- 기원형 목사님과 나의 어머니 186
- 내 깨복쟁이 친구 김성훈 190

7. 문학, 문학작품을 다룬 몇 편의 글 197

- 내가 요즘 다시 읽은 소설
  버지니아 울프의 『댈러웨이 부인』 198
  F. 스콧 피츠제럴드의 『위대한 개츠비』 206
  J.D. 샐린저의 『호밀밭의 파수꾼』 217
  E.M. 포스터의 『인도로 가는 길』 227
- 『주홍글자』의 헤스터 프린 237
- 한국문학을 세계무대로 241
- 아이작 B. 싱거의 문학세계 244
- 오늘 다시 만나는 세계문학의 주인공 - 허클베리 핀 247
- 독서에세이 - 마크 트웨인의 『이상한 나그네』 251
- 아직도 생생한 그 묵시적 충격 - 버지니아 울프의 『등대로』 254

8. 논문 같은 좀 긴 몇 편의 글 257

- 한국 여성문학의 선구자 - 소영 박화성의 삶과 문학 258
- 개인과 집단, 그 갈등의 현장
  - 윤흥길의 『묵시의 바다』와 박영한의 『머나먼 쏭바강』 270
- 한 예술가의 죽음, 그 애절한 산화 - 버지니아 울프 284
- '모호함'의 미학 : 우리들의 운명 이야기
  - 나사니엘 호손의 『주홍글자』 300
- 대학입시제도, 이대로 좋은가? 317

발문: 문학과 사회비평의 이중주 - 김명렬 334

1

삶의 단상이라 할 몇 편의 글

과장이 뜻하는 것

 사람에겐 태어날 때부터 거의 본능적으로 타고나는 몇 가지 습벽이 있는 것 같다. 과장벽 역시 그중의 하나가 아닐까 한다.
 주위의 사물을 분별하고 그것을 말로써 표현할 수 있는 능력이 생기기 시작하면서부터 대부분의 아이들은 누가 가르쳐 주는 것도 아닌데도 거짓말이라는 것을 배우기 시작한다. 남의 주의나 동정을 끌기 위하여, 자신을 과시하기 위하여, 때로는 남에게 지지 않기 위하여 아이들은 차츰 과장의 습관을 익히게 된다. 우리는 이런 사실을 경험으로써 잘 알고 있다. 정도의 차이는 있겠지만 아마도 어렸을 적에 과장 섞인 거짓말 한 번 해보지 않은 사람은 아주 드물 것이기 때문이다.
 거짓말이 나쁜 것인 줄 알면서도 아이들의 가벼운 거짓말이나 과장된 표현을 우리는 별로 심각하게 생각하지 않는다. 아이들의 그런 행동을 남을 해치려는 악의에서라기보다는 순수한 상상력과 재미있게 표현하려는 욕구와 자기 미화의 본능에서 비롯된 자연스런 성장의 일시적인 한 과정으로 받아들이기 때문일 것이다. 그래서 우리는 오히려 그런 거짓말을 하는 아이들의 깜찍한 모습에 대견함과 귀여움을 느끼기조차 한다.

아이들만이 아니라 성인에게서도 애교 있는 거짓이나 과장에 접하게 되는 경우가 없지 않다. 술이 약한 친구의 두주불사론이나 뱃심 없는 친구의 거창한 무용담 같은 것이 그런 것이다. 아무도 그런 친구의 말을 곧이곧대로 믿지 않는 데서, 그 친구 역시 우리가 그의 말을 액면 그대로 받아주기를 강요하지 않는 데서, 그리고 무엇보다도 그 이야기가 남에게 해를 끼치는 악의적인 것이 아니라는 데서, 그 과장의 애교는 가능할 수 있는 것이다. 그리고 그러한 거짓이나 과장은 우리의 메마른 생활에 즐거움을 주는 하나의 청량제의 구실을 하기조차 한다. 그러나 과장이나 거짓이 자기의 이익을 위하여 남에게 해를 끼칠 수 있을 때, 그리고 그것을 사실로서 받아주기를 강요할 때 그 과장은 허위가 되고 때로는 기만과 사기가 되는 법이다.

유감스럽게도 우리의 주위엔 오직 철저한 이해에 얽힌 삭막한 과장의 숲이 첩첩히 둘러싸여 있음을 불쑥 느끼게 된다. 불쑥 느낀다는 것은 그만큼 그러한 과장의 세계에 만성화되어 있다는 것을 뜻한다. 아침 신문의 광고란에서부터 심야의 TV 선전광고에 이르기까지, 우리는 과장의 홍수 속에 하루하루를 계속 떠밀려가고 있는 것 같은 느낌이다. 국적 불명의 너절한 이름을 가진 숱한 약품들은 만병통치약이 아닌 것이 없고. 감탄 부호가 줄기차게 달라붙어 있는 그 많은 영화들은 감동의 명편 아닌 것이 드물고, 우리가 늘상 사용하는 무수한 상품들은 품질이 보증된 최고급품 아닌 것이 없는 것이다.

하기야 이런 현상은 경쟁을 기본으로 삼는 자본주의 사회의, 더구나 오늘날과 같은 매스컴 시대의 하나의 필요악이 아니겠는가 하고 너그럽게 보아 넘길 수도 있다. 문제는 이와 같은 바람직하지 못한, 다분히 허위적인 과장벽이 우리들의 근본적인 사고 구조에까지 침식해 들어가고 그 증상이 점점 만성화되어 가고 있지 않는가 하는 점이다.

우리의 일상생활에서 '보통'과 '특별'의 개념이, 그리고 그 한계가 차츰 흐려져 가고 그러한 현상이 정당화되어 가고 있다는 사실은 그 한 좋은 예가 될 것이다. '특급'열차는 이미 '보통'열차로 전락해 버리고 그것도 모자라 '우등'열차가 새로이 등장한 것은 이미 오래 전의 일이다.

보통과 특별을 혼동하는 것은 사실과 과장을, 때로는 진실과 허위를 혼동하는 것으로 발전할 수도 있다. 진실과 허위의 혼동이 별다른 저항 없이 횡행할 수 있는 사회, 그것은 생각만 해도 끔찍한 카오스의 세계가 아닐 수 없다.

문학 용어에 하이퍼볼리hyperbole라는 말이 있다. 강렬한 정감을 표현하기 위하여 사용하는 수사학적인 과장법을 뜻하는 말이다. 셰익스피어의 묘미는 이 하이퍼볼리의 이해 없이는 불가능하다 해도 과언이 아니다. 그러나 하이퍼볼리는 분명 과장이면서도 단순한 과장과는 더구나 허위나 기만과는 거리가 멀다. 하이퍼볼리를 사용할 때 우리는 표현된 그대로 이해해 주기를 결코 바라지 않으며 오히려 그 표현 안에 담긴 함축적 진실의 전달을 그 생명으로 삼는다. 그런 의미에서 사실 모든 문학적 표현은 이미 하이퍼볼리라 해도 과언이 아닐 것이다.

오늘도 우리 주위에 넘치는 허위와 과장의 홍수 속에서 새삼 하이퍼볼리가 가진 의미를 되새겨 보게 된다.

1973. 2. 『여성중앙』

멋과 조화

멋이라는 말은 우리가 가장 흔히 사용하면서도 그 뜻을 꼭 집어내기가 가장 어려운 말 중의 하나가 아닌가 한다. 이희승 편 국어대사전을 보면 멋은 세련되고 풍채 있는 몸매, 아주 말쑥하고 풍치 있는 맛, 온갖 사물의 진미 등으로 풀이되어 있으나 이 풀이가 결코 만족스러운 것이 되지 못함은 멋이라는 말을 얼마큼 이해하고 있는 사람이라면 누구나 느끼는 바일 것이다. 멋이라는 말은 말로써 충분히 설명될 수 없는, 말로 풀이됨으로써 오히려 그것이 지니고 있는 그 고유한 의미가 절감切減되는, 그저 마음으로 그 뜻을 느껴 아는 미묘한 뉘앙스를 함축하고 있기 때문이리라.

멋이라는 말은 어쩌면 우리의 생활과 사고의 밑바닥에 짙게 밀착되어 온, 우리 민족 고유한 문화의 일각을 잘 드러내는 말이 아닌가 싶다. 우리의 머릿속에 이상적인 인간형으로 지워지지 않고 남아 향수처럼 불쑥 그리움으로 몰고 오는 저 선비의 청아한 모습, 세욕을 초월하여 풍류를 즐길 줄 알고 중용과 여유와 은근의 미덕을 알며, 그러면서도 학문의 도道와 충忠, 효孝, 신信, 의義의 지엄한 윤리를 생명처럼 지킬 줄 아는 고고하고 의

연한 모습, 그것은 바로 한국적인 멋의 총화가 아닐 수 없다. 멋의 개념이 우리 문화의 한 속성을 대표하는 우리 고유의 것이 아닌가 하는 생각은 다른 나라 특히 서양의 언어에서 '멋'에 상당하는 말을 찾기가 대단히 어렵다는 사실에 의하여 잘 뒷받침된다. 예를 들어 '멋있다'는 뜻으로 풀이될 수 있는 영어의 스마트, 핸섬, 댄디, 스타일리쉬 그 어느 것도 우리가 알고 느끼는바 멋이라는 말이 함축하는 포괄적인 의미를 전달하기에는 너무나 미흡하다.

외국어로 번역하거나 외국 사람에게 그 개념을 이해시키기 가장 어려운 말 중의 하나가 바로 멋이라는 말일 것이다. 적어도 내가 대해 본 외국인들 특히 서양 사람들은 거의 예외 없이 멋의 개념을 제대로 이해하지 못하는 것 같았다. '멋'과 그 어원을 같이하는 '맛'에 대해서도 그들의 감수성이 우리의 그것에 비해 훨씬 빈약한 것은 결코 우연의 일치가 아닐 것이다.

그들이 맛의 미묘한 차이에 둔감하다는 것은 비교적 단순한 그들의 음식 조리법에서도 느낄 수 있지만 맛을 표현하는 어휘의 빈약함에서 더욱 잘 드러난다. 영국이나 미국 사람들에겐 뜨거운 것이든 매운 것이든 다같이 '핫트'이며 달콤하든 달착지근하든 향긋하든 고소하든 모두 '스위트'로 표현된다. 하물며 구수하고, 삼삼하고, 새콤하고, 맵싸하고, 텁텁하고, 떨떠름하고, 시금털털하고, 찝찔하고, 꼬릿꼬릿한 이 다양하고 미묘한 맛의 차이를 맛에 대한 그들의 빈약한 어휘로서는 정확히 구분해 낼 수가 없다. 더구나 숙취 후의 조반상에 오르는 따끈한 북어국이나 동태국의 맛을 시원하다는 역설적인 표현으로 더욱 풍부하게 전할 수 있는 뛰어난 상상력이 우리에게는 주어져 있는 것이다. 이렇듯 맛에 대한 예민한 감각과 풍부한 상상력을 천부적으로 갖춘 우리가 멋의 개념을 우리 문화의 한 고유한 속성으로 지켜 온 것은 극히 당연한 결과라 생각된다.

우리에게 느껴지는 맛의 미묘함이 다채롭듯 우리에게 느껴지는 멋의 미묘한 함축은 참으로 다양하다. 세련, 완숙, 조화, 진실, 여유, 은근, 완곡…… 이 모든 속성의 미묘한 총화가 멋의 개념을 이루고 있는 것이다. 그러나 멋의 정수는 아마도 조화감에 있지 않은가 한다. 멋이 있다는 것은 결국 잘 어울린다는 것이라 해도 지나침이 없을 것이다.

세련된 옷차림이나 완숙한 태도 그 자체가 이미 멋이 있는 것은 결코 아니다. 도서관을 드나드는 대학생의 세련된 날렵한 옷차림에서 우리는 멋을 느끼기 어렵다. 그것은 학생의 이미지와 날렵한 옷차림과의 위화감에서 비롯되는 것일 게다. 교복이나 작업복에 군화차림이라면 그 학생은 좀 더 멋이 있어 보일 것이다. 그러나 화려한 무대에 선 가수의 차림이 작업복에 군화라면 그것은 아무리 선의로 본다 해도 궁상의 한계를 벗어날 수 없는 하나의 희화일 따름이다. 그 가수의 옷차림은 역시 날렵하고 세련되어야 어울리는 법이고 그래야 멋이 있는 법이다.

노년의 차분하고 신중하고 여유 있는 태도는 완숙의 멋을 느끼게 한다. 그러나 노년의 이러한 완숙함이 젊은이에게서 발견될 경우 그것은 자칫 무기력과 때로는 비굴의 태도로 오해되기 쉽다. 설익은 대로의 혈기와 기개가 역시 젊은이에겐 어울리고 그것이 젊은이의 멋이기 때문이다.

깊은 밤의 실험실에서 주위의 모든 것을 잊고 오직 연구에 골몰하고 있는 진지한 학자의 모습, 담배 연기를 좇아 고통스럽게 시상을 더듬는 시인의 고독한 눈길, 자신의 영과 육을 불사르듯 정열적으로 노래를 부르는 가수의 몰아의 표정, 자신의 일에 진지하게 몰두하는 이 모든 모습들에서 우리는 멋의 극치를 느낀다. 그것들은 자신을 철저히 내던진 학자의, 시인의, 가수의 가장 잘 어울리는 진실한 모습들이기 때문일 것이다.

그러나 자신의 일에 철저한 진지한 사람들 중에 아집과 자애가 지나쳐 자기의 주장만을 내세우고 상대방을 포용하는 데에 무척 인색한 사람들을 자주 접하게 되는 건 유감스럽다. 그들의 주장이 아무리 진실하고 논리적인 것이라 해도 그리고 자신을 주장하는 태도가 아무리 진지하다 하더라도 그들의 모습은 결코 멋있는 모습일 수가 없다. 그들의 편협과 독선은 이미 인성의 균형과 조화를 상실하고 있기 때문이다. 여유, 은근, 완곡, 포용이 멋을 이루는 중요한 속성임은 재언할 필요가 없을 것이다.

많은 사람들이 멋을 이야기하고 스스로 멋이 있는 사람으로 자처한다. 그러나 적지 않은 사람들이 조화의 초석 위에 세워진 이 단순하고 명료한 멋의 철학을 깨닫지 못하고 있음은 안타까운 일이다. 분수에 지나치게, 상황에 어울리지 않게 부리는 멋, 그리고 자기 과시를 위해 의식적으로 부리는 멋은 결코 진정한 의미의 멋이 될 수 없다. 그것은 이미 조화감의 상실에서 출발한 것이기 때문이다. 진정한 멋은 조화의 미에서 은연중 드러나는 것이라야 한다. 고고하고 의연하고 청아한 우리네 옛 선비의 모습에서 풍기는 그것처럼.

    중용과 은근과 여유의 미덕을 일찍이 터득한 우리 조상들은 과연 현명한 선인들이었음을 새삼 자랑스레 느껴 본다.

1976. 3. 『수필문학』

여성다움,
모성의 희생적인 사랑

'현대 여성'하면 우리의 머릿속에서는 거의 조건 반사적으로 '우먼 리브 여성 해방운동'이니 '여성 상위' 등의 단어가 떠오른다. 그리고 이러한 말들로부터 주먹을 휘두르며 여권 신장을 소리 높이 외치는 과감한 현대 여성의 모습을 우리는 쉽사리 추출해 낼 수 있다. 그만큼 오늘날 여성의 지위는 과거에 비하여 월등히 향상되었고 그 향상의 추세는 대체로 미개한 몇몇 나라를 제외하고는 세계 어느 곳에서나 맹렬한 상승기류 위에 놓여 있음이 사실이다. 여권 존중 사상이 비교적 일찍 싹튼 서구의 경우는 더욱 그러리라는 짐작을 하기는 어렵지 않을 것이다.

그러나 따지고 보면 '현대 남성'이라는 새로운 종류의 남성이 따로 있을 수 없듯이 '현대 여성'이라는 새로운 종류의 여성이 갑자기 새로이 나타났을 리 없다. 더욱이 '여성다움'을 이야기할 때 현대적이니 전통적이니 하는 구분이 가능할 수 있을지는 대단히 의문이다. 그것은 '인간다움'을 이야기할 경우와 마찬가지다. '인간다움'에 대하여 우리 인류가 지녀온 이상은 예나 지금이나 그리고 동서를 가릴 것 없이 근본적으로 별로 다를 것이 없기 때문이다. 따라서 현대적이니 전통적이니 하는 '여성다움'의 의미에 대한 구분은 극히 피상적일 수밖에 없다는 것이 나의 생각이다. 서양여성의 경우도 마찬가지일 것이다.

물론 내가 서구의 현대 여성을 속속들이 알 수 있을 만큼 그들과 충분한 접촉이 있었던 것도 아니고 서구의 남성들을 대상으로 그들의 여성관에 관한 여론 조사를 해 본 적이 있을 리도 없다. 그러나 몇 년간의 미국에서의 생활, 더욱이 현대적 의식이 가장 두드러지게 드러나는 그곳의 대학생활의 체험은 나의 이러한 주장을 얼마만큼은 정당화시켜 줄 수 있으리라 생각한다.

그곳에서 생활하는 동안 새삼 확인할 수 있었던 것 중의 하나는 인간과 인간관계에 관한 근본적인 가치관에 있어서 서양과 동양은 생각처럼 그렇게 먼 거리에 있지 않다는 사실이었다. 이상적인 남녀 관계, 남성다움, 여성다움 등에 대한 생각에 있어서도 별로 다를 바가 없는 것 같았다.

오늘날 미국의 젊은 여성들은 대체로 적어도 표면적으로는 '우먼 리브'에 적극 찬동하며 남성에 의하여 그들에게 기대되는 '여성다움'에 저항감을 느끼고 있음이 사실이다. 그러나 그 저항 자체가 '여성다움'에 대한 우리들의 생각과 그들의 생각이 거의 일치하고 있음을 은연중에 드러내고 있는 것은 흥미롭다. 현대 여성의 상징처럼 되어 있는 '우먼 리브'가 '여성다움'의 현대적 추구가 아니라 오히려 비여성화 운동의 성격이 강하다는 것은 '우먼 리브'의 지도자들의 옷차림이나 언행이 남성의 그것을 몹시 닮고 있다는 데서 충분히 증명된다. 그러나 보다 많은 미국의 젊은 여성들이 여전히 그들이 여성임을 의식하고 있다는 것은 참으로 다행스런 현상이다.

한편 '여성다움'에 대한 서구의 남성들의 생각이 우리의 그것과 별로 다를 바 없다는 사실 역시 주목할 만하다. 특히 술잔을 주고받으며 거나해질 때, 부드럽고 따뜻하고 희생적인 모성을 여성다움의 극치로 예찬하며 서양 여자들에 대한 불만을 나에게 털어 놓은 적지 않은 서양 친구들을 나는 기억하고 있다.

문학 작품의 경우에 있어서도 마찬가지다. 현대 서구의 문학 작품에 등장하는 대부분의 '여성다운' 여주인공의 모습에서 우리는 부드럽고 따뜻하고 희생적인 모성을 찾기가 어렵지 않다.

여성의 특권은 모성이다. 그것은 신에 의하여 하사된 영원한 여성의 특권이다. 남성이 누릴 수 없는 여성만의 그 특권을 소중히 간직하고 풍요롭게 향유할 수 있을 때 여성은 가장 여성다워질 수 있을 것이다. 부드러움과 따뜻함과 희생적 사랑의 총화인 이 모성은 동과 서를 초월하여 어제도 오늘도 내일도 줄곧 여성다움의 원천을 이루어 왔고 이루고 있고 또 이루어 가리라 믿는다.

1977. 3. 『진주』

미국의 봄,
그 부조화의 조화

　미국이라는 나라는 그 다양한 인종만큼이나 기후 역시 다채롭다. 사계가 공존한다 해도 과언이 아닐 만큼 그 큰 덩치를 이루고 있는 여러 지역에 따라 기후 차이가 엄청나기 때문이다. 그러나 내가 주로 머물렀던 미국의 동부와 중서부의 기후는 봄과 가을이 비교적 짧고 여름과 겨울이 지겹게 길다는 약간의 불편함 외에는 우리나라의 그것과 대체로 비슷하다.
　봄이 오면 개나리와 목련과 벚꽃이 다투어 피고 길가의 플라타너스 잎에도 연둣빛 물이 뽀얗게 오른다. 그 낯익은 봄의 모습들은 잠시 이국에서의 고독감과 이방감을 덜어 주기도 한다. 그래서 고향을 떠난 사람들은 늘 그처럼 봄을 기다리는 모양이다.
　그러나 처음 맞는 미국의 봄에서 나는 봄이 봄 같지 않은 야릇한 위화감을 느꼈었다. 그것은 미국의 봄이 춘래불사춘春來不似春이라는 우리네 표현에 짙게 배어 있는 각박하고 위축된 어떤 삶의 모습을 담고 있어서가 아니었다. 그 위화감은 오히려 뭔가 풍요함이나 다채로움에서 오는 것 같다고 나는 막연히 느끼고 있었다. 그러던 어느 날 나는 그 위화감의 정체를 우연히 확인한 것이었다. 그것은 봄의 절기에 어울리지 않는 그들의 다채로운 옷차림이었다. 거리에는 겨울 외투와 장갑에서 한 여름의 반소매와 핫팬츠에 이르기까지 갖가지의 옷차림이 자유롭게 활보하고 있었고 길가의 잔디밭에는 여름의 해변에서나 볼 수 있는 반라의 수영복 차림까지 심심찮게 여기 저기 널려 있었던 것이다. 나의 복장은 얇은 스웨터와 춘추용 바지의 단정한 봄차림이었음은 물론이다.

철에 따라 절기에 맞는 옷차림을 하는 것은 분명 존중되어야 할 하나의 미덕이다. 그것은 질서 의식의 한 표현일 수도 있고 순리를 존중하는 한 예절일 수도 있다. 그러나 추우면 두터운 옷을 입고 더우면 얇은 옷을 입는 것은 보다 자연스러운 질서요 순리일 것이다. 우리의 경우 추운 봄날 겨울 외투를 다시 꺼내 입거나 더운 봄날 반소매 차림으로 선뜻 거리에 나서는 사람은 드물다. 그것은 기존의 질서나 관습에 대한 다분히 경직된 우리의 반응 때문이기도 하지만 남이 어떻게 생각할까를 먼저 가늠하는 타의식에서 오는 것이기도 하다. 그러나 이 타의식은 다른 사람을 존중하는 마음에서 보다는 자신감의 부족에서 비롯되는 말하자면 눈치 의식이라는 데에 문제가 있다.

우리는 싼 담배를 사 피울 때, 싼 음식을 사 먹을 때, 싼 옷을 사 입을 때, 왠지 떳떳하지 못한 기분으로 남의 눈길을 살폈던 경험을 대체로 가지고 있을 것이다. 미국 사람들이 남을 살피는 눈치에 그처럼 둔감할 수 있는 것은 남에 대한 간섭에도 그만큼 둔감할 수 있기 때문이 아닐까 싶다.

미국의 봄 거리에서 처음 느꼈던 그 위화감은 기실 부조화의 조화, 불협화의 화음이 주는 그런 미묘한 균형감이었음을 나는 가끔 뜻 깊게 되새겨 보곤 한다. 그 부조화의 조화는 미국 사람들의 자신감과 개성 존중의 민주정신과 적극적인 생활 태도의 한 상징일 수도 있을 것이기 때문이다.

1980. 9. 『동서문학』

바다와 밀림

얼마 전에 MBC 텔레비전에서 방영한 〈삼다도 물속 사계절〉이라는 해양 다큐멘터리를 시청한 일이 있다. MBC 방송국의 창립 기념 특집으로 꾸며진 이 프로는 삼다도三多島로 불리는 제주도 부근의 바닷속에서 1년여에 걸쳐 수중 촬영한 것이라는데 제작진의 정성과 진지한 노력이 돋보이는 매우 흥미 있는 프로였다.

고도의 기술과 방대한 규모로 제작된 외국의 해양수중 다큐멘터리에 비한다면 이 프로는 수공업식의 영세성을 면키 어려운 초라한 것임에 틀림없었지만 우리의 바닷속 세계를 우리 기술진의 노력으로 이만큼이라도 보여주었다는 점에서 흐뭇함을 느꼈다.

물론 과거에도 우리나라의 근해, 특히 동해안의 바닷속을 탐사한 수중 촬영 프로가 없었던 것은 아니지만 그것들은 대체로 단편적인 짧은 것들이었고 이처럼 거의 두 시간에 이르는 본격적인 대형 프로는 아니었다. 무엇보다도 1년에 걸친 사계절의 변화를 추적하여 바다 밑 세계의 모습을 다각적으로 보여 주려고 노력한 점은 이 프로의 가장 중요한 성과가 아닌가 생각된다.

수족관에서나 볼 수 있었던 조그맣고 앙징스런 갖가지 아기자기한 모양의 열대어들, 기묘한 색깔과 괴상한 몰골의 벼라별 괴어들, 식물 같기도 하고, 돌 조각 같기도 한 갖가지 산호류와 갑각류 동물들, 기이한 그 이름들을 기억하기조차 힘든 그 수많은 종류의 물고기와 바다 동물들이 모두 우리나라의 바닷속에서 살고 있다는 사실은 하나의 새로운 발견이었다. 그 숱한 물고기들 중에서 고작 놀래미나 자리돔이나 쥐치의 모습을 가까스로 확인할 수 있을 정도의 물고기에 대한 빈약한 지식밖에 갖추지 못한 나에게 바다 밑의 그 풍경은 지상 세계에 못지않은 다채로움과 풍요로움의 별천지일 수밖에 없었던 것이다.

그러나 가장 신기한 것은 바닷속의 세계에도 지상처럼 사계절이 엄연히 존재해서 갖가지 해초가 새롭게 피어나 무성히 번창했다가 그 전성기가 지나면 다시 시들어 낙엽이 지고 앙상하게 쇠잔해 간다는 사실이었다. 재미있는 것은 지상의 무성한 여름철에 바다 밑에서는 조락의 가을을 맞고 지상의 황량한 겨울철엔 바다 밑은 풍요로운 여름으로 접어든다는 사실이었는데 그것은 땅과 물 사이의 음양의 조화 탓이 아닌가 싶기도 했다. 이러한 계절의 변화와 밤낮의 바뀜에 따라 물고기와 다른 바다 동물들 역시 어떤 일정한 생활의 질서를 따르고 있다는 것 또한 신기한 일이었다. 바다 밑의 그 광막함 속에서도, 그 미물들의 생존을 위한 모든 움직임 속에서도, 어떤 질서가, 어떤 섭리랄까 법칙이랄까 하는 것이 부단히 작용하고 있다는 사실은 새삼 경이로웠다. 말미잘과 무슨 베도라치라든가 하는 물고기와 같은 많은 수중 동물 사이의 공생 관계라든지, 자손 번식을 위하여 안전한 곳에 알을 까는 본능적인 행위라든지 하는 것은 모두 이런 법칙을 따르는 예일 것이다.

그러나 지상의 모든 동물들의 세계에서와 마찬가지로 물 속의 그 아름답고 신비스런 세계에서도 모든 질서의 기초를 이루는 제일의 법칙은 역시 약육강식의 법칙이 아닌가 싶다. 바다 밑의 아름답고 평화로워 보이는 그 환상의 꺼풀 밑에서 우리는 생존을 위한 살벌하고 처절한 약육강식의 현실이 단단히 도사리고 있는 것을 목격할 수 있다. 이런 약육강식의 법칙을 우리는 밀림의 법칙이라 부른다. 그러니까 바다 밑의 그 화사한 신비경도 사실은 위장된 또 하나의 밀림에 지나지 않는 셈이다. 우리가 아름답다고 감탄해 마지않는, 마치 군무처럼 화려하고 멋있고 날렵한 동작으로 잽싸게 몰려다니는 자그만 물고기들의 움직임도 따지고 보면 강자의 위협을 피하기 위한 약자의 필사적인 몸부림인 경우가 대부분일 것이다. 자기보다 약한 자를 먹고 자기보다 강한 자에게 먹히는, 이 먹고 먹히는 처절한 투쟁의 악순환이 자연의 평화로운 질서와 균형을 유지하고 있는 것처럼 보이는 것은 참으로 아이러니가 아닐 수 없다.

문득 이러한 약육강식의 악순환이 동식물의 세계만이 아니라 우리 인간의 세계까지도 지배하고 있는 것이 아닌가 두려워진다. 약자들의 필사적인 생존의 몸부림이 강자들에게는 멋있는 율동의 구경거리가 되고 있지는 않은지, 약자에 대한 강자의 끊임없는 위협과 압박은 끊임없이 정당화되고 영웅시되고 있지는 않은지, 인간다운 삶을 늘 뇌이고 그러한 삶을 가능케 하는 제도를 늘 들먹이는 우리가 살고 있는 이 인간 사회 역시 결국 또 하나의 위장된 밀림에 지나지 않는 것은 아닌지, 곰곰 되새겨 보게 된다.

1986. 1. 『새어민』

나의 서재,
내 삶의 소우주

한편으로는 배우고 한편으로는 가르치는 일을 업으로 삼는 소위 선생이라는 사람들은 좋거나 싫거나 세 끼 밥처럼 늘 책과 마주하며 책 속에 묻혀 살아간다 해도 과언이 아니다. 그러니 이들에게는 많은 책이 필요하고, 그 책들을 넣어 둘 많은 책장이 필요하고, 그 책장들을 넣어 둘 공간은 물론 그것들과 함께 씨름을 벌일 최소한의 작업 공간이 또 필요할 수밖에 없다.

선생이라는 사람들에게 가장 필요하고 중요한 것이 있다면 아마도 이 공간이 아닐까 싶다. 그래서 이들은 집을 옮겨 다닐 때마다 경제적인 어려움에도 불구하고 다른 사람들보다 여분의 방 한 칸을 더 마련해야 하는 고충을 늘 겪어야 하며 때로 주위 사람들로부터 심지어 가족들로부터도 분별력 없는 그 이기심(?)에 대한 비난의 눈총을 감수하지 않으면 안 된다. 이 어렵게 확보한 공간을 이들은 서실, 글방, 혹은 그저 공부방, 또는 약간의 권위를 부여해서 서재라는 이름으로 부른다.

그러나 나의 글방은 서재라는 말이 일반적으로 불러일으키는 위엄스런 분위기에 사뭇 미치지 못한다. 고급 목재로 짜 맞춘 웅장한 규모의 책장들로 벽을 두르고 그 웅장함에 걸맞는 중후한 모양의 책상 의자 탁자 등의 가구와 품위 있는 그림들을 넓은 공간에 알맞게 배열해 놓은 서양식 서재의 위풍이나, 은은한 다향과 묵향 속에서 문방사우의 단아함이 불러일으키는 동양식 서재의 조촐한 아취. 이러한 분위기를 나의 글방은 전혀 갖추고 있지 못한 것이다. 그렇다고 책이라도 무슨 고본古本이나 희귀본이나 고가본을 갖추고 있는 것도 아니다.

그래도 이런 글방까지 두루뭉수리로 서재라 부를 수 있다면 나도 분명 서재를 가지고 있는 셈이다. 학교에 있는 연구실을 서재의 범주에 포함시킬 수 있다면 그것도 두 개씩이나 확보하고 있는 셈이 된다. 그러나 나는 대체로 학교 연구실에서는 필요한 만큼의 시간 이상을 보내지 않는 편이다. 강의가 있거나 학교에 볼 일이 있는 날이 아니면 오로지 책 보는 일이나 일상적인 작업만을 위하여 연구실에 나가는 경우가 드물다. 집이 학교에서 비교적 멀리 떨어져 있다는 사실이 한 이유가 될 수도 있겠지만 그것은 습관의 문제와 더 관계가 있는 듯하다. 대체로 대학 선생들은 학교와 집 그 어느 한쪽을 작업의 주된 장소로 삼게 된다. 무엇보다도 연구에 필요한 여러 가지 자료와 책들을 어느 한곳에 집중적으로 비치해 놓을 수밖에 없기 때문일 것이다. 나의 경우 작업의 주된 장소가 집이라는 이야기다. 그러니까 집에 있는 나의 글방이 실질상의 나의 서재인 셈이고 그래서 중요한 책이나 자료는 모두 이 글방에 놓아 두고 있다.

중요한 책이라고 했지만 앞서 말한 것처럼 내 서재에는 이렇다하게 내세울 만한 귀중본이랄 게 거의 없다. 그러나 언청이도 제 자식이면 귀여워 보이듯이 남에게는 하찮게 보일지라도 나에게는 중요하고 대견스럽고 옹골져 보이는 책들이 적지 않다. 그 책들을 하나하나 사 모을 때의 추억이, 그리고 그 책들에서 얻은 지식과 감동과 깨달음의 기억이, 그 책들 하나하나에 올올이 배어 있기 때문일지도 모르겠다.

대학 시절부터 지금까지 30년 넘게 사 모은 영어 원서가 어림잡아 5천 권은 넘을 듯하다. 매달 열서너 권씩 30여 년 동안 줄곧 사 모은 분량이니 결코 적은 분량이라고 말할 수는 없을 것이다. 그런데 놀라운 것은 신통치 못한 나의 기억력으로도 5천 권이 넘는 이 책들을 언제 어디서 구입했는지 그 내력을 하나하나 거의 정확히 기억할 수 있다는 점이다. 그것은 이 책들 하나하나에 대한 나의 깊은 애정과 관심의 증거가 아닐까 싶다. 대학 영문과에 들어와서 처음으로 구입한 호손의 『주홍글자』, 첫 아르바이트 월급으로 사들인 『셰익스피어 전집』으로부터 뉴욕과 보스턴의 고서방을 섭렵하며 사 모은 보다 전문적인 서적들에 이르기까지 나의 애정이 담기지 않은 책은 거의 없다. 이 모든 책들이 나에게는 다 귀중본인 셈이니 결국 나의 서재에는 귀중본이 따로 없다는 이야기가 된다.

기실 우리처럼 외국문학을 공부하는 사람에겐 정확한 의미의 희귀본이나 귀중본이 있기가 어렵다. 그런 것들은 국내의 출판물들을 연구 자료로 삼는 학문 분야, 특히 국학 분야의 학자들에게나 실감이 나는 말일 것이다. 우리야 국내에서 구할 수 없는 자료를 외국에서 구하는 데 급급하고 그것만으로 크게 만족해야 할 처지이니 희귀본이니 뭐니 하는 것은 언감생심인 형편이다. 아니 그렇게 구한 책들이 우리에겐 곧 희귀본이나 귀중본에 다름이 아닌 셈이다.

말이 났으니 말이지 외국문학을 전공하는 사람이 책에 관하여 느끼는 고충이란 보통의 짐작을 훨씬 넘어선다. 내가 지금까지 적지 않은 돈을 바쳐 가며 5천여 권의 원서를 사 모은 것은 무슨 장난감 자동차 모델이나 양주 샘플을 수집하는 등의 유별난 수집벽 때문도 아니고 여가선용의 취미 활동을 위해서도 아니고 그렇다고 오직 책을 사보고 싶다는 욕구에서만도 아니다.

다른 학문에 비하여 문학 분야, 특히 영미문학 분야에서 창작물이나 연구 자료로 지금까지 쏟아져 나온 책의 분량이란 실로 엄청난, 천문학적 수치일 것임이 분명하다. 영국과 미국에서만 하루에 얼마나 많은 문학 작품과 영미문학에 관한 연구서, 비평서 등이 쏟아져 나올 것인가를 상상해 보면 어느 정도 이해가 갈 것이다. 그런데도 우리나라의 도서관에 비치되어 있는 영미문학에 관한 연구 자료란 거의 무시해도 좋을 만큼 빈약하기 짝이 없다. 딴은 그럴 수밖에 없을 것이다. 우리에게 있어서 영미문학은 하나의 외국문학에 불과하니까.

그것은 도서관의 기능이 거의 마비 상태에 있는 우리나라의 고질적인 대학 현실과도 결코 무관하지 않을 것이다. 국내 최대의 장서를 자랑하는 서울대학교 도서관의 경우도 영미문학에 관한 자료가 아마도 웬만큼 갖춘 개인 장서의 절반에도 미치지 못할 것임은 참으로 부끄러운 일이 아닐 수 없다. 그러니까 우리 같은 사람은 일종의 개인 도서관을 차릴 도리밖에 없고, 따라서 당장 읽지 않더라도 연구에 참고가 될 만한 최소한의 자료는 늘 마련해 두어야 하기 때문에 공부를 포기하지 않는 한 상당한 경제적 부담에도 불구하고 책 사 모으는 행위를 계속할 수밖에 없는 형편인 것이다.

　어찌했든 이렇게 해서 내 서재의 벽을 꼭 채우게 된 이 책들은 하나하나 지난날의 내 삶을 이루어 온, 늘 내 머리 속에 선명히 살아 있는 내 삶의 조그만 편린들이다. 그래서 나는 이 책들의 목록표 같은 것을 따로 작성해 두고 있지 않다. 참고의 편의상 그저 크게 영국문학과 미국문학과 관련 학문 분야, 다시 세분해서 소설, 시, 희곡, 비평 등으로 책들을 분류 배치해 놓고 있지만 어느 책이 어느 곳에 있다는 것을 훤히 알고 있기 때문에 목록표 작성 같은 기록의 절차를 아직까지는 별로 필요로 하지 않은 것이다.

　이처럼 하나하나 나의 분신 같은 이 책들과 나의 서재에서 함께 어울리는 시간이 나에게는 가장 자유롭고 흐뭇한 시간이다. 그것은 비록 몇 평 정도의 좁은 공간에 불과하지만 나에겐 내 삶의 역사가 소담히 담긴 하나의 소우주인 셈이다. 이 소우주에서 나는 시공을 초월하여 늘 자유롭게 비상하는 특권을 누리는 것이다.

　이 귀중한 공간을 확보하고 있다는 사실에 새삼 감사함을 느끼며 오늘도 나는 이 공간 속에서 내 삶의 역사를 조금씩 조금씩 키워 나간다.

1987. 8.『삼성문화』

내 이화시절의 사진첩

우리는 다른 사람들과 여러 가지 인연 속에서, 또 여러 가지 인연을 맺으며 살아가게 마련이다. 혈육의 정을 나눈 혈연, 고향이나 삶의 터전을 함께 한 지연, 같은 학교를 다닌 연고로 맺어진 학연은 그 대표적인 것들이다. 다른 사람들과 더불어 살아야 하는 우리의 삶에 어느 인연인들 중하고 귀하지 않은 게 있을까만 혈연이나 지연이 우리에게 운명적으로 주어지는 것이라면 학연은 우리의 선택의 결과로 얻어지는 것이고 전혀 무관한 남으로부터 친구라는 귀중한 인간관계를 일구어 낸다는 점에서 아마도 가장 소중한 인연이 아닌가 싶다.

이제 졸업 30주년을 맞아 다시 만남의 큰 자리를 마련하고 있는 여러분들은 바로 이 귀한 학연으로 맺어진, 서로에게 매우 소중한 사람들이다. 그리고 비록 짧은 시간이었지만 이화라는 배움터에서 함께 생활했던 여러분과 나 역시 귀한 학연으로 맺어진, 서로에게 매우 소중한 관계임에 틀림없다.

내가 이화에 머물렀던 시간은 2년이 채 안 되는 아주 짧은 기간이었다. 하지만 내 삶에 있어서 그 시절은 아주 귀한 경험으로, 그리고 아주 길고 아름다운 추억으로 남아 있다. 이화 시절이 나에게 귀하고 소중한 경험으로 자리하고 있는 데는 몇 가지 그럴 만한 이유가 있다. 첫째로, 이화는 선생으로서의 나의 교직 생활이 처음 시작된 곳이다. 첫사랑, 첫날밤 등의 이미지를 떠올려 강조하지 않더라도 처음으로 경험한 모든 것에 대한 지워지지 않는 기억과 그 기억의 소중함을 우리는 잘 안다. 하물며 일생의 업에 대한 첫 경험임에랴. 둘째로, 이화는 처음이자 마지막으로 고등학교 선생의 경험이라는 귀한 선물을 나에게 안겨 준 곳이다. 이화를 떠난 이후의, 근엄하고 딱딱하고 때로는 삭막하기까지 한 대학 선생의 경험과 비교해 볼 때 이화에서의 고등학교 선생으로서의 경험은 얼마나 아기자기하고 부드럽고 풍요로웠던지. 그러나 이화 시절이 아직도 나에게 그처럼 소중한 경험으로 남아 있는 것은 무엇보다도 그 시절이 즐거움과 아름다움과 순수함으로 가득 차 있었기 때문일 것이다.

　사실 나는 고등학교 시절부터 이화여고를 좋아했다. 그 당시의 많은 남학생들처럼 나도 연애 상대(?)로는 이화여고 학생이 가장 매력적일 거라고 믿어 의심치 않았으니까. 그 당시 내가 막연히 느꼈던 이화의 이미지는 자유로움, 발랄함, 멋 같은 것을 곧 연상케 하는 아주 밝고 긍정적인 것이었다. 소위 명문이라는 다른 여학교와 비교해서 이화 학생들의 옷차림과 머리 모양은 아주 자유롭고 멋있어 보였고 그러한 외양 탓인지 그들의 태도 역시 밝고 발랄해 보였던 것이다.

　이화에 대해서 가지고 있었던 이러한 이미지는 이화에 부임한 첫날부터 구체적인 현실의 모습으로 드러나기 시작했는데,

짧게 자르기도 하고 길게 땋아 내리기도 한 자유로운 머리모양, 잘록한 허리선과 하얀 삼선 칼라가 멋들어져 보이는 교복, 그리고 때로 지나칠 정도로 밝게 튀는 발랄함, 그러면서도 놀 때와 공부할 때를 곧잘 구분하는 총명함, 이런 것들은 이화에 대한 나의 이미지와 아주 잘 일치하는 것이었다. 학생들만이 아니라 학교의 분위기와 환경 자체도 그랬다. 연한 연둣빛 시멘트와 붉은 색 벽돌이 잘 어울리는 산뜻한 건물, 갖가지 색깔의 장미꽃들로 여기저기 화사하게 수놓인 시원스런 정원, 중학교 쪽으로 감돌아가는 호젓한 등나무 언덕길, 목요일 아침 예배 시간이면 아름다우면서도 장중한 찬송가의 선율이 평화롭게 울려 퍼지던 노천극장. 이런 싱그럽고 아름다운 분위기 속에서 2년이라는 시간은 빨리도 흘러갔다. 물론 스물대여섯이라는 젊은 나이에 열예닐곱의 큰 애기들을 가르쳐야 하는 어려움은 때로 고통을 수반하기도 했지만 이제와 돌이켜 보면 그것은 아름답고 순수한 고통이었고, 선생으로서의 자질을 갖추는 데 필요한 매우 귀중한 시련이었다고 생각된다.

    40년이 가까워오는 지금도 마치 옛날의 사진첩을 뒤적이듯 나는 문득 나의 이화시절을 떠올리곤 한다. 때로 주변이 삭막해지고 사는 것이 힘겹게 느껴질 때, 그리고 나이가 들어감을 실감할 때 더욱 그렇다. 그 사진첩 안에는 여러 가지 기억들이 담겨 있다. 영어 이야기 대회를 열심히 지도하던 일, 교내 합창 대회의 그 아름다운 화음과 화합의 축제, 어쩌다 지각 출근을 해서 서둘러 교문을 들어설 때면 4층 건물 가득한 창문 밖으로 다투어 머리를 내밀며 소리를 질러대던 학생들의 발랄한 모습과 밝은 목소리들, 그리고 어느 봄 소풍날 얼떨결에 "Kiss Me Quick"을 열창하여 일약 스타덤에 올랐던 황당한 경험. 이 모든 기억들은 훈훈하고 향기로운 오월의 어느 봄날 밝은 햇빛이 가득 쏟아져 내리던 이화의 정원을 배경으로 다사롭게 되살아나곤 한다.

　이제 이화를 떠난 지 30년을 훌쩍 넘긴 여러분들의 추억의 사진첩에는 어떤 기억들이 어떤 모습으로 어떻게 담겨 있을지 궁금하다.

2000. 5. 『이화 70』

배우는 것의 어려움

셰익스피어의 소네트에는 사랑과 죽음을 읊은 것들이 많다. 그중에서 늘 내 가슴에 잔잔하고도 절절한 울림으로 남아 있는 한 시구가 있다. 모든 진실과 허위가 전도된 이 타락한 세상에 절망하여 시인은 죽음을 희구하면서 이렇게 끝을 맺는다. "진정 이 세상 떠나고 싶다/그대 홀로 이 세상에 두고 가지 않는다면." 이 타락한 세상에 대한 절망감, 죽음을 희구할 만큼 커다란 그 절망감을 극복케 하는 더 커다란 사랑의 힘이 이 짧은 구절에 농축되어 있음을 우리는 놀라며 확인한다. 그러나 시인이 죽음에의 희구를 결국 포기하는 것은 사랑의 힘 때문이라기보다는 사랑에 대한 미련, 그리고 사랑하는 사람과 영원히 헤어져야 한다는, 영원히 함께 살 수 없다는 보다 원초적인 두려움 때문이다. 둘이 함께 떠날 수만 있다면 시인은 아마도 흔쾌히 이 세상을 떠날 수 있었을 것이다. 그러니까 이 시의 온전한 이해는 미련과 두려움이라는 인간적 한계에 대한 이해 없이는 불가능하다. 사랑하는 사람의 죽음에 대한 생각이 견디기 어려운 것은 바로 이 원초적 두려움, 그리고 이 두려움의 끝자락에서 마주치게 될 허무의 암울한 예감 때문일 것이다.

세상은 그대로라 해도 사랑하는 사람이 떠나버린 세상은 그 허무 속에서 전혀 다른 세상이 된다. 에머슨은 일찍이 「자연」이라는 그의 유명한 글에서 이렇게 말하고 있다. 자연의 모습은 그 자연을 보는 사람의 정신과 마음의 상태를 반영하는 것이라고, 그래서 소중한 사람을 막 죽음으로 잃은 사람에게는 하늘은 그 장려함을 잃고 자연의 경관은 그 아름다움을 잃는다고. 소중한 사람이 떠나버린 세상은 이처럼 전혀 다른 세상이 될 뿐만 아니라 그 세상 자체가 없어져 버릴 수도 있다. 그래서 우리는 사랑하는 사람이 죽은 후에도 세상이 그대로 존속하고, 그 없이도 아무렇지 않게 다시 해가 뜨고 달이 뜨고 꽃이 피고 새들이 노래하고 거리는 사람들의 활기로 넘치리라는 사실을 선뜻 받아들이지 못한다. 세상이란 나에게만 있기도 하고 없기도 할 수 있는 까닭이다. 이러한 상태를 고독이라 부를 수 있다면 세상이 없어진 상태는 절대 고독의 상태일 것이고 그 극단적 형태는 아마도 죽음이 아닐까 싶다. 인간의 고독은 이처럼 철저할 수 있고 그래서 또 처절할 수 있는 것이리라.

반년 전 나는 나에게 가장 소중한 한 사람을 잃었다. "나를 홀로 이 세상에 두고" 그 사람은 딴 세상으로 떠난 것이다. 그 후로 나는 전혀 달라진, 문득 없어져 버리기도 하는, 아주 낯선 세상 속으로 많은 것을 느끼고 생각하고 또 배우며 살아오고 있다. 셰익스피어의 소네트에 담긴 사랑과 죽음의 의미를 통하여 고독, 허무, 무상 같은 것들에 대해서 생각해 보는 것도 그런 과정의 한 부분인 셈이다.

나는 학생들에게 뭔가 모르고 있던 것을 배워 알려는 자세와 그러한 배움의 원천이 되는 경험이라는 것이 얼마나 중요한가를 자주 강조하곤 한다. 그리고 나 스스로에게도 새로운 경험과 그 경험을 통한 배움의 중요성을 늘 일깨우려고 노력하고 있다. 그러나 지난 반 년 동안 나에게 일어난 일들, 내가 겪은 새로운 경험들은 때로 너무 고통스러웠고 그 경험들로부터 무언가 새로운 것을 배운다는 것은 때로 너무 힘겹기도 했다. 하지만 경험을 삭이고 그 삭임을 통하여 무언가 새로운 것을 배운다는 것이 얼마나 어려운 일인가를 새삼 깨달은 것도 큰 배움이라 자위를 하며 이번 학기에도 나는 학생들에게 여전히 배움의 중요성을 강조해야 하지 않을까 싶다.

2000. 8. 28. 『대학신문』

어느새 꽃망울 터뜨린 호접란

어렸을 적 내 고향집에는 자그마한 동산이 있었다. 돌로 주위를 두른, 제법 산처럼 구릉진 땅에는 갖가지 나무가 자라고 그 한가운데는 조그만 바위도 솟아 있고 대문 쪽 입구의 계단 위로는 자그마한 삼층 석탑과 석등이 버티고 선, 제법 운치를 갖춘 동산이었다. 봄이면 동산 주위로 심은 대여섯 그루의 천리향(그 꽃을 우리는 침정화라 불렀다)과 물푸레나무, 그리고 치자꽃에서 풍기는 달콤한 향기가 동네 어구까지 가득 퍼졌고, 동산을 가득 메운 매화, 동백꽃, 복사꽃, 모란, 황매화, 협죽도, 석류꽃, 배롱나무꽃들이 앞서거니 뒤서거니 사시사철 다투어 꽃을 피웠다. 그래서 사람들은 우리집을 어머니의 이름 따라 꽃재花城라 불렀고 그 꽃재에서 나의 어린 시절은 꽃과 함께 영글었다.

서울로 다시 올라온 후 해마다 집을 옮겨다녀야 했던 어려운 시절에도 남달리 꽃을 좋아하시던 어머니는 조그만 뜨락 어느 곳에든 갖가지 화초를 철따라 심고 가꾸어서 집안을 늘 풍요로운 꽃 색깔과 꽃향기로 가득 넘치게 만드셨다. 돌이켜 보면 어머니와 함께 긴 세월을 그렇게 살아오면서 꽃은 자연스럽게 나의 일상적인 삶의 한 부분을 이루게 된 게 아닌가 싶다. 그래서 지금도 나는 산에 오르내리면서 꽃과 나무들에 늘 마음을 쓰는게 아닌지 모르겠다.

　꽃과 나무를 자유롭게 기를 수 있던 개인 주택을 떠나 아파트로 삶의 터전을 옮긴 지 이제 20여 년이 되어 간다. 그러나 그 동안 삭막한 아파트 베란다의 제한된 공간에서나마 나는 꽃과 나무를 가꾸는 일을 계속해 오고 있다. 내가 지금 화분 속에 가꾸고 있는 꽃나무래야 고작 스무 그루에도 미치지 못하고 그나마 젊어야 십 년, 대부분은 이십 년을 훌쩍 넘긴 아주 늙은 꽃나무들이다. 그런데도 다행히 우리집 베란다에서는 1년 내내 꽃이 지는 일이 거의 없다. 다만 한두 그루라도 제 차례를 지켜, 아니 때로는 다투어가며, 늘 꽃을 피우고 있는 까닭이다. 특히 한겨울인 정이월 베란다를 화사하게 수놓는 아잘리아와 영산홍들의 풍요로운 꽃 향연은 내가 생각하기에도 참으로 신기하다. 그래서 사람들은, 특히 내 어린 손자는, 내가 무슨 꽃 마술사라도 되는 것처럼 경이로운 시선으로 나를 바라보며 꽃 가꾸기의 비결을 묻곤 한다. 그러나 고백컨대 나는 꽃 기르기에 관하여 문외한에 가깝다. 내가 꽃나무에 대해서 하는 일이란 매일 아침저녁으로 꽃을 살피고, 적당량의 물을 열심히 주고, 햇볕과 바람을 고루 많이 쐬도록 마음 쓰는 것뿐이다. 그 흔한 분갈이도 별로 해보지 않았다.

　사실 나는 의도적으로 꽃을 기르거나 가꾼다고 생각해 본 적이 없다. 옛날에 사왔던 꽃들이나 어쩌다가 선물 같은 것으로 내 집에 들어와 살게 된 꽃나무들을 버리거나 죽게 내버려둘 수가 없어 그것들과 계속 그냥 함께 살아오고 있는 것일 뿐이다. 그러나 오랜 세월을 한 지붕 아래서 그렇게 함께 살아오면서 꽃나무들과 나는 가족처럼 서로 정이 들었을 것이다. 그래서 나는 꽃나무들을 마치 가족처럼 정성들여 보살피고 꽃나무들은 또 열심히 꽃을 피워 나의 정성에 보답하려 애를 쓰는 것일 게다. 분갈이도 제대로 해 주지 않은 척박한 화분 속에서 이제는 나이가 너무 들어 튼실하지 못한 몸으로 그처럼 열심히 꽃들을 피워내는 나무들의 안간힘을 달리 어떻게 설명할 수 있을 것인가.

지금 우리집 베란다에는 화사한 연보랏빛 호접란 예닐곱 송이가 탐스럽게 피어 있다. 지난해 여름 선물로 들어온 호접란이 꽃을 다 피운 후 시들시들 죽어갔는데 그중 간신히 목숨을 버티고 있는 듯한 두어 뿌리를 차마 버릴 수 없어 겨우내 중환자 살피듯 조심해 보살펴 주었었다. 그런데 바로 그 녀석이 어느새 건강을 회복해서 저리도 성급하게 그 보살핌에 보답하고 있는 것이다.

이제 저 호접란이 질 무렵이면 때 없이 꽃망울 맺길 좋아하는 자스민이 또 꽃을 피울 것이고 자스민 못지않게 성급한 붉은 아잘리아가 뒤이어 꽃망울을 터뜨릴 것이다. 오늘도 나와 꽃나무들은 그런 믿음과 소망을 서로 나누며 또 하루를 시작하고 마무리한다.

2004. 8. 『문학의 집·서울』

주례퇴임 고별사

결혼 주례를 맡아 보게 된 지 어언 20년이 지났다. 하지만 아직도 나는 주례 서는 일에 익숙하지 못하고 가능하다면 그 일을 모면해 보려고 애를 쓴다. 그런 자리에 서는 것이 쑥스럽고 거북스러운 나의 숫기 없는 성격 탓이기도 하겠지만 그보다는 자신의 결혼생활도 제대로 꾸려가지 못하는 주제에 남에게 이래라 저래라 훈계하는 일이 주제 넘는 일일 뿐 아니라 늘 뭔가 위선적인 행위처럼 느껴지기 때문일 것이다. 그래서 젊은 시절에는 어떻게든 결혼 주례를 피해 보려고 나이가 어리다는 핑계도 대고 시간이 없다는 구실도 대면서 이래저래 버텨보았지만 그 안간힘은 결국 선생이라는 직업 때문에 수포로 돌아갈 수밖에 없었다. 내가 아끼고 나를 따르는 학생(이런 때는 '제자'라는 말이 더 어울리겠지만 나는 '제자'라는 말을 쉽게 쓰지 못한다)들의 부탁을 번번이 외면하는 일은 결코 쉬운 일이 아니었고 특히 지도학생이, 더구나 여러 가지로 형편이 어려운 지도학생이 결혼 주례를 부탁해 올 때 그 부탁을 끝까지 거절하는 것은 불가능한 일이었던 것이다. 그것은 선생으로서의, 지도교수로서의 의무 포기나 직무 유기를 뜻하는 것일 수밖에 없기 때문이었다.

그렇게 해서 피치 못할 경우 결혼 주례를 맡긴 맡되 그 대상은 지도학생에 한하기로 하는 절충적인, 그러나 나로서는 아주 결연한 방침을 세우게 된 것이다.

그러나 이 세상의 모든 원칙이나 방침이 다 그러하듯이 그 방침을 계속 지켜나가는 것은 결코 쉬운 일이 아니었다. 다행히 중학교나 고등학교 동창의 경우, 친구 자녀들의 결혼 주례를 단골로 맡아 주는 아량 있는 교수 친구들이 몇몇 있어서 가까스로 그 방침을 고수해 올 수 있었다. 하지만 초등학교 동창의 경우, 신랑이나 신부의 대학 은사나 지도교수가 주례로서 가장 적격자임을 강조하는 나의 상투적인 주례피하기 작전이 원천적으로 활용 불가능한 경우가 없지 않았다. 대체로 그러하듯이 나의 경우도 초등학교(나는 초등학교를 두 군데 다녔는데 특히 시골 초등학교)의 동창생들은 계층이 아주 다양해서 형편이 어려운 친구들도 많았는데 그중에는 본인은 물론 자녀들이 대학을 다니지 못한 경우가 적지 않았던 것이다. 그런 한 친구가 아주 조심스럽게 자녀 결혼식의 주례를 부탁해 왔을 때 나는 그 부탁을 도저히 거절할 수가 없었고, 그렇게 해서 제법 강고하게 버텨 왔던 나의 주례 방침은 결국 무너져 내리고 말았다. 그 후로 주례 부탁이 정말로 어려워 보이는 몇몇 친구나 친지의 경우, 그리고 외국인 신랑이나 신부에게 혼인서약만이라도 영어로 받아내야 하는 국제결혼의 경우, 어쩔 수 없이 주례를 맡아보긴 했지만 지도학생 주례의 방침을 가능한 한 지켜보려는 노력을 포기한 적은 없었다.

그런데 이즈음 들어 과거의 지도학생들도 거의 다 결혼을 한 형편이고, 아직까지 자녀들을 결혼시키지 않은 친구들도 많이 줄어서, 그리고 주례 절제 방침을 지키려고 그런대로 애써온 나의 노력이 존중받기도 해서, 최근 몇 년 결혼 주례를 맡을 일이 거의 없어졌다. 그래서 '아, 이제 드디어 결혼 주례의 굴레에서 벗어나는 구나' 하고 막 안도의 한숨을 내쉬려는 어느 날, 고등학교 동창 친구로부터 결혼 주례의 청탁을, 그것도 약간의 시간 차이를 두고 두 건이나 받게 된 것이다. 그런데 두 사람 모두 나와 아주 가까운 사이일 뿐 아니라 내가 진심으로 존경하는 (나는 '존경'이라는 말도 쉽게 쓰지 못한다) 훌륭한 친구들이어서, 더욱이 공교롭게도 두 자녀 모두 이혼의 상처를 안은 재혼의 경우여서, 분명 신중한 생각을 거쳤을 그 조심스런 부탁을 거절할 수가 없었다. 그렇게 해서 나는 막 결혼 주례를 마감하려는 시점에 처음으로 고등학교 친구를 위한 결혼 주례를 시작하게 된 셈이다, 그 주례가 나의 주례 정년퇴임을 기념하는 고별 주례가 되기를 기원하면서. 나는 그날의 주례사에서 부부의 인연과 결혼의 중요성을 특히 강조했는데 그것은 그 젊은이들이 초혼 실패의 아픔을 보다 성숙한 부부애로 슬기롭게 승화시켜 나가기를 바라는 나의 간절한 마음에서였다.

    이제 기억나는 대로 정리해 본 최근의 그 주례사를 마치 옛날 우리 자신의 이야기인듯 여러분과 함께 음미하면서, 결코 짧지 않았던 나의 결혼 주례 편력에 작별을 고했으면 한다.

그날의 주례사

이처럼 궂은 날씨에도 불구하고 오늘 이 자리를 함께 해 주신 하객 여러분에게 먼저 감사의 말씀을 드립니다. 그리고 두 사람의 혼례를 흐뭇한 마음으로 지켜보고 계실 양가의 부모, 가족, 친척 여러분에게 진심으로 축하의 말씀을 드립니다. 저는 오늘 이 두 사람이 앞으로 부부로서 행복하게 잘 살아가기를 기원하면서, 그러기 위해서 두 사람이 꼭 새겨들었으면 하는 두 가지 이야기를 이들에게 들려 줄까 합니다. 첫째는 부부의 인연이 얼마나 귀하고 소중한 것인가, 둘째는 결혼생활이라는 것이 얼마나 뜻 깊고 보람 있는 일인가 하는 것입니다.

먼저 부부의 인연의 소중함입니다. 사람은 여러 가지 인연으로 서로 인간관계를 맺으며 살아가게 마련입니다. 같은 학교를 다닌 인연을 우리는 학연이라 부르고 고향이 같거나 같은 지역에서 오랫동안 함께 살아온 인연을 지연이라 부릅니다. 오늘 제가 이 귀한 주례의 자리에 서게 된 것도 신부의 아버지와 같은 고등학교를 다닌 친구라는 학연 때문입니다. 이러한 학연이나 지연보다 더 가까운, 혈육으로 맺어진 인연을 우리는 혈연이라 부릅니다. 그리고 그 가까운 정도에 따라 또 육촌이니 사촌이니 삼촌이니 이렇게 구분을 지어 부릅니다. 그래서 친동기간은 이촌이 되고 부모와 자식 간은 일촌이 되는 것입니다. 그런데 이 모든 인연을 초월하여, 가장 가까운 혈연인 부모와 자식 사이보다 더 가깝게 맺어지는 인연이 바로 부부의 인연입니다. 부부 사이는 그 가까움을 헤아릴 수 없어 무촌이라 이르고, 그래서 사람들은 부부를 일심동체라 부르기도 합니다. 전혀 남남인 두 사람이 부모와 자식보다 더 가까운 인연을 맺어 완전히 새로운 하나의 세계를 이루는 일은 인간의 이해의 한계를 넘는 참으로 신비스러운 일이 아닐 수 없습니다. 그래서 부부의 인연은 하늘이 내리는 인연이라 해서 천생연분이라 부르기도 하는 것입니다.

    하지만 이처럼 신비로운 부부의 인연을 사람들은 대수롭지 않은 당연한 것으로 생각하는 것 같습니다. 기실 부부의 인연이 얼마나 기적적으로 이루어지는 것인가를 실감하기 위해서 잠시 간단한 숫자 공부를 해 봤으면 합니다. 지금 우리나라의 인구가 남한만 해도 5,000만 명 가까이 되지요. 그중에 결혼 상대를 필요로 하는 사람은 적게 잡아도 전체 인구의 4분의 1은 훌쩍 넘을 것입니다. 그렇다면 약 1,500만 명의 남녀가 결혼 상대를 구하는 셈이 되므로 남녀 각자가 제 짝을 찾는 데 성공할 확률은 700, 800만 분의 1이 되겠지요. 요즘 급격히 늘어나는 국제결혼의 경우를 고려에 넣는다면 이 수치는 훨씬 더 높아지게 될 것입니다. 거의 일어날 것 같지 않은 일에 우리는 '만에 하나'라는 말을 씁니다. 그러니까 '칠팔백만에 하나'는 불가능에 가까운, 이른바 '기적의 확률'인 것입니다. 200억 원의 로또 일등에 당첨되는 대박의 확률이 약 800만 분의 일이라 들었습니다. 그렇다면 오늘 이 두 사람은 로또 일등에 당첨되는 그런 기적의 확률로 부부의 인연을 맺은 것입니다. 그리고 지금 쌍쌍이 앉아계시는 하객 여러분들은 자신도 모르게 이미 대박을 터뜨린 분들입니다.

다음으로 결혼의 깊은 의미입니다. 사람은 일생동안 세 가지 큰 일, 큰 사건을 겪습니다. 이 세상에 태어나는 일, 성인이 되어 짝을 짓고 가정을 이루는 일, 그리고 이 세상을 떠나는 일이 그것입니다. 물론 일생을 독신으로 사는 사람도 있습니다. 그러나 그것은 자연의 순리를 따르는 일이 아니지요. 만일 모든 사람이 독신으로 산다면 다음 세대에 인간은 멸종하고 말 것이 아닙니까? 이 세상의 모든 생물은, 아무리 하찮아 보이는 식물까지도, 이 세상에 태어나서 다 자란 후 짝을 지어 번식하고 이 세상을 떠나게 마련입니다. 인간도 결코 예외일 수 없습니다. 그런데 이 세 가지 일 중에서 출생과 사망은 인간의 선택이나 의지나 노력으로 이루어질 수가 없습니다. 아무리 훌륭한 가문의 훌륭한 부모 사이에서 훌륭한 사람으로 태어나고 싶어도 그것은 인간의 선택 밖의 일입니다. 또한 아무리 건강하게 오래 살다가 편히 죽고 싶어도 그것은 우리의 뜻대로 이루어질 수가 없습니다. 하지만 짝을 찾아 가정을 이루는 일은 우리의 선택과 노력으로 가능하고 또 그렇게 되어야만 하는 것입니다. 출생과 사망이 우리에게 운명적으로 주어진 것인 반면 결혼은 우리 스스로가 만들어내는 우리 자신의 운명인 것입니다. 이 얼마나 의미 깊은 일입니까?

또한 출생과 사망은 혼자서 외롭게 겪을 수밖에 없는 일입니다. 아무리 쌍둥이라 해도 이 세상에 동시에 함께 태어날 수는 없습니다. 그래서 이 세상에 홀로 태어난 아기의 첫울음 소리를 우리는 고고지성孤高之聲이라 부르는가 봅니다. 또한 사랑하는 사람과, 사랑하는 남편 사랑하는 아내와, 동시에 함께 죽기를 아무리 간절히 바란다 해도 그 바람은 이루어질 수 없습니다. 인간은 홀로 외롭게 이 세상에 태어나 홀로 외롭게 이 세상을 떠날 수밖에 없습니다. 그래서 인간은 근원적으로 고독한 존재일 수밖에 없는 것 같습니다. 하지만 결혼하여 가정을 이루는 일은 어떻습니까? 이 일은 혼자서는 불가능합니다. 반드시 두 사람이, 그것도 힘을 합쳐 함께 노력해야만 이룰 수 있는 것입니다. 이 얼마나 보람 있는 일입니까?

부부의 인연과 결혼생활은 이처럼 귀하고 소중한 것입니다. 하지만 이 세상의 모든 귀하고 소중한 것이 다 그렇듯이 결혼생활을 성공적으로 지켜가는 일 역시 쉽지가 않습니다. 더욱이 두 사람 모두 필요한 고등교육을 마친 전문 직업인으로서 활발한 사회활동을 계속해 나가야 할 이 사회의 중요한 역군들입니다. 이러한 사회인으로서의 역할과 남편 아내, 혹은 아버지 어머니로서의 가정적 역할을 동시에 성공적으로 수행해 나가는 일은 결코 쉬운 일이 아닙니다. 이 두 사람, 앞으로 살아가면서 아마도 많은 어려움, 시련, 때로는 좌절을 겪을 것입니다. 그래서 결혼생활이 아주 힘겹게 느껴질 때도 있을 것입니다. 그럴 때면 오늘의 이 자리, 오늘의 이 이야기를 꼭 되새기면서 새로운 힘과 용기를 얻어 잘 추슬러가기 바랍니다.

부부 간의 사랑이란 다른 것이 아닙니다. 서로를 아끼고 존중하고, 서로 상대방의 좋은 점을 칭찬하고 상대방의 부족한 점을 이해하려는 노력, 바로 그것입니다. 그리고 사랑의 결실은 그러한 노력에 대해 하늘이 내려주는 축복과 은총의 선물인 것입니다. 앞으로 두 사람, 이 축복과 은총의 선물을 오래오래 누리며 행복하게 잘 살아가기를 기원합니다.

2008. 5. 『운강대』 졸업50주년 기념호

2

여행첩에서 뽑은 몇 편의 글

여로에서
- K형에게

(제1신) 열두 시. 지금 막 밤의 산책에서 돌아오는 길이오. 곧게 올라 뻗은 울창한 원시림 사이사이로 투명하게 쏟아져 내리는 눈 같은 달빛은 이속離俗임을 온몸으로 느끼게 하는구료. 그리고 아프게 숲 속에서 울리는 산새의 피듣는 울음에는 속을 떠나온 추억과 향수와 고독이 진하게 엉켜 있는 듯했소.

— 그 숲 가운데 조용히 서서 한 그루 원시림이 되었다면 나는 어떤 가슴으로 그 달빛과 산새의 울음을 맞았을까 —

어제 오후 속리산행 합승을 타고 말티재라는 험한 고개를 구비 구비 올라 이곳에 도착한 것은 밤 여덟시. 달빛이 가득 내려앉은 아담한 마을이었소.

레지가 꾸벅꾸벅 졸고 있는 텅 빈 조그만 다방에서 혼자 커피를 마시면서 고독의 해방이란 걸 생각해 보았소.

오늘은 일찌감치 법주사 주변을 두루 구경하고 속리산의 주봉이라 할 문장대에 올랐소. 비로봉 관음봉도 아름다웠지만 사방으로 뻗어져 내린 수십 굽이의 산록들이 한눈에 드는 전망은 짜릿한 흥분이었소. 남성적인 웅장함과 여성적인 섬세함을 고루 갖춘 명산이라는 느낌이오.

지금 창밖으로는 계곡의 물이 달빛의 무수한 편린이 되어 환상곡처럼 흘러가고 있소. 저 맑은 물소리에 잠을 이룰 수 있을런지. 몸은 솜처럼 피곤에 젖어 있지만 기분은 이상스럽게도 맑고 상쾌하구려. 피곤의 쾌감이란 게 이런 것인가.

내일은 대구로 떠나오.

— 1966. 5. 10. 속리산에서 —

(제2신) 오늘 아침 속리를 떠나는 짙은 아쉬움으로 보은, 영동을 거쳐 대구로 향했소. 우리는 어째서 잠시나마 정을 나누었던 모든 것들과 언젠가 헤어져야만 하는 것인지.

오랜 세월을 회색빛 침울에 젖어온 듯 우중충한 하늘을 숙명적으로 이고 있는 것 같은 그런 표정의 대구에 내린 것은 오후 3시. 친구를 만나 비가 내리기 시작하는 대구의 번화가를 걷다가 '티파니'라는 다방에 들렀소. 아담하게 조화를 이룬 실내분위기와 '전원'의 단아한 멜로디에서 잠시나마 서울의 어느 세련된 다방을 느끼고 있었음은 어쩔 수 없는 나의 나약한, 철저하지도 못한 이방감異邦感 때문이었을 거요. 비범과 미지의 것을 늘 희구하면서도 결국은 평범의 테두리 안에 연착해 버리고 마는 어설픈 이방감. 우리의 많은 실패와 좌절은 거기에서부터 비롯된 것이 아니겠소.

친구와 헤어져 빗줄기가 제법 굵어진 거리를 코트 깃을 세우고 걸으면서 나는 기어코 그 흔해져 버린 베르레느의 시를 중얼거리고 있었소.

'거리에 비 내리듯 내 마음 속에 비가 내리네'

센티멘탈리즘 또한 거부할 수 없는 나는 분명 평범한 인간일 수밖에 없다고 체념과 자위를 함께 느꼈소.

지금 소주 한 잔을 천천히 들이키면서 "형은 정말 철없이 행복하구료." 아마 그런 소리로 나를 멀끔히 바라볼 K형의 모습을 그려보고는 빙그레 웃고 있소. 비가 후줄근히 내리는 이 낯설은 밤을 어찌 멀쩡하게 보낼 수 있겠소. 술기운이 알맞게 나른해진 몸의 구석구석으로 젖어 오는구료.

내일은 아침 일찍이 해인사를 찾아야겠소.

- 1966. 5. 11. 대구에서 -

(제3신) 진주로 떠나기 조금 전.

어제 정오에 이곳에 도착해서 오후엔 해인사를 구경했소. '귀거래'라는 찻집에서 제법 맛이 나는 커피와 음악으로, 그리고 골짜기로 향한 숙소의 발코니에서 발 아래로 부서져 내리는 계곡의 물을 벗 삼아 머루주를 홀짝거리면서 저녁을 보냈소.

어제 밤엔, 창 아래 계곡에서 폭포처럼 거세게 구르릉대는 물소리에 잠을 이룰 수가 없었소. 속리의 그것이 환상곡의 섬세한 멜로디라면 가야의 물소리는 교향곡의 장중한 혼음이었소.

새벽에 가야산에 올랐다가 조금 전에야 부듯해진 가슴으로 돌아왔소. 가을 단풍이 온 산과 계곡에 가득 찬다면 얼마나 황홀할 것인가 하는 아쉬움은 떼쳐버릴 수가 없었지만.

속리산보다 산체가 더 크고 우람하면서도 오밀조밀한 운치를 곱게 지니고 있어서 가야가 좀 더 명산이라 일컬어지는 모양이오. 쭈빗쭈빗 아기자기한 형상으로 솟은 바위 봉우리들을 섬처럼 휘감아 한없이 내려 깔린 운해의 조용하고 서서한 움직임을 내려다보면서 비록 정상에 올라서긴 했지만 거대한 그 운해 속에서의 나라는 실체가 얼마나 초라한 하나의 티끌에 지나지 않을 것인가 하는 외경과 위압감에 자꾸만 위축되어 오는 스스로를 느꼈소. 그것은 지혜를 배운 겸허에서가 아니라 공포 같은 원시의 본능에서였소.

이제 진주로 떠나오. 떠나는 허전함이나 아쉬움이 어찌 없을 수 있겠소만 속리에 비해 한결 덜한 것은 어찌 보면 나그네에겐 다행스러움일 것이오. 속리에 정을 온통 쏟아버리고 와서일까.

- 1966. 5. 13. 가야산에서 -

(제4신) 그제는 진주, 어제는 부산에서 하루씩을 묵고 오늘 오후에야 이곳에 닿았소.

남강을 안고 자리한 진주 시가는 깨끗하게 정돈되어 있었고 시가를 감싸고 있는 전원의 풍경과 여기저기 아담하게 널려 있는 유적들이 조용히 눈 안에 들어오고 있었지만, 그날따라 주룩주룩 쏟아져 내리는 비에 촉석루, 창열사, 북장대 등 가까운 곳만을 둘러볼 수밖에 없었소. 촉석루에 올라서 정말 강낭콩처럼 푸른 남강의 물결을 내려다보면서, 오랜 기억 속의 연인에게이듯 논개에게로 흐르는 은은한 정을 느끼고 있었소. 그 정은 비

탓이었을까 축축한 슬픔 같은 것을 동반하고 있었소.

"처녀 논개의 푸른 머리카락을 빗겨 남가람이 천추로 푸르러 구비치며 흐름을 보라. 애오라지 민족의 처녀에게 드리곺은 민족의 사랑만은 강물 따라 흐르는 것이 아니기에 아아 어느 날 조국의 다사로운 금잔디 밭으로 물옷 벗어 들고 거닐어 오실 당신을 위하여 여기에 돌 하나 세운다."

어제 오후 부산에 도착해서 남포동 갯가, 영도다리, 외항선 부두, 남포 광복동의 야경들을 구경하고 오늘 아침엔 구덕산에 올라 한눈에 드는 시가지와 오륙도를 조감하고, 송도에 나가 비린 갯냄새와 해변으로 부서져 깔리는 파도에서 오랜 동안 그리워했던 바다에의 향수를 얼마큼은 달랠 수가 있었소.

부산은 역시 소란한 환락과 질척한 퇴폐의 인상이 짙은, 결코 아름다울 수는 없을 것 같은 그런 도시였소.

예상했던 대로 법주사나 해인사에 비해 불국사의 정취는 빈약하기 짝이 없소. 절 입구까지 깔린 아스팔트 길, 그리고 절 바로 앞에 제법 화려하게 버티고 선 관광호텔 등 소위 문명의 이利는 얄팍한 조화 같은 무향과 비정을 오히려 느끼게 하는구료.

내일 새벽 토함산 해맞이와 석굴암 구경을 마치고 경주시를 잠깐 돌아보는 것으로 이제 귀로에 오르게 될 것이오. 짧은 여행이었소. 그런데도 문득 긴 것처럼 느껴지곤 했던 것은 역시 혼자만이어서였을까. 외로움은 의외로 짙지 않았지만 체온처럼 늘상 배어 있는 허탈감만은 어쩔 수가 없었소. 현대, 문명, 이런 것들이 어설프게 물든 요즈음의 세상 인심은 혼자만의 여로를 더욱 허전하게 하는구료. 어느 산골의 주막에서 낯설은 촌부와 술잔을 주고받으며 소박한 여정을 나눌 수 있는 그런 풍경은 이젠 전설처럼 우리의 주변을 떠나버리고만 듯하오. 어쩔 수 없이 혼자일 수밖에 없다는 진리가 새삼 안타깝소 그려.

밤 열한 시. 새벽의 해맞이를 위해서 이제 자리에 들어야겠소.

- 1966. 5. 16. 경주에서 -

1966. 9. 19. 『거울』 제460호

바다

언덕에 올라서면 저만치 눈 아래 바다가 널려 있고 싱싱한 갯바람이 파도처럼 끊임없이 얼굴에 와 부딪는 해변의 작은 도시에서 나는 태어났다.

어렸을 적 바다는 내 생활의 한 부분이었다. 바다는 항상 나의 몸 안에서 혈류처럼 흐르고 있었고 나는 그 혈류 속에서 살고 있었다. 찝찝한 해풍, 비릿한 갯냄새, 개펄과 꽃게, 배들이 까만 점으로 수없이 사라져가던 먼 수평선, 바다 저 쪽 멀리 높이 솟은 월출산의 신비…… 이런 것들이 나의 조그만 몸 안에서 꽉 차 술렁거리고 있었던 것이다.

이따금 바다를 좋아하느냐는 질문을 받을 때가 있다. 그럴 때면, 좋아한다는 상태 이전의, 바다가 내 안에 내가 바다 안에 있었던 그 어렸을 적이 생각난다. 그러나 다시 생각해 보면 내가 바다와 함께 살았던 시간, 좀 더 정확히, 바다를 의식하면서 살았던 시간은 6, 7년 남짓에 불과하다. 그동안 바다를 많이 잊고 있었다. 때로는 거의 망각해 버리기도 했고 산을 가까이 하면서부터는 바다보다 산을 더 좋아하기도 했다. 지금도 역시 산을 좋아한다. 그러나 산에 조금도 못지않게 바다를 사랑하고 있음을, 어쩌면 바다에 더욱 짙은 정을 느끼고 있음을 알았다. 그 확인은 하나의 발견처럼 새로운 기쁨이었다.

이번 여름엔 주로 바다를 찾아다닌 셈이었다. 해운대 해변, 영도 남단의 등대가 있는 태종대 바닷가, 부산에서 제주도까지의 밤바다, 제주항의 긴 방파제 주변, 그리고 서귀포 앞 바다와 부두, 바위로 온통 감돌아간 그 해변.

바다는 오랜 외도 후에 되돌아온 자식을 너그러운 사랑으로 받아들이는 어머니처럼, 그동안의 나의 태만과 불성실을 변함없는 그의 음성과 몸짓으로 용서해 주는 것이었다. 침묵일 수만은 없는 그 무언의 인내와 관용. 바다는 언제나 그렇듯이 너무나 위대했고 그 광활한 바다의 품 안에서 나는 신을 느끼지 않을 수 없었다. 바다와 함께 있으면 나는 언제나 겸손하고 진지한 학생이 된다. 이 조그만 머리가 감당할 수 없을 만큼 벅찬 많은 것들을 바다에서 배우게 되는 것이다. 바다처럼 많은 것을 간직하고, 많은 것을 가르쳐주는 훌륭한 교사를 나는 아직 보지 못했다.

부산 주변의 바다

그러나 좀 더 아름다운 하늘이 있고 좀 더 수려한 명산이 있듯이 바다 역시 그랬다. 해운대 바다는 바다를 그리워하던 사람에게 바다임을 확인케 해 주는 그 정도의 것이었다. 바다의 자연스런 율동과 숨결을 짓이겨 버리는 수많은 사람들의 무리 때문이었을까. 해운대 해변은 사람들이 웅성대서 그 생명이 유지되는 것처럼 인간들에게 굴종하고 있는 듯한 다분히 인위적인 무엇을 느끼게 해 주고 있었다. 바다로 향한 마음을 터놓을 수 없이 뭔가 위화감과 이질감 같은 것을 느끼지 않을 수 없었다. 그건 바다 탓이 아니라 법석대는 사람들 틈에 끼인 나의 자의식 때문이었을 것이다. 그러나 나는 해운대의 바다에서 성급히 실망해 버리지 않았다. 바다라는 걸 얼마큼은 알고 있어서였을 것이다.

수림이 시원스레 울창한 산언덕 넘어, 벼랑에서 깎여 내린 태종대의 해변은 그렇지가 않았다. 등대가 주는 이미지에 이미 마음의 자세가 달라졌던 것일까. 동해의 낙산사 해변을 방불케 하는 기묘한 모습의 바위들 틈으로 부딪혀 퍼지는 파도는 해운대 사장으로 밀려오던 그것처럼 미지근하고 무기력하지 않았다. 대양 저 깊숙한 곳에서부터 전해 오는 바다의 거대한 호흡과 은밀한 그의 대화를 얼마쯤은 들을 수 있을 것 같았던 것이다. 그리고 시원스럽게 바위에 부서지는 바다의 호쾌한 몸짓엔 감히 인위가 용납될 수 없을 것 같았다. 바다가 보이는 것이 아니라 차츰 느껴지기 시작한 것이었다.

남해의 밤바다

밤의 바다는 보다 낭만적이라고들 한다. 푸른 별들이 총총히 박혀 파들대는 검푸른 하늘이나, 월훈月暈이 뽀오얗게 서린 몽몽한 달빛 아래서의 밤바다, 그리고 거기에 고운 사장이라도 길게 깔려 있다면 더욱 그럴 것이다. 그런 밤바다는 가끔 경험한 적이 있었다. 그러나 해변에서가 아니라 바다 한 가운데에서 바다의 움직임을 온몸으로 느끼면서 경험한 밤의 바다는 이번이 처음이었다.

　일망무제, 하늘과 바다가 온통 함께 타는 듯하던 서해의 낙조와, 여기저기 섬들이 괴물처럼 웅숭거리고 있는 회색빛 저녁 바다가 차례로 물러간 후 주위로 깜깜한 밤이 두텁게 쌓여 왔다. 선등船燈과 객실의 불빛이 흘러나오는 창 주변만이 희미하게 드러나고 그곳에서는 하얀 포말과 시커먼 파도의 굽이가 끊임없이 밀려 멀어져 가고 있었다. 저 파도들이 어디까지 언제까지 저렇게 밀려갈 것인가, 지금 이 거대한 바다 위에 내맡겨진 나의 운명……, 이런 평범한 생각들이 나로 하여금 우주를 의식케 해 주고, 다시 영원과 무한의 의미를 생각케 해 주는 것이었다.

　나는 아직 무한의 개념을 알고 있지 못하다. 그것은 나의 상상력의 한계 저 편에 있는 것 같다. 그래서 나는 무한이라든가 영원이라는 어휘에서 항상 신비와 외경감, 때로는 당혹감을 느끼는 모양이다.

　뭔가 숙연해짐을 느끼게 해 주는 동해의 일출로 밤의 바다는 끝이 난 셈이었다. 그리고 하늘인가 바다인가 뿌우연 해무 위로 조용히, 그러나 뚜렷이 솟아오른 한라의 둔중한 모습이 보였다. 그때의 그 전율 같은 기쁨. 무지개 앞에 선 워즈워스의 느낌이 그런 것이었을까.

　서귀포의 바다

　용암이 흘러내리다 바다에 이르러 여러 가지 기이한 모습으로 굳어버린 해변 옆으로 방파제가 길게 뻗어 있고 방파제 끝에는 빨간 등대 같은 것이 솟아 있던 서귀포 부두. 밤이면 으레 그 곳에 나가 바다와 함께 지냈다. 그러는 동안에 나는 차츰 옛날처럼 바다의 한 부분이 되어 감을 느꼈다. 파도 소리에서 차츰 바다의 이야기를 알아들을 수 있었던 것이다. 그것은 바다에 대한 깊은 겸허와 경애로서만 가능한 일이었다.

서귀포를 떠나던 날, 정방폭포에서 정방굴에 이르는 해변 바위에서의 몇 시간은 이번 여행 중 가장 인상적이었던 것 같다. 바로 눈 아래에서 시원스런 파도가 아기자기한 모양의 바위들 사이로 끼어들면서, 스치면서, 혹은 타고 오르면서, 또 부드럽게 유쾌하게 때로는 거칠게 온갖 모양으로 부서지고 있었다. 굴러 와서는 부서지고 또 밀려가고…… 같은 동작을 끈질기게 반복하면서도 그때마다 파도의 움직임은 꼭 같은 것이 아니었다. 마치 그 소리의 의미가 같은 것이 아니듯이. 한참을 그렇게 내려다보면서, 나는 바다의 움직임과 파도 소리에 깊이 빨려 들어가는 무아의 경지를 느끼고 있었다.

언제부터 저 소리와 움직임이 비롯되었으며 또 언제까지 계속될 것인가…… 나의 이런 우둔한 생각을 확인이라도 해 주듯 함께 간 친구가 옆에서 웅얼웅얼 시를 읊고 있었다.

……Assyria, Greece, Rome, Carthage, what are they?…… Time writes no wrinkle on thine azure brow; Such as creations dawn beheld, thou rollest now……

- G.Byron, "The Ocean", *Childe Harold's Pilgramage* -

……앗시리아, 그리스, 로마, 카르타고, 이들이 다 무엇이란 말인가?…… 시간이 너 대양의 푸른 이마엔 세월의 주름살을 새기지 못하는구나. 그리고 창조일 새벽의 모습 그대로, 너 지금도 그렇게 굴러오는구나……

- 바이런, 『해럴드 공자의 편력』 중에서 「대양」 -

바이런Byron의 시였다. 바다는 정말 창세의 그날부터 줄곧 변함없이 저래 왔고 앞으로도 영원까지 무한한 의지와 인내로 저래 갈 것이다. 얼마나 많은 사람들이 그 호흡과 대화 속에서 바다와 함께 영원히 살기를 염원해 왔을까.

바다의 소리는, 진리로 가득 차 있으면서도 그 의미가 잡힐 듯 아물거리고 그러면서도 뭔가 벅찬 진실을 느끼게 해 주는 성서의 말씀 같은 것이었다. 바다는 아무런 잔재주와 기교를 부리지 않고도 소박한 움직임과 파도 소리만으로 모든 것을 표현하고 있었다. 이 광대하고 심원한 의미를 인간의 언어로서 얼마큼 표현할 수 있을 것인가.

그리고 영원 속의 짧은 순간에 지나지 않는 유한 속에서 사소한 이해와 상식적인 위장에 얽매인 인간의 모든 행위가 얼마나 하찮고 가소로운 것인가. 인간의 세계와 자연의 세계와의 엄청난 차이. 자연은 아마 인간의 비좁은 한계를 내려다보면서 그를 정복하겠다는 인간의 엉뚱한 생각을 분명 가엾게 여기고 있을 것이다.

그날 저녁, 이번 여로의 마지막 엽서를 서울에 있는 한 친구에게 띄워 보내고 서귀포를 떠나 귀로에 올랐다.

서서히 해무가 서리기 시작하는 저 바다를 남겨 두고 이제 떠나야 한다. 다시는 돌아오지 못할 것처럼 콧날이 시큰해 옴을 느낀다.

서귀포에서의 며칠, 잊혀질 수 없는 꿈처럼 벌써 저만치서 잡히질 않는구나. 동심에서 물장구를 치고 보트 놀이를 즐기던 천지연, 지금도 귓바퀴에 가득한 그 폭포 소리, 천제연의 거짓말 같은 남청색 물과 어름처럼 시리던 냉기의 촉감, 천제연 제2폭포의 아담한 모습, 바다로 떨어져 내리는 정방폭포 아래의 서늘한 물보라와 화려한 무지개, 빨간 등대가 솟은 서귀포 부두의 방파제에 번듯이 누워 파도 소리 속에 잠겨 마치 한 굽이 파도가 되어 버린 듯한 착각 속에서 올려보던 맑은 밤하늘, 쏟아질 듯 압박해 오던 별빛, 선명하게 남쪽으로 풀려간 은하수……

그러나 무엇보다도 정방폭포에서 정방굴로 돌아간 바위 해변에서의 뭐라 형용할까 시공을 초월해 버린 듯한 그 승화의 몇 시간, 한없이 밀려와 마구 뒤틀려 부서지기도 하고 섬세한 율동으로 애무하듯 바위를 감싸기도 하던 파도의 옥색 몸짓을 넋을 잃고 내려다보면서, 이 몸이 조그만 하나의 바위로 그대로 굳어 그 무한과 영원의 한 조각이 되어지길 염원하던 그 시간은 영 잊을 수가 없구나.

모레 밤엔 서울에 도착한다.

               1967. 8. 3.

아직은 귀뚜라미 소리가 어색한 늦여름의 더위 속에서 서귀포 바다의 여운은 조금도 가셔지질 않는다.

　오늘 이 순간에도, 보아주는 사람 없어도, 서귀포의 그 바다는 굴러와서는 부서지고 밀려가고…… 또 다른 어떤 율동과 대화를 끊임없이 계속하고 있을 것이다.

1967. 9. 4. 『거울』 제488호

여름이 간다

유난히도 지겹고 질퍽한 여름이었다. 한 달을 머뭇거리던 질척한 장마 때문만은 아닐 것이다. 유난히도 끈적하고 짜증스런 여름이었다. 보름 남짓 30도를 줄곧 오르던 후텁지근한 불볕 탓만도 아닐 것이다. 장마보다도 더 오랜 시간을 우리를, 이 사회를, 진창에서 허덕이게 한 '아파트 특혜 사건' 탓이었을까. 불볕보다도 더 우리의 머리를 지끈거리고 멍하게 만든 가짜 교사 자격증 사건 탓이었을까. 아니면 장마와 불볕보다도 더 높은 불쾌지수를 우리 모두에게 안겨 주고, 장마 후의 하수구보다도 더 심한 악취로 우리를 휘청거리게 한 국회의원의 추행 사건 때문이었을까.

동해안으로의 며칠간의 여행은 이 수렁에서, 이 악취에서 잠시 머리 흔들고 벗어나려는 안간힘이었는지도 모른다. 대관령의 안개를 넘어 망상으로 경포대로 낙산사로, 동해안을 따르기도 했고, 계곡을 더듬어 설악과 소금강의 찬물에 잠시 몸을 담그기도 했다.

하지만 나의 이 안간힘은 결국 안간힘으로 그치고 말 것 같은 불안감 속에서 계속되고 있었다. 가슴 깊이 한 구석에 자리

잡아 먼 추억처럼 불쑥 그리움을 몰고 오는 그 순박한 자연의 모습은 아무 곳에서도 찾을 수가 없었기 때문이었다. 통기타와 라디오와 고고 춤으로 얼룩진 광란의 수렁, 쓰레기와 배설물과 무엇보다도 바가지 상혼에서 물씬 풍겨 오는 악취, 해변에도, 계곡에도 가지가지의 수렁과 악취는 끊이지 않았던 것이다.

그러나 마지막 여정으로 청간정에 오를 수 있었던 것은 얼마나 큰 행운이었던가. 그 기회를 베풀어 준 젊은 병사의 선선한 호의를 나는 잊을 수가 없다. 인적이 끊긴 숲 속에서 울려오는 맑은 새소리, 송림을 헤치고 정자에 이르러 다시 바다로 내리닫는 싱그러운 바람, 눈 아래 펼쳐진 옥색 바다와 인위에 오염되지 않은 길게 뻗은 모래밭, 모퉁이를 감돌아 간 기기묘묘한 모습의 바위들 틈으로 시원스레 부딪쳐 퍼지는 호쾌한 파도의 몸짓, 이 자연의 조각들은 나의 불안감과 절망감을 말끔히 씻어주기에 부족함이 없었다. 바다를 향한 정자 머리에 서서 나는 자연의 거대한 호흡과 그 은밀한 속삭임을, 자연의 그 변함없는 진실을 차차 느끼기 시작하고 있었던 것이다.

해마다 어김없이 찾아와서 다시 떠나는 여름. 그 변함없는 계절의 윤회에 우리는 새로운 의미를 붙여보고 새로운 희망을 걸어본다. 그것은 거짓 없는 자연의 진실과 그 질서를 겸허하게 배우고 그 질서 속에 우리의 모든 거짓과 불의와 비리와 회한들을 묻어 버리고 싶은 순수한 꿈이 아직은 우리의 가슴 속에 남아 있는 때문이리라.

청간정의 선선한 바람소리는 어느덧 테니슨이 그토록 애타

게 호소하던 그 종소리와 섞이고 있었다.

>   날려 보내라, 지나간 모든 추악한 것들을.
>   불러 들여라, 다가 올 모든 신선한 것들을.
>   날려 보내라, 망상望祥 해변의 모든 망상妄想들을,
>   설악雪嶽계곡의 모든 설악泄惡들을.
>   불어라 해맑은 바람이여, 저 바다를 저 산을 넘어서.
>   이제 여름이 간다. 어디선가 가을이 오는 소리가 들리는구나.
>   날려 보내라, 서울의 거리거리에 널려진,
>   가진 자들의 모든 거짓과 탐욕과 오만과 허영을,
>   못 가진 자들의 한숨과 체념과 비굴과 남루를.
>   불러 들여라, 모든 진실과 사랑과 아낌과 겸허를.

도시의 회색빛 보도 위에 서서 이니스프리 호수의 물소리를 가슴으로 듣는 예이츠처럼, 나는 지금도 청간정의 그 선선한 바람과 하얀 포말을 일으키며 해변에 부서지던 그 싱싱한 파도 소리를 가슴 깊은 곳에서 듣는다.

1978. 8. 11. 『중앙일보』

월출송 月出頌

　예부터 어진 자는 산을 즐기고 지혜로운 자는 물을 즐긴다 했다. 송구스럽게도 나는 어질지 못하면서 산을 즐기고 지혜롭지 못하면서 물을 즐긴다. 그것은 어질고 싶고 지혜롭고 싶은 나의 감추어진 바람의 한 표현일 수도 있을 터이지만, 나의 출생의 배경과도 결코 무관하지 않을 듯하다.

　싱싱한 갯바람을 파도처럼 끊임없이 몰고 오는 바다와 그 바다 저쪽에 두렷이 솟아오른 거대한 산을 늘상 그리움으로 바라보며 나는 어린 시절을 보냈다. 지금도 4월이 오면 나는 어느샌가 다시 그 시절의 그 소년이 되어 이제는 빽빽이 들어선 건물들 속 어딘가에 묻혀 버린, 비릿한 갯바람이 싱그럽게 얼굴에 와 부딪히던 고향 마을의 그 파릇한 언덕에 오른다. 그리고 뽀얀 아지랑이와 해무海霧 사이로 아련히 멀어지던 그 산의 신비스런 모습에 나른히 취하기도 하고, 서해의 낙조를 받아 거대한 산 덩어리가 온통 벌겋게 불붙으며 다가서던 그 장관에 숨막히며 가슴 두근대기도 한다. 그 산과 바다는 내 어린 시절의 꿈과 그리움과 안타까움과 까닭 모를 슬픔 같은 것까지 모두 그 안에 한데 엉긴, 말하자면 내 고향의, 내 어린 시절의 깊은 응어리인 셈이다. 그 바다가 이제는 영산강 하구언으로 유명해진 목포 앞 바다요 그 산이 바로 월출산이다.

마치 올림푸스 산처럼 내 어린 시절의 신화를 키우고 가꾸었던 그 월출산에 처음으로 오를 수 있었던 것은 고향을 떠난 지도 여러 해가 지난 대학생 시절이었다. 성스러운 신전에 감히 들어설 때처럼 가슴 두근거리던 그때의 그 감격은 그래서 더욱 벅찬 것이었으리라. 월출산은 내 마음 속의 신전일 뿐 아니라 정녕 신의 갖가지 오묘한 예술품들을 한데 모아 놓은 신의 창작집이었다.

영산포에서 영암에 이르는 어느 길목에선가 갑자기 탁 트인 시야로 달려드는 월출산의 깎아지른 듯 기기묘묘한 기암괴석들은 잠시 보는 이의 호흡을 멈추게 한다. 금강산을 익히 아는 사람들은 그 모습을 단발령에 올랐을 때 갑자기 시야 가득히 펼쳐지는 비로봉의 그것에 비유하기도 한다. 그래서 예부터 월출산을 소금강이라 일컬어 오는 모양이다. 월출산은 또 그 맑음과 수려함에서 월내악月奈岳, 월생산月生產으로, 그 화려함과 풍요로움에서 화개산, 조계산으로, 혹은 사나이의 기상 같은 그 험준함에서 낭산朗山으로 불리어 오기도 한다.

월출산의 이 다채로운 얼굴들은 영암읍에서 마주보는 그 중후한 위용으로부터 시작된다. 천황사 우측으로 산뜻하게 임립林立한 관암, 기대듯 껴안듯 무수한 형상으로 어우러져 아슬히 허공에 걸린 구름다리를 숨막히게 가로막는 깊고 우람한 바윗덩이들, 천황봉에 이르는 길목을 우뚝 버텨 지켜선 네 장수 모습의 기괴한 장군바위, 일곱 개의 계단을 꺾이며 굽이쳐 기다란 면사포를 드리우듯 정교하게 흘러내리는 칠치七峙폭포, 능선을 따라 눈 닿는 곳 어디에든 마치 갖가지 조각품처럼 알맞은 공간에 알맞은 형상으로 알맞게 널린 기암 괴석들, 그리고 이 풍성한 경관 위에 태고의 신비로 묵묵히 군림하고 있는 주봉 천황봉의 의연한 자태…… 이 모든 모습은 이제 소백산맥의 끝머리에 이르렀음을 아쉬워하며 최후의 모든 정성과 모든 솜씨를 남김없이 쏟아 부었음직한 조물주의 탁월한 조화造化를 실감케 한다.

천황봉에서 서쪽으로 느긋이 내린 능선길을 반 마장쯤 따라 걸으면 월출 제2봉인 구정봉에 다시 오르게 된다. 아홉 개의 용이 아홉 개의 웅덩이에서 살았다는 전설에서 그 이름을 얻은, 그래서 사시장철 웅덩이의 물이 마르지 않는 구정봉의 영묘함과 그 북쪽 아래 깊은 계곡에 가려진 마애석불(국보 144호)의 창연한 위용을 아쉽게 남겨 두고 다시 서쪽으로 도갑재를 넘으면 공주 갑사, 영광 불갑사와 함께 남한의 삼갑사로 유명한 도갑사에 이른다.

절의 규모는 자그마하나 1,000여 년 전 이 절을 세운 도선 국사의 손길과 체취가 배어 있음직한 오묘한 팔각의 해탈문(국보 50호)과 시공의 초월을 무언으로 현신해 보이고 있는 듯한 석조여래 좌상(보물 89호), 그리고 절 주변의 울창한 고송古松과 죽림은 이 절을 찾는 나그네에게 조촐하고 유적한 안식을 베풀어 준다. 도갑사와 함께 월출산의 이름난 절로 구정봉의 남쪽 기슭에 아늑히 자리한, 원효 대사가 세웠다고도 전하고 도선 국사가 창건했다고도 이르는 극락전(국보 13호)의 무위사를 빼놓을 수 없다.

하지만 3, 4월의 월출산은 무위사의 동북쪽, 그리고 천황봉의 남쪽 깊은 계곡에 자리한 금릉 경포대의 동백숲에서 아마도 가장 화려한 봄의 잔치를 벌이지 않는가 싶다. 강진으로 빠지는 길목인 월남리에서 구정봉과 천황봉의 웅자를 좌우로 휜히 올려보며 월남사지의 석비(보물 313호)를 지나치면 발길은 차차 오른쪽 계곡으로 이끌린다. 그 발길과 계곡이 만나는 지점, 그곳에서 갑자기 현란한 봄의 축제가 펼쳐진다. 윤기가 싱싱히 흐르는 진초록의 동백잎 사이사이로 빨간 동백꽃들의 청아한 자태가 점점이 널린 동백숲이 계곡을 가득 메우고, 계곡을 감싸듯 우뚝 지켜선 기암들은 그 동백숲과 어울려 남방의 정취가 물씬 풍기는 한 폭의 무릉선경을 이루는 것이다.

그러나 월출산의 자랑은 무엇보다도 산과 바다를 함께 즐길 수 있는 그 시원스레 탁 트인 조망일 것이다. 천황봉에 올라서 남쪽으로 눈길을 내리면 해남반도의 끝에 이르러 마지막으로 올연히 일어선 두륜산의 의연한 모습과 그 뒤로 오밀조밀 늘어선 소담한 섬들, 그리고 그 섬들 사이에 빼꼼히 열린 조그만 바다 조각들이 아득히 펼쳐진다. 동북쪽 저 아래로 시선을 돌리면 호남평야를 가로질러 영산강 줄기가 마치 실뱀처럼 꿈틀거리며 감돌아 내리고, 그 줄기를 따라 서북쪽에 눈길이 이르면 널따란 호수 같은 목포 앞바다와 그 바다 건너 육지의 끝머리에 수석처럼 아담하게 오똑 솟은 유달산이 한눈에 꼭 찬다.

이제 거대한 하구언으로 발목을 쥔 목포 앞바다의 모습은 많이 변했으리라. 그러나 먼 옛날 한 소년이 바다 건너 월출산을 그리움으로 바라보며 꿈을 키우던 그 4월의 고향 언덕의 흔적은 그 바다와 유달산 사이의 어디쯤엔가 남아 있을 것이다. 그리고 지금도 월출산과 그 바다는 그 소년을 닮은 또 다른 소년들의 말간 꿈을 곱게 키워 주고 있을 것이다.

1982. 4. 1. 『서울신문』

어촌의 아침

먼 수평선이 서서히 어둠을 벗어 던지고 희끄무레 그 윤곽을 드러내기 시작하면 어촌의 새벽은 어느새 술렁거리며 깨어난다. 두런거리는 말소리들이 여기저기서 웅성대고 포구로 향하는 골목 어귀는 곧 그물을 실은 손수레들로 부산해진다. 잠시 후 고기잡이 전마선傳馬船과 통통배들이 바다를 향해 줄지어 포구를 떠난다.

통통배들의 아득한 소리에 나는 잠에서 깨어난다. 동해의 이 조그만 어촌으로 피서를 오기 시작한 지 올해로 다섯 해째다. 꾀꼬리와 휘파람새의 맑고 새뙨 노래를 들으며 나는 열 살 난 아들 녀석의 손을 잡고 해변으로 나간다. 새벽의 산책을 겸해서 아침 식탁에 오를 횟감과 매운탕감을 구해 오기 위해서이다. 선착장 주변으로는 고깃배를 기다리는 생선 장수 아낙네들과 또 그만큼 많은 피서객들이 모여들기 시작한다. 지난 해만 해도 피서객들의 수가 이처럼 많지는 않았었다.

우리는 멀찌감치 조용한 해변의 사장에 앉아 지나가는 배와 바다에 떠 있는 갈매기와 먼 수평선을 바라본다. 그 한 폭의 그림은 문득 프로스트의 시 한 편을 떠올린다.

사람들은 사장砂場에 앉아
모두 한 곳을 바라본다.
육지에 등을 돌리고
그들은 온종일 바다를 바라본다.

선체를 줄곧 치켜세우고
배 한 척이 지나간다.
바다의 수면이 유리처럼
그 위에 서 있는 갈매기를 되비친다.

육지는 보다 변화가 많으리라.
하지만 진실이 어디 있건
파도는 해안으로 밀려들고
사람들은 바다를 바라본다.

그들은 멀리 보지 못하며
깊이 보지도 못한다.
하지만 그것에 구애됨이 없이
그들은 오늘도 바다를 지켜본다.

- 프로스트, 「멀게도 깊게도 아닌」 -

    아이는 그 시가 무슨 뜻이냐고 묻는다. 나는 혼잣말처럼 이렇게 대답한다. 세상이 어떻게 변하더라도, 비록 그 변화와 삶에 대해서 멀리도 깊게도 헤아리지 못하는 것이 인간일지라도, 인간은 저 수평선처럼, 줄곧 밀려오는 저 파도처럼, 무한하고 순수한 꿈과 희망과 진실을 잃지 않아야 하는 것이라고. 알 듯 모를 듯 고개를 끄덕이며 수평선을 바라보는 아들 녀석의 커다란 눈은 유난히도 순수하고 맑아 보인다.

어느샌가 배들이 와 닿고 선착장은 곧 장바닥으로 바뀐다. 옷차림과 말투에서 피서객임을 확인하고 마구 바가지를 씌우는 아낙네들의 간교한 눈빛은 이미 순박한 어촌 아낙네의 그것이 아니다.

"아빠, 작년에도 이러진 않았는데 많이 달라졌지? 횟집도 너무 많이 늘구."

아이의 눈은 금세 그늘이 지며 흐려진다. '육지는 보다 변화가 많으리라'는 시구가 아이의 머리에 떠오른 것일까? 달라진 것이 어찌 아낙네들의 눈빛과 늘어나는 횟집뿐이랴?

잠치 몇 마리를 간신히 사들고 게으르게 해변을 걷다가 우리는 다시 호젓한 사장에 앉는다. 그리고는 먼 수평선과 밀려오는 파도를 다시 바라본다. 바다 먼 곳을 지켜보는 아이의 커다란 눈에는 신비롭게도 투명한 맑음이 서서히 다시 차오르기 시작한다.

1982. 9. 『동서문학』

여름, 바다, 밤하늘

해마다 이맘때면 자연은 어김없는 정직함으로 혹심한 더위를 몰고 온다. 그리고 더위를 물리치거나 이기려는 갖가지 기발한 방법들에 관한 이야기가 사람들의 입에 오르내린다. 그러나 나는 지금까지 더위를 물리친다거나 더욱이 더위를 이기겠다는 생각을 감히 해 본 적이 없다. 그것은 아마도 그런 생각의 밑바닥에는 자연의 순리나 질서에 도전하는 오만한 불경스러움이 깔려 있으리라는 나의 잠재된 의식에서 비롯된 것이 아닌가 싶다.

그래서 나는 더위가 영 견디기 힘들 때라도 고작 그것을 피하거나 잠시 잊으려는 정도의 소박한 자세로 더위에 대처한다. 하지만 에어컨처럼 과학의 힘을 이용한 다분히 인위적이고 조작적인 피서의 수단이나 인간의 강한 의지를 요구하는 이열치열식의 역시 자연스럽지 못한 그런 피서법을 나는 좋아하지 않는다.

비록 잠시 동안일지라도 끈적함과 터분함을 말끔히 씻어 주는 등물과 후텁지근한 권태감을 싹 가시게 해 주는 찬 맥주 한 잔의 산뜻한 들이킴이 나의 가장 일상적이고 기본적인 피서의 수단이다. 그러나 시간과 마음의 여유가 있을 때라면 집 근처의 북한산에라도 올라가 태고사 계곡의 시원한 물에 발을 담그고 울창한 나무숲과 잎 사이로 빼꼼히 드러나는 파란 하늘을 올려 보고 나무숲을 빠져나오는 시원한 산바람과 그 바람 소리에 섞이는 산새들의 맑은 노래에 귀기울이는 것이 보다 만족스런 피서의 방법일 것임은 물론이다. 자연은 우리에게 혹심한 더위와 고통을 몰고 오지만, 그 고통을 삭이는 갖가지의 즐거움 또한 늘상 함께 마련해 주고 있는 까닭이다.

그래서 더위가 견디기 어려울 만큼 기승을 부리는 한여름 며칠을 나는 자연이 마련해 주는 이러한 즐거움들에 좀 더 가까이 다가간다. 지난 몇 해 동안 가족들과 함께 매년 찾아가는 동해안의 한 조그만 어촌은 그러한 즐거움들을 소담히 베풀어 주는 곳이다.

큰 길에서 마을에 이르는 호젓한 노송 숲길, 은은한 솔향과 어우러지는 휘파람새의 새뛴 노랫소리, 그 숲길이 끝나는 언덕에 이르면 갑자기 눈 아래로 펼쳐지는 꼭 그림 같은 짙은 옥색 바다, 그 바다가 몰고 오는 파도 소리와 싱그러운 갯바람과 비릿한 갯냄새, 어촌에 도착하는 그 순간 더위에 엉킨 모든 짜증스럽고 잡스런 느낌은 이미 나의 의식을 벗어난다. 그리고 나는 똑같은 자연의 그 모습에서 해마다 번번이 다른, 새로운 감격과 새로운 흥분을 전율처럼 짜릿하게 느낀다.

그뿐이랴, 파도의 웅장한 음악에 귀가 멀고 일출의 화려한 장관에 눈이 머는 새벽 해변의 산책, 그 산책길에서 사들고 온 펄펄 뛰는 도다리, 맹이, 놀래기들을 손질할 때의 그 서툰 노동이 가져다주는 즐거움, 그 노동의 결과로 제법 정갈한 모습으로 바뀌어 경월 소주와 함께 식탁에 오르는 싱싱한 생선회와 얼큰한 매운탕의 그 감칠 맛, 가까운 소금강 계곡에 올라 시린 계곡물에 발을 담글 때의 척추가 저려 오는 그 상쾌감, 그리고 집 주변에 무성히 널린 개쑥을 뽑아 마당 한가운데 피워 놓은 모깃불에서 풍기는 그 매콤한 쑥향 냄새와 멀리서 퉁퉁 들려오는 밤배 소리, 이런 것들은 더위 같은 삶의 자잘스런 고통들을 말끔히 잊게 해 주고 나의 의식을 뭐랄까 어떤 순수함과 넉넉함으로 가득 채워 준다.

그러나 그곳의 자연이 가장 충격적인 아름다움을 보여주는 것은 그 밤하늘에서다. 그곳을 찾기 시작한 둘째 해던가, 구름 한 점 없이 맑은 어느 그믐밤, 나는 반쯤 무너져 내리기라도 한 듯 낮게 가라앉은 밤하늘에 깜짝 놀랐다. 조명장치가 매우 잘 된 천체 궁륭관穹窿館 같은 그 맑은 밤하늘에는 크고 작은, 촘촘하고 성긴, 무수한 별들이 거짓말처럼 선명하게 확대되어 마치 잔뜩 물을 머금어 금방이라도 넘쳐 쏟아질 것처럼 파들대고 있었던 것이다. 그것은 하나의 충격이기에 충분한 신비한 모습이었다.

정말이지 어렸을 적에 어쩌다가 시골에서 볼 수 있었던 그런 아름다운 밤하늘을 우리는 얼마나 오래도록 잊고 살아온 것인가. 그것은 꼭 대기오염 탓만이 아니라 어김없는 정직함으로 늘 거기에 있는 그 자연의 존재를 너무 잊고 살아온, 그리고 자연의 순리와 질서를 어기는 일에 너무 익숙해져 버린 우리의 삶의 태도와도 결코 무관하지 않을 것이다.

이번 여름에도 그런 밤하늘을 볼 수 있을는지…… 아이들에게는 견우와 직녀성, 삼태성, 카시오페이아, 오리온, 케페우스의 별자리를 일러 주고 그 별들에 얽힌 아름답고도 슬픈 이야기들을 꼭 들려주어야지. 아니 정작 그런 밤하늘을 쳐다보며 아름다운 별자리 이야기들을 다시 들어야 할, 그래서 순수한 동심을 되찾아야 할 사람들은 권세와 치부를 위해서는 언제라도 자연의 질서와 순리를 어길 준비가 되어 있는 이 땅의 수많은 힘세고 몸집 큰 어른들이 아닌가 싶다.

　이번 여름이 그들에게도 잊었던 밤하늘의 아름다움과 자연에의 외경감을 되찾게 해 주는 유익한 여름이 되었으면 하는 마음 간절하다.

「성하의 창」, 1984. 8. 3. 『동아일보』

백두산 등반 여행기

2002년 7월 18일 (목)

이른 아침 인천 국제공항. 안개가 좀 낀 듯하나 대체로 맑은 날씨다. 예정보다 이른 시간에 모두 도착한 16명의 고교 동기동창 대원들. 모두들 소풍 가는 아이들처럼 밝고 들뜬, 그러나 다소 긴장한 모습들이다. 강가딘 여행사의 가이드 김용숙 씨는 훤칠한 키와 산악인다운 단단한 몸매로 여자 가이드에 대한 우리의 불안감을 당장 든든한 믿음으로 바꾸어 준다.

정시에 이륙한 비행기는 구름 위로 고산준령처럼 씩씩하게 삐져나온 섬 봉우리들을 잠시 펼쳐 보여주고는 곧 서해를 가로질러간다. 기내식 조찬이 채 끝나기도 전에 비행기는 어느새 꼭 우리 땅을 닮은 중국 땅에 들어서고 이윽고 시골 공항처럼 작고 한산한 장춘 국제공항에 착륙한다.

떠들썩한 중국 음식점 '객가식부客家食府'에서 왁자한 중국 음식으로 점심을 먹고 연길행 저녁 비행기를 기다리는 동안 느긋하게 장춘 시내 관광에 나서다. 중국의 마지막 황제인 부의溥儀, Pu Yi의 비극적 삶을 재현해 놓은 '위만황국박물원'에 들러 남의 일 같지 않은 망국의 아픔을 함께 나누고 '남호공원'을 찾아

한가롭게 망중한의 뱃놀이를 즐기다. 북경행 비행편이 장춘행으로 바뀌는 바람에 장춘시 구경을 덤으로 할 수 있어 오히려 전화위복이 된 셈이다. 오후 7시 연길행 비행기는 예정보다 1시간 30분 늦게 출발. 그러나 아무렇지 않게 모두들 평온하다. 중국 사람들의 만만디를 새삼 실감하다.

연길 도착 후 유명한 북한의 '유경柳京호텔' 연길점에서 빼어난 미모와 낭랑한 목소리의 북한 아가씨들의 접대를 받으며 맛있게 저녁을 먹다. 대문 밖까지 모두들 나와 일렬로 늘어서서 손 흔들며 송별하는 북한 아가씨들의 모습에 왠지 가슴이 찡해 온다. 역시 피는 물보다 진한 건가. 연변 대우호텔에 여장을 풀다.

7월 19일 (금)

5시 기상. 6시 출발. 촘촘한 자작나무 숲과 우아한 자태를 뽐내는 미인송의 군락지를 지나치며 이도백하二道白河를 거쳐 11시쯤 산문에 도착하다. 산문 입구에서 올려다 보이는 백두산의 거한 산봉우리와 능선들이 과연 예사롭지 않게 위압적이다. 힘 좋은 도요다 지프 3대에 나누어 타고 길 옆으로 지천으로 피어 있는 노란 두메양귀비의 꽃마중을 받으며 장백산 정상인 해발 2,670m의 천문봉天文峰에 도착한 것이 11시 30분. 전날 밤, 백두산 천지는 덕 많고 선량한 손님들에게만 그 모습을 드러내 보인다는 현지 가이드의 은근한 협박(?)에 내심 불안해 했던 우리들은 천문봉 아래로 갑자기 또렷하게 펼쳐지는 백두산 천지의 광활한 모습을 숨 죽여 내려다보며 모두들 자신의 덕 많음과 선량

함까지 확인하는 이중의 기쁨을 누리다. 백두산 천지의 모습은 분명 장관이었으나 그 장관이 주는 감동과 감격이 예상을 넘어설 정도의 것은 아니었던 것은 천지의 모습이 우리들의 눈에 이미 너무나 익숙해져 버린 탓이 아닌가 싶다. 오히려 우리를 더 큰 놀라움으로 압도하는 것은 여러 봉우리들을 잇고 있는 능선과 그 사이로 깊고 넓게 패인 협곡의 그 장대함, 우람함이었다.

천문봉 정상에서 천지를 배경으로 증명사진들을 찍은 후 우리는 거대한 초원 능선과 그 능선에서 갑자기 불끈 솟아오른 천활봉天豁峰을 지나 천지연을 향해 하산을 시작했다. 천활봉에서 천지연에 이르는 루트는 등산로라기보다는 돌더미 너덜지대로 50도는 좋이 넘어 보이는 매우 가파른 급경사 길로 200여 미터의 고도를 내려쳐야 하는 만만치 않은 코스. 그러나 산 밑자락에서는 군락지어 가득 널린 진보라 빛 산매발톱, 노오란 괭이눈과 기린초의 아름다운 꽃들이 하산의 노고에 대한 풍요로운 보상을 마련하고 있었다. 결국 세 명은 도중에 하산을 포기하고 두세 명은 돌더미에서 구르기도 하는 곤욕을 치룬 후 천문봉을 떠난지 한 시간 남짓 만에 열세 명이 천지연에 도착했다. 얼음물처럼 차디찬 천지연의 물을 마시기도 하고 그 물 속에 손발을 담가보기도 하면서 우리는 잠시 그 귀한 경험의 기쁨과 감격을 함께 나누었다. 아마도 그 감격의 절정은 완전 나체 상태로 갑자기 천지연 속으로 뛰어들며 환호성을 울려 모두의 부러움을 산 진영안 대원의 몫이리라(진영안 대원의 전라 사진은 김중민 총무가 확보하고 있음). 백두산의 최정상인 장군봉(2,749m)으로부터 천문봉, 철벽봉鐵壁峰, 천활봉, 용문봉龍門峰, 청석봉靑石峰, 노호배老虎背 등 돌올한 봉우리들을 에둘러 아우르는 장쾌한 조망은 오직 천지연 아래쪽에서만 가능하다는 말을 실감하다.

준비해 간 도시락을 먹는 도중 빗방울이 뿌리기 시작하여 서둘러 짐을 정리하고 내려온 길을 되올라가는 역코스 산행을 시작했다. 내려올 때처럼 위험하지는 않았지만 깎아지르듯 가파른 돌길을 올라채는 일은 아주 힘겨워서 쉬며 또 쉬며 두 시간 가까이 걸려 다시 천문봉에 이르렀다. 다소 힘겨웁거나 컨디션이 좋지 않은 대원 네 명은 지프 편으로 내려가고 나머지 열두 명은 안개비를 맞으며 느긋이 내린 흑풍구黑風口 능선을 타고 관경대觀景臺를 지나 온천 지대까지 두 시간 반 정도의 산행을 계속했다. 관경대 부근에서 보이는 그 유명한 장백폭포의 위용과 여기저기 산각시취, 비로용담, 부전바디, 꿩의다리, 금방망이 꽃들이 벌이는 소담한 꽃잔치는 산행의 피로를 말끔히 씻어주기에 부족함이 없었다. 빗속 산행 후의 따끈한 온천욕, 그리고 시원한 한 잔의 맥주, 그 행복감을 어디에 비길 수 있으랴.

해발 1,950미터의 고지에 위치한 장백산 대우호텔에 여장을 풀고 억세게 쏟아지기 시작하는 빗소리를 풍악 삼아 밤 늦도록 술잔을 나누다. 아주 느긋이.

7월 20일 (토)

오늘의 일정은 용정龍井과 도문圖門 방문. 오전 7시 30분 호텔을 나서서 이제는 우리 눈에 익숙해진 모아산帽兒山을 지나 용정을 향하다. 밤새 뿌리고도 성이 차지 않은 듯 빗줄기는 여전히 굵어, 둑을 덮칠 듯 불어나 요동치는 싯누런 황톳물로 해란강은 몸살을 앓고 있었다. 일송정의 푸른 솔과 말 달리던 선구자를 지켜보며 묵묵히 흘러야 할 해란강의 애잔한 전설은 야속하게도 그 거친 흙탕물에 깡그리 쓸려가고 만다. 그러나 어제의 완벽한 백두산행을 허락해 준 천신의 은총에 먼저 감사해야겠지.

'은서식당'에서 단출한 한식으로 점심을 먹은 후 대성중학을 방문하다. 모두들 그 유명한 윤동주 시비 앞에 서서 "죽는 날까지 하늘을 우러러 한줌 부끄럼이 없기를" 바라던 시인의 그 간절한 염원을 되새기다. 용정은 독립운동의 전진기지답게 수많은 독립운동의 흔적을 간직하고 있고 대성중학은 바로 그 독립운동의 상징적 요람임을 새삼 확인하다.

도문에 이를 때쯤엔 비가 멎어, 개울 같은 두만강을 사이에 두고 손을 내뻗으면 닿을 듯한 짧은 거리 저쪽에서 북한 땅이 선명히 다가선다. 느긋하니 소를 몰고 가는 농부의 모습, 직장에서 막 퇴근하는 듯 바쁜 걸음을 재촉하는 노동자 같은 사람들의 모습이 선연하다. 그들의 두런거리는 말소리가 들릴 것만 같은 이렇게 지척인 거리에서 이틀 동안 비켜 돌아온 그 먼 거리를 다시 확인해야 하는 현실에 애줄 없이 마음은 무거워진다.

저녁의 단고기 잔치 계획이 취소되어 아쉽긴 했지만 상우 대주점翔宇大酒店 가무청歌舞廳, 노래방에서 함께 보낸 즐거운 시간은 연길의 마지막 밤을 오롯이 장식해 주고도 남음이 있었다.(장소와 자금을 마련해 준 최진택 대원에게 축복 있을진저)

7월 21일 (일)

중국에서의 마지막 아침. 오전 4시 기상. 연길 공항에서 7시 비행기를 타고 8시에 장춘 공항에 도착. 12시 20분발 아시아나 항공기를 기다리는 동안 다시 장춘 시내 관광에 나서 잘 가꾸어진 길림대학 앞의 넓직한 '문화공원'을 모처럼 한가하게 거닐다.

여권 긴급 수송 작전 등 몇몇 해프닝이 있긴 했지만 대체로 성공적인 여행 일정을 모두 마치고 예정대로 오후 3시 30분 인천 공항에 도착. 3박 4일의 짧고 고된 일정이었지만 알찬 성취감 탓인지 모두들 밝고 씩씩한 모습으로 더 근사한 내년의 해외 등반을 기약하며 아쉽게 작별 인사를 나누다. 무사히 마친 성공적인 산행을 다시 한번 서로 축하하며.

2002. 9. 19. 『경복산우회보』 36호

3

말글살이와 관련된
몇 편의 글

「일사일언―事―言」칼럼 4제

언어공해로 얼룩진 주말

연도에 늘어선 수많은 군중들의 환호를 받으며 깡마른 체구의 한 흑인 선수가 가파른 언덕길로 숨가쁘게 치닫는다. 중계하는 아나운서의 목소리도 숨가쁘다.

"드디어 선두주자 마송, 마의 '고오바이'를 넘어섭니다."

그 말을 받아 해설자가 옆에서 거든다.

"이 '죠오시'로 간다면 세계신기록은 몰라도 자신의 기록은 경신할 것 같군요."

여의도 광장과 강변도로를 따라 호화롭게 펼쳐진 국제 마라톤 실황중계를 시청했던 많은 청취자들은 아마 고오바이와 죠오시라는 말이 불러 일으켰던 그 순간의 그 씁쓸함을 지금도 기억하고 있을 것이다. 잠시 후 그 씁쓸함을 떨구어 버리기라도 하듯 나는 다른 채널로 TV 다이얼을 돌렸다. 내야를 힘없이 굴러가던 평범한 땅볼이 갑자기 튀어 오르며 3루수 옆을 막 빠져 나간다. 관중석에서 울려오는 탄성과 함께 해설자의 말이 껴든다.

"저건 더드써드 베이스맨의 앨러에러가 아닙니다. 이리가리이레귤러

바운드죠."

그 전날 성동원두를 화려하게 장식하며 출범한 프로 야구의 이틀째 경기가 막 펼쳐지고 있었던 것이다.

마치 서울올림픽 전야제라도 맞은 듯한 들뜬 열기가 가득 넘친 지난 주말은 언어의 공해 역시 질세라 덩달아 흥청거린 주말이었던 것 같다. '언덕받이', ' 보조', '3루수 실책', '불규칙' 등 멀쩡한 우리말들은 다 어디로 사라져 버린 것인가.

매스컴을 통하여 더구나 방송국의 마이크를 통하여 퍼지는 언어 공해의 해독이 얼마나 심각한 것인가는 새삼 강조할 필요조차 없는 일이다. 그 마이크는 일본 유행가 가락이나 외국의 팝송을 서투른 발음으로 아무렇게나 불러제껴도 좋은 술집의 마이크가 아니다.

그것은 모든 국민에게 유익한 정보와 즐거움을 정확하고 올바른 언어를 통하여 제공해야 하는 사회의 공기(公器)인 것이다. 이러한 공기를 직업적으로 다루는 사람들에게 언어를 정확하고 올바르게 사용하려는 노력은 그래서 더욱 중요하다.

그런데도 그런 노력은 요즘 들어 점점 더 소홀해져 가고 있는 것 같아 안타깝다. 언어순화니 국민문화 향상이니 하는 거창한 명분을 내세우지 않더라도, 비싼 시청료를 꼬박꼬박 물어야 하는 국민들에 대한 당연한 하나의 직업적인 봉사만으로서도, 그 노력은 보다 성실히, 보다 진지하게 계속되어야 마땅할 일이다.

1982. 4. 3. 『조선일보』

말의 인플레

　레이건 미 대통령의 고집스런 경제정책은 '레이거노믹스'라는 신조어까지 탄생시키면서 지난 1년 동안 많은 시비와 비판을 불러일으켜 왔지만, 적어도 미국 경제의 고질인 인플레를 억제하는 데는 획기적인 성공을 거두고 있는 모양이다. 우리나라 역시 인플레 억제를 주요 경제 시책의 하나로 삼고 있으며 비록 잠정적인지는 몰라도 요즘 들어 그 노력은 어느 정도 실효를 거두고 있는 것처럼 보인다.

　그러나 통화의 인플레에 못지않게 우리 사회를 심각하게 좀먹고 있는 것은 말의 인플레이다. 매스컴과 상업 문화의 발달, 그리고 자본주의 경제 체제의 불가피한 경쟁 철학에 그 탓을 돌리기에는 그것의 정도는 너무 깊고 심각하다. 우리의 주변은 온통 '특별', '최고', '최우수'의 것들로 가득 넘치고 있다. '보통'의 것들은 우리의 고양된 시각과 청각에 그 호소력을 잃어버린 지 이미 오래인 까닭인가. 그래서 지정석이 없어도, 간이역에 열심히 멈춰 서도, 우리는 그 열차를 특급이라 불러야 한다. 그러나 우리의 특급열차가 특급으로서 낙제생이요, 적어도 열등생임에 틀림없다는 사실은 '우등'열차라는 해괴한 등급의 열차의 등장으로 설득력 있게 증명이 된 셈이다.

　유치원에 다니는 딸아이가 그림을 제법 그리는지 곧잘 상을 타 온다. 그중에는 무슨 호텔의 큰 강당에선가 한나절을 꼬박 부대끼다가 타 왔다는 최고상과 최우수상이라는 게 있다. 나는 지금도 그것 중에 어떤 것이 가장 높은 등급의 상인지 알지 못한다. 다만 그 둘 중의 하나는 다른 하나보다 등급이 낮다는 사실, 그리고 우수상과 특상을 제쳐 놓고도 최고상이나 최우수상의 수상자만 해도 100여 명에 이르더라는 사실을 기억하고 있을 따름이다.

말의 인플레는 이제 우리 사회의 만성적 고질이 되어 가고 있는 느낌이다. 그 고질이 계속 방치된다면 그것은 진실과 허위의 한계를 구분하는 우리의 판단력을 점점 더 마비시켜 갈 것이며 그러한 판단력이 마비된 사회는 결국 '불신'이라는 자기 생존의 전략(?)을 강요할 수밖에 없을 것이다.

비록 레이거노믹스 같은 단기 치료의 특효약이 없다 하더라도, 그 고질의 치료는 결코 포기될 수 없으며 포기되어서도 안 된다는 데 문제의 심각성이 있다.

1982. 4. 13. 『조선일보』

올바른 표현

치유 불능의 늦잠 버릇 때문에 아침 출근시간이면 나는 늘 시간에 쫓겨 허둥댄다. 차분히 조간신문을 펴들 여유가 있을 리 없으니 세수를 하면서, 아침을 먹으면서 밤사이의 주요 뉴스나

날씨 등의 필요한 정보를 라디오에서 귀동냥으로 얻어 들을 수밖에 없다. 그렇게 해서 이제 나와 아주 친해진 라디오 프로그램이 '가로수를 누비며'이다.

여유 있게 휘파람이라도 불며 상쾌한 기분으로 차를 몰자고 누군가 그런 낭만적인 이름을 생각해냈을 것이다. 얼핏 그 말은 멋들어져 보인다. 그러나 그 뜻을 곰곰 새겨보면 그것은 멋이나 낭만과는 거리가 먼, 실로 모골을 송연케 하는 섬뜩함이 담긴 말이다.

자동차가 가로수를 스치기만 해도 그것은 간담을 서늘케 하기에 충분하다. 하물며 가로수를 누빌 경우 인파로 붐비는 보도 위에서 벌어질 참상은 생각만 해도 끔찍하다. '가로수'와 '가로수길'의 차이는 이처럼 엄청날 수 있는 것이다.

'누비다'는 말에도 문제가 있다. 그것은 뭔가 마구 헤집고 다니는 무질서의 이미지를 떠올리는 말이다. '밤거리의 뒷골목을 누비고' 다니는 것은 '거리의 자식'이라야 제격이다. 교통 법규에 따라 차선을 지키며 질서 있게 차를 몰아야 하는 운전사에게 '누비는' 식의 주행법은 아무래도 권장할 게 못되는 것 같다.

작년이던가 태릉 입구 삼거리를 지나면서 '철통같은 민방위는 북괴 야욕 분쇄된다'는 아리송한 내용의 큼지막한 현수탑이 세워져 있는 것을 본 일이 있다. 그 현수탑은 한 달쯤이 지난 후에도 멀쩡히 그대로 버티고 서 있었다. '민방위는'이 '민방위에'로, 아니면 '분쇄된다'가 '분쇄한다'로 고쳐져야 했음은 물론이다. 비록 순간적이라 하더라도 그 잘못된 표현이 우리의 민방위가 북괴의 야욕에 분쇄된다는 아찔한 오해를 불러일으켰을 가능성을 생각해 보라.

그렇지 않아도 골치 아픈 일들이 덕지덕지 널린 세상에 별것을 다 꼬치꼬치 따진다고 핀잔을 주는 사람이 있을 법하다. 그러나 올바른 말의 사용에 대한 가장 경계해야 할 저해 요소는 바로 그러한 아량과 관대함이다. 적어도 매스컴이나 공공기관의 홍보업무에 종사하는 사람들에겐 그러한 아량과 관대함이 더욱 더 부족해졌으면 싶다.

1982. 4. 20. 『조선일보』

의식개혁과 의식화

말이란 참으로 묘한 것이어서 같은 뜻을 가진 말이라도 그 사용하는 사람과 집단에 따라 전혀 다른, 때로는 정반대의 의미로 쓰여지는 경우를 흔히 보게 된다. '민주주의'라는 말도 그런 말 중의 대표적인 한 예일 것이다.

민주주의를 표방하는 한 권력 집단과 역시 민주주의를 내세워 그 집단에 항거하는 다른 소수 집단 간의 크고 작은 갈등의 예들을 우리는 세계의 역사를 통하여 무수히 목격해 오고 있다. 교도敎導 민주주의, 민족적 민주주의, 인민 민주주의 등 갖가지의 변형되고 때로는 왜곡된 형태의 민주주의들은 이러한 갈등의 고육적 소산물임을 우리는 잘 안다.

여러모로 민주주의와는 거리가 먼 북한의 경직된 정치체제도 그들 자신에 의하여는 민주공화체제로 불리고 있다는 사실은 민주주의라는 말이 얼마나 광범위한 의미로 모호하게 사용될 수 있는가를 보여 주는 좋은 예가 될 수 있을 것이다.

요즘 우리 주변에서는 '의식화'니 '의식개혁'이니 하는 말들이 유행어처럼 번지고 있다. 그런데 이 '의식'이라는 말이 전혀 다른 의미로 아리송하게 사용되고 있다는 점에서 약간의 혼란을 일으키고 있는 것 같다. 적어도 어의상으로는 '의식화 운동'이나 '의식개혁 운동'이나 이전의 어떤 바람직하지 못한 의식 상태를 새로운 의식 상태로 일깨우고 개선하자는 운동이라는 다분히 긍정적인, 서로 비슷한 의미를 내포하는 표현이다.

그러나 실제로 사용하는 두 말의 뜻 차이는 엄청나다. '의식화 운동'은 지나친 현실참여 의식을 강조하는 대학생들의 좌경적 움직임을 비판하는 부정적 입장에서, 그리고 '의식개혁 운동'은 정직을 바탕으로 자기의 본분을 지키자는 정부 주도의 범국민적 운동을 권장하는 긍정적 입장에서, 각각 사용하고 있는 말인 것이다.

그 차이를 알았으면 됐지 뭘 또 따지려 드느냐고 못마땅해하는 사람이 있을지 모르겠다. 그러나 문제는 그처럼 간단하지만은 않은 것 같다. 어의적 논리성을 결여한 표현의 이러한 모호한 구분은 그 표현에 담긴 근본취지와 가치관의 모호한 구분으로까지 발전될 가능성이 있기 때문이다.

  '의식개혁 운동'은 이미 사회 각층으로 번져가고 있다. 본의 아닌 실수를 범하지 않기 위해서라도 이제 어느 것이 '의식화'고 어느 것이 '의식개혁'인지, 혼동하기 쉬운 외국어 단어처럼 정확히 외우고 있어야 할 판이다.

1982. 4. 27. 『조선일보』

'제3의 사나이'와
'더 더드 맨'

우리의 생활 주변에서 질펀히 넘치고 있는 외국어의 범람 현상은 이제 어떤 한계점에 이른 게 아닌가 싶다. 절정의 고비에 이르렀다가 제풀에 줄어드는 그런 한계점이 아니라 이 이상 더 그 범람을 방치할 수 없는 그런 위험한 한계점 말이다.

외국어의 남발 현상은 신문, 잡지의 독자 투고란에서부터 고정 칼럼이나 사설에 이르기까지, 또는 좌담회의 형식에서 학술 토론의 형태에 이르기까지 수많은 사람들에 의해서 그동안 다양하게 비판되고 우려되고 개탄되어 왔음이 사실이다. 그러나 그러한 노력에도 불구하고 외국어 남용의 고질은 조금도 치유되지 않고 점점 더 그 증세가 깊어져 가고 있는 것 같아 참으로 안타깝다.

아침에 일어나서 펼쳐 드는 조간신문의 광고란으로부터 저녁 잠자리에 들기 전의 마지막 TV프로의 광고에 이르기까지, 그리고 줄곧 우리의 시야를 메우는 그 숱한 거리의 간판들에서 우리는 매일 '외국어 더미'에 짓눌려 살고 있다 해도 과언이 아니다. 쥬리아, 갸스비, 논노, 위크엔드, 게보린, 펜잘, 리카바, 갤럭시, 리치바, 써니텐, 에이스, 월드컵…… 이 이름들은 우리들의 귀에 너무나 익숙해져 버린 숱한 외국어 상표들 중 몇 개의 예에 지나지 않는다.

그러나 이 외국어 이름들이 화장품, 의복, 의약품, 시계, 음료수, 과자, 신발 등 우리들의 필수 품목 전반에 걸쳐 고루 퍼져 있다는 데 문제가 있다. 고급 숙녀복이나 휘황한 사치품에 이국적 정취를 흠씬 불러일으키는 그럴듯한 외국어 이름을 붙여 돈 많은 구매자의 허영을 부추기는 상술까지야 그렇다 치자. 문제는 어린아이 운동화 한 켤레나 비누 한 장, 심지어 100원짜리 과자 한 봉지에도 우리말 상표가 붙으면 촌스럽고 저급하게 느껴져 세련된 외국어 이름을 붙여야 잘 팔리리라는, 사실 그래야 잘 팔리고 있는 우리의 현실, 그리고 그러한 현실을 키우는 심리적, 정신적 풍토인 것이다.

지난해부터인가 이 외국어, 특히 영어의 남발 현상이 영화의 제목에까지 두드러지게 나타나고 있는 것은 주목할 만한 일이다. 요즘 신문의 영화 광고란을 펼쳐 보면 마치 우리말 안 쓰기 경연대회를 벌이기라도 하듯 무슨 말인지 알 수 없는, 때로는 국적 자체마저 수상쩍은 외국어를 그대로 표기한 영화 제목들이 난립하고 있다.

다음은 어느 날의 신문의 영화 광고란과 영화 프로 안내란에 나타난 영화 제목들 중에서 몇 개만을 골라 본 것이다. '호메즈', '타워링', '어게인스트', '스워드', '드레스드 킬', '로맨싱 스톤', '아이 더 쥬리', '마이아스 러버', '스트리트 오브 화이어', '나이트 메어', '킬링 필드', '블랙 후라이데이'. 대부분 영어음을 그대로 표기한 것으로 되어 있는 이 제목들은 영어 공부를 30년 가까이 전문으로 해 온 필자도 그 의미가 무엇인지 잘 알 수 없는 알쏭달쏭한 것들이다. 물론 외국어 남용의 가장 중요한 원인을 우리는 사대주의적 심리와 사고에서 찾아볼 수 있을 것이고, 이 외국어 영화 제명의 경우에도 그것은 결코 예외가 아닐 것이다. 그러나 이 갑작스런 영어 남발 현상의 가장 직접적인 원인은 아마도 2년 전부터 표면화되기 시작한 정부의 영어 실용 교육 강화 시책과 그에 따른 국민들의 영어 선호 심리에 영합하려는 얄팍한 상혼 탓이 아닌가 한다. 하지만 이 영화 제명들은 영어에 대한 흥미 유발과 영어 실력의 향상에 도움이 되기는커녕 오히려 심각한 역효과를 빚고 있다는 점에서 매우 아이러니컬하다.

'호메즈'의 경우는 영어는 아니지만, 그 본래 제명인 '세 남자'라는 뜻의 불어 'Trois Hommes트롸 좀므'에서 앞부분Trois은 멋대로 빼버리고 나머지 'Hommes'만을 영어 비슷한 식으로 발음해서 만들어낸 실로 기상천외한 제명이다. '호메즈'라는 암호 같은 낱말에서 과연 어떻게 '세 남자'라는 본래의 뜻을 추출해 낼 수 있을 것인가?

'호메즈'가 앞부분을 제거해 버린 거두去頭형의 제명이라면 '타워링', '어게인스트', '스워드'는 뒤를 잘라 버린 절미切尾형의 제명들이다. '타워링'은 'Towering Inferno'에서 'Inferno'를 잘라 버린 앞머리 형용사만의 불구의 형태로서 '치솟는 지옥'이라는 본 제명의 뜻과는 도대체 연결이 될 수 없고, '어게인스트'는 'Against All Odds' 온갖 어려움을 무릅쓰고'라는 뜻'에서 All Odds

라는 몸통을 떼어 버리고 'against'라는 전치사만을 남겨 만든, 이 역시 기상천외의 제명이며 '스워드'는 'The Sword and the Sorcerer'에서 아무런 이유 없이 뒷부분을 생략해 버린 경우이다. '칼과 마술사'라면 얼마나 더 듣기에 편하고 그럴듯한 제목이 될 것인가. 더구나 'Sword'는 '쏘드'를 '스워드'로 잘못 발음하지 말라고 특별히 주의해서 가르치는 단어이다. '마리아스 러버Maria's Lovers'나 '스트리트 오브 화이어Street of Fire' 역시 '마리아의 연인들' 같은 멀쩡한 우리말의 번역 제명을 외면하고 왜 어설프고 구차한 영어 발음의 표기를 고집하는 것인지 알다가도 모를 일이다.

'드레스드 킬'은 'Dressed to Kill'이라는 본 제명에서 멋대로 'to'를 빼버림으로써 있을 수 없는 영어 표현을 만들어 낸 셈이고, '로맨싱 스톤'은 'Romancing the Stone'에서 'the'를 생략함으로써 문법적으로 전혀 다른 알쏭달쏭한 의미가 되어 버린 경우이다.

'나이트 메어Nightmare'는 공연히 나이트와 메어를 떼어 놓아서 한 단어를 두 동강 내버리고, '아이 더 쥬리I the Jury'는 영어 원문을 읽어 보기 전에는 좀처럼 그 뜻을 짐작할 수 없는, 마치 '아이를 더 만들어 주겠다'는 외설적인 표현으로 오해되기 쉬운 제명이며, 블랙 커피와 달걀 후라이를 연상케 하는 '블랙 후라이 데이'(원래 예수 수난 금요일과 미국의 추수감사절Thanksgiving Day 다음 날 빅세일을 하는 금요일을 뜻하는 말)는 멀쩡한 본래의 제명인 'Friday the 13th 13일 금요일'을 멋대로 다른 영어로 바꿔 놓기까지 한 경우이다.

문득 우리말 번역이 멋있게 잘 어울리던 지난날의 명화들의 제목이 생각난다. '제3의 사나이 The Third Man', '백주의 결투 Duel in the Sun', '우정 있는 설복 Friendly Persuasion' 등. 흐뭇한 향수를 불러일으키는 고전적인 이 영화들도 요즘 같으면 아마도 '더 더드 맨', '듀얼 인 더 선', '후렌들리' 같은 삭막하고 병신스런 제명들로 소개되는 운명을 면치 못했을 것이다. 영화업에 종사하는 사람들이 이러한 잘못을 미처 깨닫지 못하고 있다면 영화윤리심의회 같은 기구에서라도 마땅히 그 해독을 깨우쳐 시급히 교정해야 할 일이라 생각한다.

그러나 외국어 남용의 근본적인 치유는, 요즘의 영어 공부 유행에서 또 한번 드러나고 있는 이 땅의 고질인, 그 들뜨고 무비판적인 유행의 열기, 그리고 궁극적으로 그러한 유행의 열기 밑바닥에 깔린 자신 없음과 자기 비하식의 사대주의 정신의 해소와 함께만 오직 가능하다는 사실을 새삼 아프게 깨닫게 된다.

1985. 9. 『신동아』

얼빠진 말, 얼빠진 사회

사람의 교양 정도나 의식 수준은 그 사람이 사용하는 언어에서 대체로 드러난다. 아무리 외양이 그럴 듯하다 해도 교양이 낮은 사람의 말은 천박함을 면하기 어렵고, 아무리 고등교육을 받았다 해도 의식 수준이 낮은 사람의 말은 유치함을 벗어나기 힘들다. 한 사람의 사고방식과 정서 상태 역시 그의 언어에서 쉽게 드러나게 마련이다. 한 개인에 있어서만이 아니라 한 사회에 있어서도 그것은 마찬가지가 아닌가 생각된다. 좁게는 깡패사회나 군대사회 같은 특수집단에서 넓게는 한 국가에 이르기까지, 어떤 사회에서 즐겨 쓰는 어법이나 유행어가 그 사회의 속성이나 체질 그리고 사고방식을 단적으로 드러내 보이는 경우를 우리는 잘 안다. 북한의 경직된 사회와 그 사회가 만들어 낸 구호성의 경직된 언어는 그 좋은 예일 것이다.

우리 사회도 예외일 수 없다. 지난 여러 해 동안 우리 사회에서 널리 유행되며 즐겨 쓰여온 어법은 우리의 세계를 은연중에 반영하고 있는 것들이 대부분이다. 놀랍게도 십수 년을 정답을 바꿔 가며 계속 버티어 오고 있는 '참새 시리즈'를 주축으로 한 넌센스 퀴즈, 역시 그에 버금가는 오랜 연륜을 자랑하는 잔혹취미의 '식인종 시리즈', 근래에 바짝 유행하고 있는 '저능 IQ 시리즈' 등은 그 좋은 예들이다.

정상적이고 상식적인 사고의 무기력함을 비웃는 넌센스 퀴즈, 천륜과 인륜을 철저히 외면한 윤리 부재의 잔혹성을 강조하는 식인종 시리즈, 그리고 '로댕', '베니스의 상인' 등의 일화로 '당당한 무지와 무식'의 희화를 펼쳐 보이는 저능 IQ 시리즈들은 얼핏 소박해 보이는 그 웃음 밑에 우리 사회의 허점에 대한 날카로운 풍자와 아픈 자조를 깔고 있는 것이 사실이다. 텔레비전의 코미디나 드라마에서 한때 유행했거나 지금도 유행중인 '민나 도로보데스(모두 도적놈들이지)', '좋습니다', '밀어 붙여' 등의 유행어도 멀쩡한 도적들이 넘치고, 아부가 출세의 지름길이고, 우격다짐의 밀어 붙임이 최선의 책략으로 통하는 우리의 세태를 실감나게 압축해 보이는 말들이며, '어느 세월에', '잘 돼야 할텐데' 등의 유행어 역시 우리 사회에 미만한 체념주의와 불안감에 호소함으로써 쉽게 공감을 얻은 표현들이라고 할 수 있다. 이러한 말이나 표현들은 우리 사회의 세태를 풍자하거나 희화화하기 위하여 다분히 의도적으로 만들어진 것들이기 때문에 그 발생 과정과 그것들의 사회현실과의 관계는 비교적 분명히 드러나며, 그 영향력과 수명은 일시적인 경우가 대부분이다.

한편 분명 유행을 따른 것이면서도 그 발생 과정이나 사회 현실과의 관계가 불분명한, 그리고 그 수명을 예측할 수 없는 그런 유행어나 유행 어법이 있다. 예를 들어 '여간', '전혀', '아직', '별로' 등의 말이 언제부터인가 그 쓰임새가 달라지면서 그

달라진 쓰임새가 유행처럼 번져가고 있는 것이다. 본래 이 말들은 '여간 춥지 않다', '전혀 새롭지 않다', '아직 안 먹었니?', '별로 안 예뻐' 식으로 부정구문이나 이에 준하는 구문에서만 쓰일 수 있는 말들이다.

그런데도 요즘 텔레비전이나 신문 같은 매스컴에서는 물론 논문이나 소설 같은 버젓한 글에서조차 '여간 춥다', '전혀 새롭다', '아직이니?', '별로야' 등의 표현이 예사로이 쓰이고 있는 것이다. 이 표현들은 의도적으로 뭔가를 풍자하거나 비판하기 위해서 일부러 비꼬아 쓰고 있는 희화적 표현이 아니라, 잘못된 어법인지도 모르고 무의식적으로 범하고 있는 문법적 오류의 산물이며, 따라서 근본적으로 우리말을 타락시키고 있다는 데 문제가 있다. 부정구문과 긍정구문의 혼동에서 비롯된 이 오류가 유행적인 성격을 띠고 있다면 그것은 어떠한 사회적 함축을 지니는 것일까? 어쩌면 그것은 부정과 긍정의 한계가 모호해져 버린, 부정적인 것이 긍정적인 것으로 쉽게 둔갑해 버리고 또 정당화되는 우리의 세태를 반영하는 것이 아닐는지 모르겠다.

더욱이 이런 잘못된 표현들이 드러내는 또 하나의 공통점은 그 생략어법이다. '여간 춥다'는 '여간 춥지 않다'에서 결정적으로 중요한 부분인 '않다'를 빼버린 것이고, '아직이니?'와 '별로야'는 '안 먹었니?'와 '안 예뻐'를 생략해 버린 표현이다. 생략어법 자체가 문제가 되는 건 결코 아니다. 좋은 글과 말은 반복되는 부분이나 중요하지 않은 부분의 생략을 오히려 필요로 한다. 문제는 결코 생략될 수 없는, 생략되어서는 표현 자체가 불구적인 것이 되어 버리는 그런 알맹이를 생략해 버린다는 데 있다.

요즘 신문기자들까지 멀쩡히 사용하고 있는 '서먹한 관계'니 '섭하다' 등의 유행적인 표현 또한 이 생략어법의 연장이라는 점은 매우 흥미롭다. '섭섭하다', '서먹서먹하다'는 표현은 애초에 '섭'이나 '서먹'이 두 번 반복되어야 제 구실을 할 수 있도록 만들어진 말이다. 우리말에는 이러한 표현이 아주 많다. 그리고 그러한 표현들은 대부분 우리가 잘 보존해야 될 순전한 우리 고유의 표현들이다. '넉넉하다', '눅눅하다', '축축하다', '텁텁하다', '팍팍하다', '막막하다', '똑똑하다', '똘똘하다', '쓸쓸하다', '아슬아슬하다', '으슬으슬하다', '으리으리하다', '토실토실하다', '우물우물하다' 등은 다만 그 몇 개의 예에 지나지 않는다. 요즘의 추세로라면 이러한 말들도 '넉하다', '축하다', '똑하다', '쓸하다', '아슬하다', '으리하다', '우물하다'로 전락한 운명을 면키 어려울 것이다.

반드시 들어 있어야 할, 결코 빼버릴 수 없는 알맹이를 이처럼 생략해 버리는 행위는, 편의를 위해서는 모든 원칙을 무시하고 주객을 전도시켜 버릴 수 있는 극단적인 편의주의와 적당주의에서 비롯된 것일는지도 모른다. 그리고 이러한 편의주의는 지적 게으름, 지적 백치주의와 그 맥을 같이한다고 볼 수 있다.

'아직이니', '별로야', '섭하다', '서먹하다' 같은 표현들에서 천박함과 유치함과 안이함을 느낄 수 없는 사람이라면, 그 사람은 이미 지적 백치상태에 빠져 들어가고 있는 사람이며, 그런 사람들이 늘어나는 사회 역시 지적 백치상태로 침몰해가는 사회일 것이다. 부정과 긍정의 한계가 모호해져 버리고 편의주의와 적당주의가 온통 판을 치며 무의식중에 이런 얼빠진 말들을 양산해 내고 있는 우리 사회야말로 이미 지적 백치사회로 침몰해 가는 게 아닌가 싶어 마음이 무거워진다.

잘못된 모든 것들이 달라져야 할 새 시대를 우리는 맞고 있다. 모두들 한 번쯤 반성해 볼 만한 심각한 문제가 아닌가 생각된다.

1987. 11, 『현대문학』

4

교육 문제와 연관된 몇 편의 글

찢겨진 교복

    처음으로 한국을 찾은 외국 사람들에게 우리는 거의 상투적으로 한국의 인상이 어떤가, 무엇이 가장 인상적인가를 묻는다. 그리고 '아름다운 하늘'과 '친절한 국민성'이 좀처럼 누락되지 않는 그들의 또한 상투적인 대답을 우리는 막연히 기대한다.
    이러한 기대를 여지없이 무너뜨렸던 한 미국인의 솔직한 답변은 지금도 문득문득 내 귓전에 또렷이 울리며 그 의미의 반추를 강요하곤 한다. 그 미국인에게 좀처럼 이해될 수 없었던 것은, 그래서 불행히도 그에게 가장 강한 한국의 인상으로 남게 된 것은 시커먼 제복과 제모에 갇힌 까까중머리의 고등학생의 모습이었던 것이다. 그 미국인의 대답에서 내가 받은 당혹과 충격은 애써 가리고 싶은 나의 치부가 전혀 예고 없이 들추임을 당했을 때의, 그래서 그 치부를 새삼 재확인 했을 때의 그러한 당혹과 충격이었다.
    중·고등학생의 검은 제복과 까까중머리는 비록 그것이 일제의 유물이라 하더라도 이미 우리의 관습으로 굳어진 지 오래라고, 그리고 관습이란 가능한 한 보존되어야 하는 것이라고 그럴 듯한 전통론을 펴는 사람도 있을 것이고 청소년 선도와 규율의 준수라는 그럴듯한 교육적 입장을 내세워 중·고등학생의 까까중머리와 제복 착용을 옹호하는 도덕론자도 있을 것이다.

그러나 그것들은 유감스럽게도 '그럴 듯한' 명분처럼 보이는 것에 그치고 있을 따름이다. 관습이란 자연 발생적인 것으로서 사회의 발전과 시대의 필요에 따라 자연스럽게 변화할 수 있어야 한다. 그 자연스런 변화를 강제적인 수단으로 억제할 때 그것은 이미 관습의 한계를 벗어나 규법規法이 되고 마는 것이다. 습관적으로 지켜 온 것이니까 계속 지켜 나가야 한다는 빈약하기 짝이 없는 근거 위에 규법이 세월질 수는 없는 일이다.

며칠 전 어느 일간 신문에 실린 고등학교 2학년 학생 500여 명을 상대로 행한 청소년 비행의 설문 조사는, 물론 그 신빙도의 의문과 속단의 오류의 문제가 있긴 하지만, 가히 충격적이었다. 음란 영화 감상, 강간, 남녀 혼숙 등 우리의 상상을 절하는 비행은 잠시 접어 두더라도 적어도 20퍼센트가 넘는 학생들의 가발 착용과 미성년자 출입 금지의 오락장, 고고 홀, 술집 출입 등의 비행에 대해서는 까까중머리와 제복 착용 제도에 적지 않은 책임을 물을 수 있을 것이다.

까까중머리와 짓누르는 검은 교모와 시커먼 제복의 구속에서 벗어나고 싶은 욕구와 호기심을 충족시키기 위하여는 그들은 어쩔 수 없이 자기의 신분을 감추는 위장이 필요했을 것이고 죄의식과 쾌감이 교묘히 곁들인 그 음성적인 위장은 수많은 비행의 결정적인 동인이 되었을 것이라는 추측은 결코 지나침이 없을 것이기 때문이다. 까까중머리와 교모, 그리고 시커먼 교복

착용 제도를 이미 폐지한 몇몇 학교에서 청소년 범죄 발생률이 더 높다는 보고를 일찍이 들어 본 적이 없다는 사실은 이를 충분히 증명할 수 있을 것이다.

이제 머지않아 졸업 시즌이 닥쳐오면 학교 주변의 이 골목 저 골목에서 심지어 인근의 대로상에서 밀가루 반죽으로 엉망이 되어 갈기갈기 찢긴 교모와 교복을 펄럭대는, 때로는 술기운에 얼굴이 벌게진 고교 졸업생들의 어지러운 모습을 보고 우리는 또 다시 눈살을 찌푸리고 혀를 차며 말세니 도덕적 타락이니를 뇌일 것이다.

고교 졸업생들의 그 흐트러진 모습은 분명 우리를 슬프게 하는 추한 모습임에 틀림없다. 그러나 우리는 그 추함의 이면(裏面)에 대하여 얼마나 깊이 생각해 보았으며 또 알려고 노력해 왔던가. 무엇이 그 추함을 가능케 한 것인가에 대하여 얼마큼의 이해를 가질 수 있을 때 우리는 그들의 행동을 자유에의 깊은 의지와 희구에서 발로하는 자연스러운 하나의 의식 행위로 받아들일 수도 있을 것이다. 교복과 교모를 찢는 행위는 구속에서의 해방을 확인하는 하나의 상징적 행위일 수 있기 때문이다.

단지 어리다는 이유만으로 초등학생들에게는 강요하지 않는 까까중머리와 제복 착용을, 가장 감수성이 예민하고 금지된 것에 대한 호기심과 규제에 대한 반항의식이 가장 강한 사춘기의 학생들에게 오히려 강요하고 있는 이 제도에는 분명 근본적으로 무엇인가 잘못된 데가 있다. 학생들의 심리상태나 의식구조를 외면한, 덮어놓고 누르고 강요하는 식의 일방적인 교육 방법을 통하여 우리가 바라는 바의 교육적 효과를 과연 거둘 수 있을 것인가 하는 것은 심각한 반성을 요하는 중요한 문제가 아닐 수 없다.

구속과 강요는 뚜렷한 명분이 있을 때만이 허용될 수 있는 것이며 이러한 명분을 상실한 습관적인 강요나 구속은 타성적인 가학적 악취미에 불과한 것이다.

지난 가을, 하나같이 시커먼 교복차림에 모자를 벗어 든 까까중머리를 하고 마치 포로의 행렬처럼 줄을 지어 국전을 관람하던, 그 길고도 어둡던 학생들의 행렬이 문득 눈앞을 스친다.

1977. 1. 『수필문학』

캠퍼스의 꿈은 평화롭고

 훤칠하게 높아진 파란 하늘과 옷깃으로 선뜻 스미는 서늘한 바람이 어느샌가 가을이 성큼 다가와 있음을 실감케 한다. 교정은 이제 여름의 긴 나른함에서 깨어나 건강한 모습으로 다시 돌아온 학생들의 부산한 움직임으로 활기를 되찾고 있다.
 벤치 위에 잔디밭에 혹은 나무 그늘 아래 삼삼오오 떼 지어 앉아서 학생들이 즐겁게 그리고 열심히 서로 이야기를 주고받는다. 간혹 여기저기서 떠들썩한 웃음소리와 경쾌한 합창소리가 맑게 퍼져 오르기도 한다. 검게 탄 고동색의 얼굴들이나, 아마도 도서관에 줄곧 묻혀 있었지 싶은 하얀 얼굴들이나 모두 다 건강하고 싱싱하고 신선해 보인다.
 그들 사이로 이따금 교수들이 지나간다. 무거운 가방이 다소 힘겨워 보이는 조심스런 걸음의 노교수들, 알맞게 자신감이 밴 듯한 당당한 걸음의 중견 교수들, 학생들과 얼른 분간하기 어려울 만큼 패기에 넘쳐 보이는 젊은 교수들. 교수들이 지나칠 때 학생들은 환한 미소와 인사를 보내고 교수들은 학생들 옆에 잠시 멈춰 서서 그들과 이야기를 나누기도 한다. 교정에는 실로 얼마만인가, 화기애애한 평화로움이 가득 넘친다.

가끔 아는 얼굴들이 보내는 밝은 인사에 밝은 답례를 보내며 나도 그들 옆을 지나친다. 그들이 주고받는 이야기들이 들려온다. 그 이야기들은 토막토막 들려 왔다가는 끊어지고 다시 다른 이야기들로 이어진다.

치유될 수 없는 고질처럼 줄곧 이 사회를 괴롭혀 온 학원사태가 드디어 대학가에서 자취를 감추고 말았음을 한 학생은 신기해하며 되새긴다. 몹시 심각한, 그러나 몹시 무기력한 표정으로 학생들을 지켜보던 교수님들의 딱한 모습을 더 이상 보지 않아도 되는 것은 참으로 다행이지만 수위 아저씨들과 등산모의 사복 아저씨들이 교정에서 사라져 버린 것이, 그래서 그들의 보호를 받을 수 없게 된 것이 매우 섭섭하다고 또 한 학생은 짐짓 푸념을 한다. 그러고 보니 학생들이 여기저기서 떼지어 노래를 불러도 지켜보는 사람도 말리려 드는 사람도 아무도 없다. 실로 학원사태라는 것이 가셔버린 교정은 가식적일 만큼, 그리고 무기력해 보일 만큼 너무나도 평화롭다.

어떤 학생은 복직해서 교정에 되돌아오게 된 교수들에 대하여 다시는 그런 불행한 사태가 일어나지 않기를 바라면서 진지한 표정으로 이야기하기도 한다.

또 다른 학생들은 졸업정원제에 관한 회고담을 주고받는다. 졸업정원제가 안고 있던 갖가지 해악, 이를테면 극심한 신경쇠약증까지 몰고 오던 강제 탈락의 위협, 학생들의 교수에 대한 경계심과 불신감과 때로는 적대감, 일정 비율을 반드시 더 뽑아서 그만큼 다시 강제 탈락시켜야 하는 기계적 획일성, 상대평가 제도의 비합리성과 비교육성, 이런 것들을 그들은 날카롭게 비판한다. 그리고 졸업정원제가 대폭 완화·수정될 수밖에 없었고 결국은 졸업정원제의 근본 취지만을 살려 모든 문제를 전적으로 대학의 자율적 처리에 맡기기로 한 당국의 정책 결정으로 사실상 졸업정원제가 폐지된 데 대해서 그들은 새삼 갈채를 보낸다.

나도 내심 그들의 생각에 동감한다.

"사실상 졸업정원제가 폐지된 것은 썩 잘된 거지. 11개항의 수정안이라는 것도 얼마나 구차스러웠던가. 교육정책은 그 목표나 시행절차에 있어서 무엇보다도 교육적 효과와 기능 즉 그 교육성을 우선적으로 고려해야지. 졸업정원제의 궁극적인 목적이 무엇이든 간에 입학정원을 일부러 늘려 놓고 일률적인 기준에 따라 강제로 초과인원을 탈락시키겠다는 그 기본 발상부터가 너무나 비교육적이야. 그리고 상대평가제도의 기계적 적용, 그 제도가 일으키는 사제 간의 또 학우 간의 인간관계에 있어서의 미묘한 갈등, 그것들은 또 얼마나 비교육적인 것인가. 무엇보다도 교육정책은 충분히 시간을 두고 신중한 연구와 검토의 과정을 거쳐야 해. 우리의 교육정책이 수많은 학생들의 일생을 좌우하는 엄청난 희생을 댓가로 치르면서 이 이상 더 졸속의 시행착오를 범해서는 안 되지."

한 무리의 학생들 속에서 K군이 인사를 한다. 참 K군이 오늘 오후에 연구실로 찾아오겠다고 했지. 나는 연구실을 향하여 발걸음을 재촉한다.

"똑똑똑"

"………"

"똑똑똑"

"네에?"

나는 부스스 소파에서 일어난다. 문을 열고 들어서는 사람은 K군이 아니라 뜻밖에도 전기 기사 아저씨다. 비상사태 시의 연락과 전달을 위한 연구실 안의 앰프 시설 공사를 위해서란다. 나는 잠시 멍한 기분으로 머리를 흔들어 본다. 잠시 잠이 들었던가. 그래서 꿈을 꾼 모양이다. 그렇다면…… 비상사태는 아직도 교정에서 자취를 감춘 것이 아니란 말인가. 졸업정원제는 아직도 구차한 수정안을 덕지덕지 달고 건재해 있다는 말인가.

나는 천천히 창가로 발길을 옮긴다. 벤치 위에 잔디밭에 혹은 나무 그늘 아래 삼삼오오 떼 지어 앉아서 학생들이 열심히 서로 이야기를 주고받고 있다. 그러나 그들의 이야기가 조금 전의 그것들처럼 그렇게 밝고 즐거운 것이 아닐 거라는 생각에 마음은 차차 어두워지기 시작한다.

1983. 8. 29. 『동아일보』

(사족: 이 글의 배경에 대해서는 뒤의「발문」을 참조해 볼 것.)

대학 하계강좌 유감

　어떤 새로운 교육 제도의 시행이 성공적이냐 그렇지 못하냐에 대하여 곧 판단을 내리는 것은 쉬운 일이 아니다. 교육 제도란 정치 경제 등의 행정적 제도처럼 그 성과가 단기간 내에 어떤 수치에 의하여 분명하게 드러날 수 있는 성질의 것이 아니기 때문이다. 이번에 처음 실시한 하계강좌 역시 예외가 아니다. 얼마나 많은 학생이 수강했으며 학생들의 수업 태도와 성적은 어떠했는가 등의 피상적 관찰로 하계강좌 제도의 성공여부를 가늠할 수 없음은 물론이다.
　이번 하계강좌의 강의를 맡았던 한 사람으로 나 역시 학생들의 진지한 수업 태도와 그 열의에 감명을 받았던 것이 사실이다. 그러나 그런 사실에도 불구하고 나는 이 제도의 시행이 성공적이었다는 만족감 같은 것을 전혀 느껴보지 못했다. 그것은 아마도 이 제도의 취지와 필요성 자체의 약한 설득력 탓이 아닌가 싶다.
　무릇 모든 제도의 시행이 성공적인 것이 되기 위하여는 우선 제도의 필요성과 목표가 분명히 납득할 만한 것이어야 하고 다음 단계로는 그러한 필요와 목표가 만족스럽게 충족될 수 있도록 제도의 운영이 이루어져야 하는 것임은 상식에 속하는 이야기이다. 그런데 하계강좌의 경우 우선 그 제도의 필요성이 충분히 납득할 만한 것이 되지 못하고 있는 느낌이다.

조기졸업제의 현실화를 제도적으로 뒷받침하고 그 결과 졸업정원제의 탈락률을 완화시키는 데 도움을 주고 또 학점이 부족한 학생들에게 학점 보충의 기회를 준다는 것이 이 제도의 취지가 아닌가 싶은데, 학점 보충의 기회를 준다는 점 이외에는 그것은 별로 설득력이 있어 보이지 않는다. 조기졸업제에 대해서는, 그 시행이 당장 시급할 정도로 학생의 질이나 교육의 수준이 갑자기 높아지고 교육 여건이 갑자기 향상된 것인지 선뜻 이해가 가지 않고, 졸업정원제에 대해서는, 바람직하지 못한 점이 계속 드러남으로써 개선작업이 거듭되고 있는 그 제도에 더 이상 얽매일 필요가 없다는 생각 때문이다.

만일 보다 근본적이고 중요한 다른 취지나 목표가 있다면 학교 당국은 지금이라도 교수와 학생들에게 그 취지에 관하여 보다 분명한 설명을 제공해야 하지 않을까 생각된다.

하계강좌 제도 자체가 바람직하지 않다는 것은 결코 아니다. 나는 오히려 하계강좌가 필요하다고 늘 생각해 온 사람 중의 하나이다. 그러나 우리나라의 많은 대학들이 아직도 시행하고 있는 낙제생들의 구제를 위한 보충 수업이라든가 또는 조기졸업제의 필수 장치로서의 하계강좌를 생각한 것은 아니다. 내가 생각하는 하계강좌 제도의 가장 중요한 두 가지 의의는 첫째, 앞에서도 잠시 언급한대로 학점이 부족한 학생들 또는 학점을 더 필요로 하는 학생들에게 학점 보충의 기회를 주는 것이요. 둘째, ─ 이 점이 하계강좌 제도의 가장 중요한 의의라고 생각되는데 ─ 수강을 원하는 다른 대학의 학생들에게도 문호를 개방하는 개방성이다.

예를 들어 여름방학을 지방에 내려가서 보내야 하는 학생들이 그 지방의 대학에서, 또는 서울에서 여름을 보내야 하는 지방 대학의 학생들이 서울의 대학에서 각각 하계강좌를 이수하여 학점을 취득할 수 있다거나, 정규 학기에는 불가능한 타 대학의 어떤 교수의 어떤 과목을 하계강좌를 통해 수강할 수 있는 현실을 가정해 보자. 그 자유로운 학문적 교류와 그 교류가 가져오는 학문적 자극에 의한 우리 대학의 질적 향상은 얼마나 바람직한 것이 될 것인가.

물론 우리의 경우 대학 간의 수준 차, 성적 평가의 문제 등 이러한 제도의 시행을 어렵게 만드는 현실적인 문제가 많을 것이다. 그러나 그것들은 진정한 교육을 위한, 꾸준하고 점진적인 노력에 의하여 극복될 수 있는 문제들이라고 생각한다.

우리의 주변에는 그렇지 않아도 교육적으로 별로 도움이 되지 못하는 교육 제도들이 질펀히 널려 있다. 이 기회에 학교당국은 하계강좌 제도의 교육적 필요성을 다시 한번 근본적으로 재검토해 보는 것이 좋을 듯하다. 계속 시행이 필요하다고 거듭 판단되면 그 필요성을 효과적으로 충족시킬 수 있도록 운영을 활성화하여 이제 막 출범한 하계강좌 제도가 또 하나의 '제도를 위한 제도'로 좌초하게 되지 않기를 바란다. 그리고 무엇보다도 우선 국립대학의 범위에서라도 이 제도의 그 교육적 개방성의 의의를 살릴 수 있도록 진지한 노력을 기울여주기 바란다.

1984. 9. 3. 『대학신문』

내가 책을 읽는 이유

해마다 대학 입시철이 돌아오면 나는 번번이 꼭 같은 곤혹감과 충격을 되느끼며 이래서는 안 되는데 하는 개탄 섞인 걱정을 반복하게 된다. 독자 여러분은 내가 지금 말썽 많은 현행 대학 입시제도에 대해서 이야기하려는 것이리라 짐작할는지 모르겠다. 물론 현행 대학 입시제도의 여러 가지 불합리한 문제점은 매년 나로 하여금 새삼스런 곤혹감과 충격과 개탄 섞인 걱정에 빠져들게 하기에 부족함이 없음이 사실이다.

그러나 내가 여기서 이야기하려는 곤혹감은 해마다 면접 고사장에서 이루어지는 수험생과의 문답에서 번번이 느껴야 하는, 좀 더 소박하고 근원적인 곤혹감이다. 밥벌이의 전망도 신통치 않은 문학 공부는 왜 하려느냐는 상투적인 질문에 또 그만큼 판에 박은 상투적인 모범 대답이 오고 간 후, 무슨 작가의 무슨 작품이 인상 깊었으며 그 이유는 무엇인가라는 좀 더 구체적인 질문과 이에 대한 좀 더 자신 없어진 대답을 거쳐, 그렇다면 도대체 지금까지 무슨 작가의 무슨 작품들을 읽어 보았는가라는 보다 기본적인 질문에 이르면 그 대답들은 약속이라도 한 듯 한결같이 질문자를 곤혹스럽게 만드는 하나의 대답으로 합쳐지고 만다. 간단히 말해서 대부분의 학생들이, 더구나 문학 공부를 하겠다고 마음다져 먹었다는 학생들이 놀랍게도 거의 책을 읽지 않은 상태로 대학의 문턱에 이르러 있는 것이다. 초등학교 때 읽은 동화나 위인전기 외에 학생들이 지금까지 읽었다는 책을 헤아리는 데 열 손가락이 다 필요치 않다는 사실은 분명 충격적인 일이 아닐 수 없다. 학력고사 성적이 높은 소위 우수하다는 학생들일수록 읽은 책의 수에 있어서 열등하다는 사실은 더욱 아이러니컬하다. 따지고 보면 그것은 당연한 일일 것이다. 학력고사의 성적을 높이기 위하여는 오직 교과서와 참고서 외우는 데 모든 시간을 쏟아 부을 수밖에 없었을 테니까.

그러고 보면 요즘 중·고등 학생들이 책을 읽지 않는다는, 좀 더 정확히, 책을 읽지 못하고 있다는 충격적인 사실은 학생들의 학력고사 성적의 경쟁에 전적으로 의존하고 있는 현재의 모든 입시 제도의 맹점과 직결되어 있음을 새삼 확인하게 된다. 게다가 이 땅을 너무도 쉽사리 오염시켜 버린 얄팍한 물질주의적 사고방식이 눈앞의 실리적 지식이나 말초적 자극을 제공하지 못하는 책들을 읽는 일을 극히 비생산적이고 비효율적인 것으로 평가절하 하는 데 크게 기여하고 있음 또한 부인할 수 없는 사실이다.

그러나 그렇다 하더라도 책을 읽지 않는다는 사실이, 그리고 그러한 사실을 사회 풍조의 탓으로만 돌리려는 태도가, 결코 정당화될 수는 없다. 정도의 차이는 있겠지만 내가 대학에 진학할 당시에도 입시 걱정만을 한다면 시험공부 외에 감히 딴 짓을 할 수 없을 만큼은 그 경쟁이 치열했었다. 그러나 돌이켜 보면 지금도 가장 생생한 감동으로 남아 있는 나의 독서 경험은 주로 중·고등 학생 시절에 이루어진 것들이다.『아라비안 나이트』,『삼국지』, 홍명희의『임꺽정』, 윤백남의『대도전』, 이광수의『흙』, 루소의『참회록』, 괴테의『파우스트』, 지드의『전원교향악』, 호손의『주홍글자』…… 열 손가락으로 다 헤아릴 수 없는 이 수많은 책들의 이름은 지금 이 순간에도 시큰한 향수를 몰고 오는, 내 어린 시절의 중요한 부분을 이루고 있는 그리움들이다. 하지만 이러한 독서의 경험은 결코 나만의 것이 아니었고 지적 호기심을 가진 당시의 많은 중·고등 학생들의 공통된 경험이기도 했다.

어쩌면 독자 여러분은 그때와는 세상이 근본적으로 달라졌다고, 우리가 살고 있는 지금의 각박한 세계는 이미 그러한 낭만을 허용치 않는다고 말할지 모른다. 그러나 그러한 각박하고 삭막한 현실에 체념하고 순응하는 것은, 그래서 그 삭막함과 각박함을 극복하려는 노력을 포기하는 것은 젊은이, 더욱이 젊은 학도가 취할 태도가 결코 아니다. 젊음의 가장 고귀한 특권은 아마도 부당한 현실의 극복과 바람직한 이상의 추구로 형상화되는 그 순수한 용기일 것이다.

책을 읽는 일이 중요한 것은 좋은 책을 통하여 우리는 현실의 옳고 그름을 정확히 파악하고, 이상의 참뜻을 깨우치고, 순수한 용기를 지탱해 나갈 수 있는 믿음과 자신을 다지고, 무엇보다도 우리의 상상력과 안목의 폭을 넓힘으로써 우리의 삶을 풍요롭게 만들 수 있는 까닭이다. 좋은 책은, 특히 오랜 세월에 걸쳐 수많은 사람에 의하여 그 진가가 증명되고 음미되고 다져진 이른바 고전이라 불리는 책들은 삶의 지혜의 원천이요 인간다운 바람직한 삶의 지표라 해도 과언이 아니다.

인간은 짧은 인생을 극히 제한된 한계 안에서 극히 제한된 역할을 하며 살 수밖에 없도록 운명지워져 있다. 이처럼 제한된 경험 세계에서의 인간의 일회적 삶의 한계를 초월할 수 있는 유일한 방법은 책을 통해서 인간의 다양한 삶과 그 진실들에 접하며 그 삶들과 그 진실들을 간접 체험하는 것이다. 책을 통한 이러한 다양한 삶의 간접 체험은 삶의 여러 가지 가능성에 대한 우리 자신의 삶을, 나아가 다른 사람들과 우리와의 삶을 보다 풍요하고 바람직한 것으로 만들어 줄 수 있는 것이다. 우리가 읽는 책이 다양하고 풍성할수록 삶에 대해 우리가 얻게 되는 조망 또한 다양하고 풍성한 것이 될 것임은 당연한 이치이다.

각박한 고3 시절이 책 읽기를 허용치 않는다면 고 1·2 시절에 그리고 대학에 진학한 후에 더욱 열심히 책을 읽도록 노력할 일이다. 그러나 독서의 경험이 거의 없는 상태로, 더욱이 삶의 다양한 진실들을 고루 담고 있는 여러 고전들을 거의 읽어 보지 못한 상태로 대학에 진학한 요즘의 대학생들이 삶에 대한 제한된 조망을 제시할 수밖에 없는 어떤 특정 종류의 책들에만 외곬으로 빠져드는 독서 편식증은 이유 여하를 막론하고 경계해야 하리라 생각한다. 책을 통하여 우리가 얻고자 하는 것은 삶에 대한 어떤 편견적 독선적 안목이나 그러한 안목을 정당화해 주는 단편적 지식이 아니라 궁극적으로 삶의 진실에 대한 보다 넓고 깊은 이해와 조망이기 때문이다.

1986. 8. 『삼성문화』

인간의 능력과
'질량 불변의 법칙'

　해마다 입시철이 되면 이 땅의 수많은 청소년들은 연례행사처럼 패배와 좌절과 방황의 아픔을 겪어야 한다. 대학 입시에서 실패한 이 낙방생들의 좌절과 방황은 우리나라 중등교육의 실패와 방황의 상징적 모습 바로 그것이다. 모든 것이 결국은 대학입시로 수렴하고 있는 우리의 중등교육이 얼마나 불구적이고 파행적인가 하는 것은 무엇보다도 합격생보다 서너 배가 더 많은 절대 다수의 낙방생들이 그대로 방기되고 있는 우리의 교육 현실에서 단적으로 드러난다. 쉽게 말하면 그 요란을 떠는 우리의 교육제도는 사분의 일이 채 안 되는 소수 학생을 위하여 사분의 삼이 훨씬 넘는 다수 학생을 들러리로 희생시키고 있는, 기실 가장 비교육적이고 가장 비효율적인 교육제도인 셈이다.

　만시지탄의 감이 없지 않지만 요즈음 실업 교육의 중요성과 교과과정의 개선을 들먹이는 교육부장관의 발언이나 초급 전문 교육기관을 대폭 신설, 확충하겠다는 국무총리의 다짐을 통하여 정부가 이러한 불구적인 교육제도를 개선해 보려고 어느 정도 애쓰는 모습을 보이고 있는 것은 그나마 다행스러운 일이다. 지금부터라도 교육정책을 직접 간접으로 다루는 모든 부서와 기관의 책임자들은 이 파행적인 교육제도를 근본적으로 개선하는 일에 진정 사명감을 가지고 진력해 주기 바란다. 우리 사회를 휘청거리게 하고 있는 가장 심각한 문제의 하나가 바로 이 대학입시에 꼬여 뒤틀린 교육제도의 문제인 까닭이다. 잘못된 제도는 하루 빨리 고쳐져야 한다. 다행스럽게도 현재의 조짐으로서는 전과는 다른 어느 정도의 근본적인 개선이 이루어질 것처럼 느껴지기도 한다. 그러나 우리 모두가 잘못된 교육제도에 대하여 언제까지나 한탄만 하고 그것에 모든 책임을 떠넘겨 버릴 수만은 없는 일이다. 한편으로 그러한 제도의 개선이 하루 빨리 구체화되어서 수많은 우리 청소년들의 희생을 최소한으로 줄여갈 수 있도록 우리 모두 노력하면서 다른 한편으로 우리가 처한 어쩔 수 없는 현실에 어떻게 대응할 것인가를 생각해 보아야 한다는 말이다. 그것은 현실에의 타협이나 굴복이 아니라 현실의 극복을 위해서이다.

바람직하지 못한 어떤 현실의 극복을 위하여 그 현실에 대응하는 방법 중의 하나는 그 현실이 기초하고 있는 잘못된 가치관이나 사회통념을 깨뜨리는 일이다. 우리의 교육 현실이 기초하고 있는 가장 잘못된 가치관이나 사회통념은 새삼 강조할 필요도 없이 공부 제일주의, 공부 만능주의이다. 우리는 이 절대적 사회통념에 반발해야 하고 그것을 깨뜨려 부수도록 노력해야 한다. 이 반발의 논리적 근거로 삼아야 할 것이 인간 능력에 있어서의 '질량불변의 법칙'이라고 나는 생각한다.

나는 어려서부터 모든 인간의 타고난 능력의 질량은 서로 비슷한 것이 아닌가 하는 생각을 해왔는데 요즘 들어 그런 생각은 거의 믿음으로 굳어가고 있다. 물론 예외가 없는 것은 아니지만 한 개인이 지니고 있는 능력은 그 종류와 분포에 있어서는 서로 달라도 그 총합에 있어서는 대체로 엇비슷한 것이 아닌가 생각된다는 말이다. 예를 들어 어떤 학생은 공부를 잘하고, 어떤 학생은 손재주가 뛰어나고, 어떤 학생은 관찰과 모방의 능력이 남다르고, 또 어떤 학생은 창의적인 능력이 돋보이고, 또 어떤 학생은 협동과 리더십의 능력이 뛰어나지만 그들 개개인의 총합, 즉 총 질량은 대체로 비슷하다는 것이다. 이번에 대학에 들어간 내 아이의 경우, 공부는 곧잘 해서 요즘 세상에서는 효자라 불릴 만하지만 관찰력이나 손재주 같은 능력은 많이 부족한 편이다.

그런데 문제는 이 모든 능력이 그 우열이나 서열을 가릴 수 없을 만큼 우리가 사회생활을 하며 살아가는 데 다 중요하다는 것이며, 중등 교육이 목표로 삼아야 할, 그리고 이 나라의 교육 행정가들이 입만 열면 공염불처럼 뇌이는 그 전인교육이란 바로 이러한 개개인의 다양한 능력을 조화롭게 발전시켜 나가는 것을 그 목표로 삼고 있다는 점이다. 그런데 오늘의 우리의 교육 제도 하에서는 예체능계의 경우만 극히 부분적으로 이러한 능력이 존중될 뿐, 하나의 바람직한 사회인을 만들어 내는 데 필요한 여러 가지 중요한 능력을 키워 가꾸는 일은 공부 제일주의의 위세에 밀려 도시 설 자리가 없는 것이다.

공부 이야기가 났으니 말이지만 공부를 잘한다 해서 꼭 머리가 좋고 명석한 것만은 아닌 것 같다. 150-1번 버스를 타고 오라니까 149번 버스를 타고 (이 여학생은 아마도 150-1=149 라는 수식만을 생각했을 것이다) 엉뚱한 곳에 내려 중요한 일을 그르쳤다는 한 수재 여학생의 일화나, 지하철을 갈아타려면 번번이 일단 지상으로 나와서 다시 지하로 들어가야 한다는 공부 잘하기로 소문난 남학생의 이야기, 또 맛소금과 후추가루를 몇 시간에 걸쳐 조그만 구멍들을 통해 집어넣을 줄 밖에 몰랐다가 뒷구멍을 열고 한꺼번에 부어넣는 하숙집 아줌마의 솜씨(?)에 감탄했다는 한 수석 사법 연수생의 우스개 같은 실화는 그 좋은 예들이다. 그렇다면 공부를 잘한다는 것이 반드시 두뇌의 우수성을 가늠하는 척도가 되는 것도 아니라는 이야기이다. 그런데도 공부를 잘못하면 머리가 나쁜, 따라서 구제불능의 무능한 학생으로 열외의 취급을 받는 것이 우리의 현실인 것이다.

공부를 못한다는 하나의 이유만으로 자신의 모든 능력이 무시당하고, 그래서 결국 자신감을 잃고 자포자기에 이르는 우리의 청소년들이 얼마나 많을까를 생각하면 우리의 잘못된 교육제도의 엄청남 해악에 새삼 분노를 느끼지 않을 수 없다.

그렇다면 우리가 취해야 할 자세는 분명해진다. 그것은 이처럼 잘못된 현행 교육제도의 가치관에 결코 맹종하지 않아야 하는 것이다. 학교에서는 선생님들이, 집에서는 부모가, 학생들 개개인의 능력을 존중하고 그 능력을 키워가도록 격려해 주는 일, 그리고 학생들은 공부 잘하는 아이가 가지고 있지 못한 다른 중요한 능력을 자신이 가지고 있다는 자신감과 자존심을 키우는 일, 지금 우리로서 할 수 있는 무엇보다도 중요한 일은 바로 이런 일들이 아닌가 싶다.

자신의 능력에 대하여 자신감과 자존심을 잃지 않는 학생은 설령 대학 입시에 낙방했다 해서 결코 절망과 좌절의 늪 속에 자신을 내던지지 않을 것이며 언젠가는 자신의 능력을 발휘할 수 있는 여건을 스스로 만들어 갈 수 있을 것이다. 그리고 사회는 그 '언제'를 앞당기는 일을 도와야 할 의무가 있는 것이다.

그 '언제'가 가까운 미래가 될 수 있기를 바라는 마음 간절하다.

1991. 3. 『대입정보』 5호

졸업, 새끼 뻐꾸기의 비상

　졸업식을 뜻하는 영어에 'commencement'라는 말이 있고 'commencement'는 원래 '시작'을 뜻하는 말임을 여러분은 익히 알고 있을 것이다. 이제는 진부해져 버리기까지한 이 '졸업식'의 말풀이를 이 자리에서 다시 뇌이는 것은, 졸업은 곧 '새로운 시작'을 뜻한다는 역설에 담긴 진실이 여러분들이 대학의 품을 떠나는 이 시점에 새삼 절절히, 그리고 새롭게 느껴지는 까닭이다.
　여러분은 초등학교에서 대학에 이르기까지 여러 번의 졸업식을 거치면서 그것이 늘 새로운 시작이었음을 확인해 왔을 터이다. 그래서 대학의 졸업식 또한 여러분이 경험해 온, 그러한 또 하나의 새로운 시작에 지나지 않을 것으로 가볍게 생각할는지 모른다. 그러나 대학 졸업이 의미하는 새로운 시작은 결코 그처럼 단순하거나 가벼운 것이 아니다. 그리고 그것이 바로 내가 지금 그 진부한 '시작'의 의미를 새삼 강조하며 이 글을 쓰는 이유이기도 하다.
　지금까지 여러분이 경험해 온 졸업은 피교육자로서 여러분이 밟아야 할 예정된 교육과정의 여러 단계를 차례로 거치는 것이었지만 이제 여러분은 피교육자로서의 모든 교육과정을 마치고 아무런 예정 단계도 마련되어 있지 않은 미지와 불확실의 세계로 방출되는 것이다. 비유적으로 말하자면 여러분은 지금까지 초등학교의 품에서 중학교의 품으로, 다시 고등학교의 품을 거쳐 대학의 품으로 일시적이고 동질적인 마침과 시작의 과정을 반복해 왔다. 하지만 이제 대학을 졸업함으로써 학교의 따뜻한 '품'을 영원히 떠나 사회의 냉엄한 '전장'이라는 전혀 이질적인 새로운 세계로 진입하는 것이다. 그 변화는 여태까지 학교라는 품 안에서 보호와 지도를 받아 왔던 수동적인 학생의 위치로부터, 모든 일을 스스로 찾아 능동적으로 처리하고 그 결과에 대해 스스로 책임져야 하는 성숙한 사회인으로의 신분 변화를 뜻하는 것이기도 하다. 그러한 신분 변화는 이제 그 기나긴 학교의 속박과 감독을 벗어나 처음으로 성인으로서의 완전한 자유를 누릴 수 있게 되었다는 점에서 여러분에겐 매우 값진, 가히 획기적인 변화가 아닐 수 없을 것이다. 그러나 그런 자유를 누리고 지키는 일은 또한 힘겹고 고독한 작업임을 여러분은 깨달아야 할 것이다.

　이제 교정을 막 떠나려는 여러분의 모습을 보며 얼마 전 어느 방송 다큐멘터리에서, 본 자신이 자라온 보금자리를 막 떠나려는 새끼 뻐꾸기의 첫 비상의 순간이 생각난다. 한편으로는 불안과 두려움이, 다른 한편으로는 기대와 희망이 엇갈리는 그 긴장의 순간이 지나고 드디어 온갖 가능성이 그 안에 담긴 미지의 하늘 세계로 새끼 뻐꾸기의 성공적인 비상이 이루어졌을 때, 그때 느낀 그 잔잔한 감동이 되살아난다. 그 새끼 뻐꾸기의 성공적인 비상이 여러분 모두의 것이기를 바래 본다.

1996. 2. 26. 『대학신문』

5

시론이라 할 만한 몇 편의 글

원칙과 예외의 철학

인간의 생활과 연관된 모든 문제에는 반드시 원칙이라는 것이 따르는 법이다. 원칙이 존재하지 않는다면 학문의 세계도, 예술의 세계도, 사회의 모든 기능과 조직 자체도 순식간에 무질서 속으로 붕괴되고 오직 혼돈만이 남을 것임을 우리는 잘 안다. 이처럼 원칙이라는 것은 우리의 모든 사고와 행위에 근본적인 질서와 법칙을 부여하는 막중한 역할을 담당하고 있는 것이다.

그러나 원칙을 따르는 것은 결코 쉬운 일이 아니어서 때로는 끈질긴 인내와 노력, 굽히지 않는 의지와 용기를 필요로 한다. 경우에 따라서는 원칙을 지키는 것이 거의 불가능할 때가 있다. 이때 우리는 예외라는 일종의 부칙을 마련하여 사물의 균형과 조화를 유지해 나간다. 때로는 원칙을, 때로는 예외를 따르면서 그 균형과 조화 속에서 살아가는 것이 인간의 생활이라 하여도 과언이 아닐 것이다.

그러나 예외라는 것은 원칙이 있음으로 하여서 오직 가능할 수 있고 원칙의 철저한 적용이 어려울 경우에만 존재해야 하는 원칙의 한 부분에 지나지 않음을 간과해서는 안 된다. 예외 허용의 당위성 자체가 결국 원칙의 존중에서 비롯된 것이라는 사실을 우리는 너무나도 쉽게 잊어가고 있는 것 같다. 근래에 와서 이 건망증은 그 근본적인 치료를 이 이상 더 늦출 수 없을 정도로 심각하게, 이 땅에 만연되어 가고 있는 성싶다. 원칙은 마치 다락방이나 장롱에 처박힌 쓸모없는 골동품처럼 잊혀질만하면 이따금 지성의 악세사리로서, 그것도 단군 이념처럼 다분히 행사적으로 전시되는 게 고작이고 예외라는 것만이 오직 가치 있는 생활필수품인 양 횡행하는 세상이 되어 버린 느낌이다.

언제부터인가, 원칙을 고집하고 원칙을 지키려는 사람은 고루하고 쩨쩨하고 소심하고 소극적이고 돌대가리인 소위 '병신'으로 곧잘 낙인찍히게 된다. 원칙을 '적당히' 무시하고 '요령'껏 예외를 이용하는 사람만이 현대적인 감각이 풍부하고 여유가 있고 스케일이 크고 적극적이고 머리가 제대로 돌아가는 소위 '난사람'으로 통하는 이 풍조에 비한다면 요즈음 한창 시비를 불러일으키고 있는 고고 열풍과 장발풍長髮風은 애교로 가볍게 보아 넘길 수 있을 것이다.

'적당'이라는 말은 본래 '사리에 맞는 것'을 뜻한다. '요령'은 '중요한 줄거리'의 의미를 갖는 말이다. 따라서 '요령껏 적당히 한다'는 말은 중요한 줄거리를 놓치지 않고 사리에 맞게 행동한다'는 뜻이 되는 것이다. 그리고 그 말은 곧 원칙에 따라 행동한다는 말과 거의 같은 의미를 가지게 된다. 원칙은 가장 중요한 줄거리와 가장 정당한 사리를 포함하는 법칙이기 때문이다. 그러나 우리가 흔히 사용하는 '요령껏 적당히 하라'는 말의 뜻은 어떤가. 국어가 몹시 서투른 사람이 아니라면 그 의미는 매우 명료할 것이다. 아무리 너그럽게 해석을 해도 그것은 원칙을 지키기보다는 예외를 따르라는 말임이 분명하다. '우리나라에서는 해서 되는 일 없고 해서 안 되는 일 없다'는 말을 자주듣는다. 가벼운 말장난으로 돌려 버리기에는 그 말의 함축은 너무나 의미심장하다. 그것은 원칙의 무시와 예외 중시의 풍조를 가져온 우리 사회의 근본적인 구조적 모순과 우리의 도착된 사고방식의 치부를 여지없이 들추어 내고 있기 때문이다.

예외 일변도의 이 불행한 풍조가 창궐하는 현상은 이현령비현령 식의 애매한 형식적인 법칙의 지나친 강요에서 그 한 이유를 찾을 수도 있겠지만, 무엇보다도 원칙이 포함하고 있는 정당한 강제성을 피하기 위하여, 당장 편리한 예외의 수단을 찾는 안일한 도피 의식에서 비롯된 것일 게다. 원칙이 포함하고 있는 강제성은 진정한 자유가 포함하고 있는 강제성과 같은 속성을 가지는 것이며 이 강제성에 대한 의식은 바로 민주 정신의 핵을 이루고 있는 것이다.

민주주의란 결코 몇 마디의 구호로서 이루어지는 것이 아니다. 원칙의 강제성이 감수될 수 없는 사회, 그 사회는 민주주의의 영원한 불모지일 수밖에 없다.

원칙을 지키는 것은 때로 괴롭다. 그러나 그 괴로움 속에는 정正과 의義와 성실의 싹이 자란다. 예외를 따르는 것은 편리하다. 그러나 그 안이함은 부정과 불의와 불성실의 균을 번창케 하는 온상이 되기 쉽다. 아직도 이 땅에서 그 뿌리를 조금도 뽑아내지 못하고 있는 부정부패라는 것도 이 예외 예찬 의식에서 그 근원을 캐어 볼 수 있을 것이다.

    도저히 안 될 일을 '적당히' 해 내는 유능한 100명의 '난 사람'보다 우직하게 원칙에 순종하려는 단 한 명의 못난 '병신'이, 그리고 되는 일 없고 안 되는 일 없는 비범한 사회보다 되는 일 되고 안 되는 일 안 되는 평범한 사회가 지금 우리에게는 얼마나 더 아쉬운가를 생각해 본다.

1973. 3. 『향연』 5호

「청론탁설淸論濁說」 칼럼 4제

교수님

언제부터인지는 분명치 않다. 나는 내가 가르치는 대부분의 학생들로부터 선생님 대신 어느샌가 교수님으로 불려지고 있다. 나를 '교수님'으로 부르는 학생들의 심리 상태나 사고의 패턴을 곰곰 헤아려 본 것은 물론 그러한 호칭에 대한 불쾌감이라는 나의 즉각적인 감정의 반응 이후의 일이다.

그 불쾌감은 무엇보다도 그 호칭이 내포하는 거리감에서 먼저 비롯된 것일 게다. 그것은 가르치는 사람과 배우는 사람 사이에서 이루어져 온 우리의 전통적인 사제 간의 밀착된 관계보다는 강의를 하고 보수를 받는 교수와 그 보수를 지불하는 대학생 사이에 이루어지는 다분히 계약적인 직업적 관계를 보다 의식케 하는 호칭이기 때문이다.

교수님이라는 호칭은 이러한 실용적인 사고 구조에 못지않게 또한 위계를 지나치게 의식하는 관료주의적인 의식 구조와 관련이 있는 듯하다. 선생님보다는 교수님이라고 부르는 것이 대학 선생에 대한 더 나은 대접이 되고 그 권위를 더욱 인정하는 것이라는, 그리고 그렇게 불리는 사람에게 보다 만족감을 줄 것이라는 얄팍한 심리가 대학생들에게 작용하고 있는 게 아닌가 싶다.

그들이 그들의 고등학교 선생을 '교사님'이라고 부르지 않는 사실은 이를 충분히 뒷받침해 줄 수 있을 것이다. 하지만 어느 모로 보아도 대학교수의 권위가 지금보다 덜 인정되었을 리 만무한 우리가 대학을 다니던 시절, 교수님이라는 호칭을 '감히' 사용하는 대학생은 없었다.

유별나게 '교수님'을 자주 들먹이는, 어려운 부탁을 하러 온 학생들의 모습에서 때 없이 연구실을 찾아드는 서적 외판원의 모습을 불쑥 보아낼 때, 그 씁쓸한 착각은 야릇한 아픔을 몰고 온다. 그 아픔은 만성이 되어 자각 증상이 없어진 현실의 환부를 목격했을 때의 그러한 아픔이다.

'선생님' 대신에 열심히 '교수님'을 뇌는 대학생의 모습은, 아니 그 모습을 만들어 낸 오늘의 얄상한 시속時俗은 우리를 슬프게 한다.

1976. 10. 8. 『동아일보』

말 잘 듣는 어린이

"아빠, 이거 어느 게 맞는 거야?"

현관에 들어서자마자 다섯 살 난 꼬마 녀석이 주르르 달려

든다. 아이가 내미는 어린이공부 쪽지에는 두 개의 그림이 짝을 지어 그려 있다. 한 그림의 왼쪽에는 어린이들이 서로 손을 붙잡고 재잘대며 큰길을 나란히 걸어오고 있고, 오른쪽에는 서너 아이가 군대의 행렬처럼 질서 정연하게 줄을 지어 보도 위를 걸어가고 있다. 다른 그림의 한 편에는 한 아이가 목욕탕 속에서 물장구를 치며 웃고 있고, 또 한 편에는 욕탕 속에 가만히 앉아 있는 아이의 모습이 그려져 있다. 나쁜 어린이에는 ×표를, 착한 어린이에는 ○표를 하라는 것이 이 그림에 주어진 문제였다.

아이는 다그쳐 물으며 성화였지만 어느 쪽이라는 대답이 선뜻 나오지 않아 나는 우물거리며 아이에게 오히려 반문을 했다.

"그래 어디에다 ○표를 해야지?"

아이는 어색한 웃음을 지으며 약간 망설이더니

"여기"

하면서 나의 반응을 조심스럽게 살피는 것이었다. 아이가 가리킨 곳은 물론 질서정연하게 줄을 지어가는 아이들과 욕탕 속에 가만히 앉아 있는 아이 쪽이었다.

보도 위로 질서 있게 걷고 욕탕 안에서 물장구를 치지 않고 얌전히 앉아 있어야 착한 아이라는 것이 출제자의 의도였음은 분명하다. 그러나 내가 선뜻 정답을 가려내기를 주저한 것은 비록 보도 위는 아니더라도 나란히 손을 잡고 재잘대며 가는 아이들과 물장구를 치며 웃고 있는 장난기 서린 아이의 밝은 표정에서 조금도 나쁜 아이의 모습을 읽어낼 수 없었기 때문이었다. 오히려 그 밝고 천진스런 모습은 군인처럼 줄을 지어 질서정연하게 걸어가는 아이들이나 욕탕에 얌전히 앉아 있는 아이의 무표정한 모습보다는 훨씬 더 자연스럽고 활기에 넘쳐 보였던 것이다.

시키는대로 고분고분 말 잘 듣는 어린이가 착하고 훌륭한 어린이라는 출제자의 생각은, 어른의 일방적인 명령에 아이의 일방적인 복종을 강요해 온 전통적인 우리의 경직된 가치관을 반영하고 있음에 다름 아니다.

우리는 입을 모아 내일의 주인공으로서의 오늘의 착한 새싹들을 예찬하며 보다 밝고 활기찬 앞날을 그들에게 기대한다. 그러나 오늘의 착한 어린이들이, 우리 민족이 수백 년을 그래왔듯이 또다시, 그저 시키는대로 고분고분 말 잘 듣는 내일의 착한 어른들로 자라난다면 우리의 앞날은 결코 그처럼 밝고 활기찬 것이 될 수 없을 것이다. 모두들 진지하게 생각해 볼 일이다.

1976. 10. 15. 『동아일보』

근시안

버스가 도착할 때마다 승강구를 향하여 사람들이 벌떼처럼 우르르 몰려든다. 러시아워의 도심이나 시골장터의 소묘가 아니다. 그것은 비교적 한가한 시간인 오후 두세 시경의 학교 앞 버스종점의 풍경이다.

시내버스를 타고 일찍 퇴근을 해야 할 경우 대부분이 대학생들인 이들 승객의 물결에 밀려 나는 번번이 뒷전을 치게 마련이다. 어쩌다가 승강구의 가장 가까운 곳에 위치해 있을 때도 예외는 아니다. 승객들이 내리기를 기다리고 있는 동안 학생들은 어느샌가 계속 내 앞으로 비집고 들어서기 때문에 체면 불구하고 그들과 함께 경쟁을 벌이지 않는 한 나는 또다시 뒤처지게 마련이다.

그러나 나를 의아케 하는 것은 나를 지나쳐 잽싸게 승강구로 향하는 학생들의 태연한 얼굴에서 새치기를 할 때의 겸연쩍은 표정이나 적어도 그들 앞에 줄을 서 있는 사람들을 못 본체 하는 어색한 표정조차 거의 찾아볼 수 없다는 사실이다. 더구나 인가가 전혀 없는 학교 앞 정류장에서 안경을 걸친 창백한 얼굴에 큰 가방을 힘겹게 들고 서 있는 나의 약간은 근엄한 모습을 그들이 한번만 스쳐보아도 내가 그들의 선생일 것이라는 짐작을 하기는 그리 어렵지 않을 텐데 말이다.

내가 투명인간일 리가 없는 한 결국 그들의 시력을 의심할 수밖에 없는 일이다. 그렇다. 그들은 심한 근시안이 되어 버린 것이다. 그들의 눈에는 오직 그들 자신과 승강구와 버스 안의 빈 좌석밖에 보이지 않는 것이다. 그리고 그처럼 감퇴된 그들의 시력에 전혀 불편을 느끼지 않을 정도로 그들의 근시는 만성이 되어 가고 있는 것이다.

각박하고 억눌린 생활은 사람을 근시안으로 만든다는 E.M. 포스터의 말이 생각난다. 그렇다면 어떠한 각박함과 억눌림이,

그들 앞에 줄지어 서 있는 사람들의 모습이 보이지 않을 정도로 그들을 그토록 근시안으로 만들고 있는가. 이 심안心眼의 근시를 교정하기 위하여 우리는 과연 어떤 안경을 마련할 수 있을 것인가.

정답을 알 수 없는 시험문제를 앞에 놓았을 때의 그런 답답함을 느끼며 나는 잠시 차창 밖으로 눈길을 돌린다. 창밖에서는 서서히 익어가는 관악의 추경이 성숙한 여인의 슬픈 미소처럼 눈 안으로 가득 담겨 온다. 그러나 다음 순간 이 자연의 아름다움이 보이지 않을는지도 모를, 많은 근시안의 학생들을 생각하며 나는 다시 우울한 기분에 빠져들고 만다.

1976. 10. 23. 『동아일보』

눈치의 윤리

'멋'이라든지 '정情'이라든지, 외국어에서 그것에 상당하는 의미를 가진 말을 찾기가 쉽지 않은 우리말들이 있다. '눈치'라는 말도 이 중의 하나일 것이다. 이러한 '한국적'인 말들이 함축하는 의미는 우리의 문화적·민족적 특성과 깊은 관련을 갖고 있다.

눈치는 남을 강하게 의식하는 데서 비롯된다. 따라서 눈치는 자기 자신보다는 남을 더 존중하는, 다른 사람을 위하여 자신의 감정과 욕구를 희생하는 미덕을 포함할 수도 있다. 우리가 그 숱한 예절을 강조해 온 데는 아마도 이러한 눈치의 미덕이 얼마쯤은 작용했을 것이다.

그러나 '눈치'는 자기희생의 숭고한 정신보다는 무기력과 굴종의 의미를 훨씬 더 강하게 표출하는 말이다. 우리가 눈치라는 말을 긍정적으로 사용할 경우에도 그것은 상대방의 기분을 잘 헤아리는 처세의 지혜를 뜻하는 데서 그친다. 그 상대방은 자기보다 강자인 경우가 대부분이며 그 처세는 대체로 생존을 위한 소극적 처세에 머무르는 게 고작이다. 눈치는 약자의 전유물이라 해도 과언이 아니다. 강자가 약자의 눈치를 보아야 할 경우는 극히 드물기 때문이다.

이러한 눈치에 우리들처럼 익숙해 온 민족도 흔치 않을 것이다. 우리의 역사는 눈치의 역사였다고 극언하는 사람도 있을 법하다. 우리가 걸핏하면 내세우는 동방예의지국이라는 말도 강력한 이민족에 의하여 눈치의 윤리를 잘 지켜온 허약한 우리 민족에게 주어진, 따지고 보면 자학적인 의미가 담뿍 담긴 말이 아닌가 싶다.

두툼한 겨울 외투를 걸친 사람들과 핫팬츠에 반소매 차림의 젊은이들이 조금도 서로의 눈치를 살핌이 없이 자연스런 조화 속에 함께 오가던 이른 봄 미국의 거리 풍경은 나에겐 퍽 인상적이었다. 그 광경은 오늘의 미국을 가능케 한 자신감과 민주정신, 적극적인 생활자세의 상징처럼 느껴졌기 때문이리라.

우리가 진정 '조국의 발전'을 염원한다면 지나치게 눈치를 살피지 않고도 자신 있게 살아갈 수 있는 그러한 사회적 풍토를 조성하도록 모두들 함께 노력해야 하리라 생각한다. 눈치의 윤리를 우리 민족의 숙명처럼 또 다시 우리의 후대에 물려준다는 것은 우리가 우리 스스로에게 가할 수 있는 커다란 형벌의 하나일 것이기 때문이다.

1976. 10. 29. 『동아일보』

올림픽과 카드섹션

온 나라가 올림픽 열기로 후끈거린다. 신문은 연일 특호 활자의 승전보와 그 승전보의 주인공들에 관한 뒷이야기들로 가득하고 TV는 하루 종일 갖가지의 올림픽 소식과 수없이 되풀이되는 승전의 결정적 순간의 장면들로 넘치고 또 넘친다. 버스 속에서도 택시 안에서도 아나운서의 숨 가쁜 목소리와 교민 응원단의 열띤 환성으로 올림픽의 열기는 아직도 가실 줄을 모른다.

정말이지 두꺼비 만화처럼 총선거니, 공공요금 인상이니 하는 골치 아픈 정치적 현안 문제들을 전격적으로 처리해 버릴 절호의 찬스(?)가 아닐까 싶게 모든 국민들의 눈과 귀와 마음은 오직 LA를 향하고 있는 성 싶다. 그러나 지난 2주 동안 이처럼 우리를 흥분상태로 몰아넣었던, 그리고 우리를 애국심이랄까 하는 그런 어떤 유대감으로 한데 묶어 주기도 했던 그 열기도 이제 하루 후면 폐막식의 그 성화처럼 차츰 사그라져 갈 것이다. 그리고 우리는 LA올림픽의 인상 깊었던 사건이나 장면들을 되새기면서 이제 4년 후에 우리가 벌여야 할 잔치에 대하여 진지하게 이야기들을 나누기 시작할 것이다.

사실 소련이나 동독 등의 스포츠강국들이 빠져 버린 이번

LA올림픽은 비록 그 참가국 수에서 사상최대의 규모를 자랑한다 하더라도 지난 번 미국 등 서방 국가들이 불참한 모스크바 올림픽과 마찬가지로 시시하고 맥 빠진 절름발이 축제가 되리라고 예상한 사람들이 많았었다. 그러나 개막식 잔치의 그 발랄한 풍성함은 이러한 우려를 말끔히 씻어주기에 부족함이 없었다. 어떤 기자의 표현처럼 '활기와 개성이 넘치는 우렁찬 미국인의 합창'이었던 그 개막 잔치는 진취성, 강한 개성, 발랄함, 자유로움, 자신감 같은 여러 가지 미국인의 긍정적인 특성들을 또한 매우 미국적으로 싱싱하게 극화한 흥겨운 한마당 놀이판이었던 것이다.

그러나 그 개막 잔치에서 나에게 가장 인상 깊었던 것은 비장의 무기로 감추어 두었다던 카드섹션이었다. 모든 참가국의 국기를 한데 모아놓은 매우 단순한 한 개의 그림에 불과한 그 작품은 사실 각자가 카드 한 장을 한번만 들어 올리면 되는, 기술이나 훈련이랄 것이 전혀 필요치 않은, 말하자면 유치원 아이라도 쉽게 만들어 낼 수 있는 카드섹션의 가장 초보적 단계의 작품에 지나지 않은 것이었다. 그런데도 그 하찮은 카드섹션이 나에게 깊은 인상을 남긴 것은 고도의 훈련과 기술의 결정체라는 카드섹션에 대한 우리의 통념을 깨뜨리는, 오히려 올림픽의 정신에 걸맞아 보이는, 그 그림의 제작과정에서 풍기는 아마추어리즘의 소박함 탓이기도 했겠지만 무엇보다도 고도로 훈련된 특수집단에 의해서가 아니라 바로 모든 관중들 자신의 거의 즉흥적인 참여에 의해서 작품이 이루어지는 그 유연한 창의성과 민주적이랄까 하는 그 자발성 때문이었을 것이다. 그리고 그것들은 개성과 다양성이 존중되면서도 강한 협동심이 유연하게 자발적으로 이루어질 수 있는 미국 같은 사회에서 오직 가능할 것이라는 부러움 때문이기도 했을 것이다.

그 소박한 단 한 장의 그림으로 환호의 박수를 받은 LA올림픽의 카드섹션은 4년 전 무려 170개 이상의 정교한 화면을 연출하며 장장 세 시간에 걸쳐 펼쳐진 모스크바올림픽의 그 웅장한 카드섹션과 매우 대조적이었다. 그것은 바로 유연성과 자발성, 다양성이 존중받는 사회와 경직성과 강제성과 획일성이 지배하는 사회와의 하나의 상징적 대조이기도 했다. 고도의 훈련과 일사불란한 팀웍과 기계적 통일성이 요구되는 카드섹션 같은 게임에서 전자가 후자의 적수가 될 수 없음은 당연하다. 우리는 이번에 LA올림픽 개막전의 특집프로에서 모스크바올림픽 개막식에서의 그 웅장하고 화려한 카드섹션의 화면들을 다시 볼 수 있었다.

우리는 또한 북한의 실상을 소개하는 우리 TV의 자료 화면에서 오히려 소련의 수준을 능가하는 고도로 발달된 북한의 카드섹션 기술을 이미 수차례 목격한 바 있다. 그러나 북한의 그 대규모의 질서정연한 카드섹션에서 우리가 느낀 것은 곡예 같은 기술로 엮어지는 그 정교한 화면들에 대한 감탄이기보다는 얼마나 철저한 훈련에 의하여 사람의 거대한 집단이 그처럼 일사불란하게 하나의 거대한 기계처럼 움직일 수 있을까 하는 오싹한 경악감과 그러한 획일적이고 기계적인 통일성을 지고의 미덕으로 강요하는 그 전체주의적 사고의 살벌함과 냉혹함에 대한 두려움이었다. 그런 의미에서 우리의 카드섹션의 기술이 북한의 그것에 훨씬 뒤지는 것은 얼마나 다행스럽고 또 큰 위안이 되어 주는 일인지 모르겠다.

카드섹션에 대한 이야기가 이처럼 길어진 이유는 간단하다. 그것은 이제 4년 후 우리가 온 세계에 자랑스럽게 펼쳐보여야 할 서울올림픽의 개막식 행사에서 혹시나 모스크바올림픽에서와 같은 그런 대규모의 카드섹션이 주요한 프로그램으로 계획되고 있지나 않을까 하는 우려에서인 것이다. 그러한 우려는 지난 몇 해 동안의 소년 체전이나 전국 체전의 개막식 행사에서 카드섹션의 비중이 점점 높아져가는 듯한 느낌에 근거를 둔 것인데, 제발 그 우려가 우려로 그치기를 바라는 마음 간절하다. 물론 발랄한 힘과 기技의 제전인 올림픽의 개막식에서 멋있게, 그리고 절도 있게 꾸며지는 아름다운 몇 개의 카드섹션의 화면은 산뜻한 양념으로 매우 효과적일 것이다. 개막식 행사에서의 카드섹션은 이처럼 양념의 구실에 그치는 것이 좋지 않을까 생각된다.

LA올림픽의 개막식 행사가 뜨거운 갈채와 환호를 받은 것은 정교한 카드섹션의 연출에 의해서도 아니고 고도의 훈련과 일사불란한 조직력의 과시에 의해서도 아니다. 그것은 갖가지의 다채로운 프로그램이 미국의 다양한 인종적 특성을 자연스럽게, 그리고 매우 흥겹게 표현하는 데 성공한 때문일 것이다.

올림픽 개막식의 행사를 성공적으로 이끌기 위하여는 두 개의 기본적인 목표가 반드시 고려되어야 하리라 생각한다. 그 하나는 올림픽은 세계의 모든 국가와 민족이 참여하는 국제적인 축제인 만큼 개막식의 행사는 우리 고유의 문화와 민족적 특성을 유감없이 보여줄 수 있는 그런 것이어야 한다는 것이고, 다른 하나는 올림픽은 뭐라 해도 운동과 놀이의 잔치이므로 그 행사는 무엇보다도 흥겹고 즐겁고 신나는 것이어야 한다는 것이다.

이민족들로 결합한 일천한 역사의 미국이 그만큼 멋있게 그 국가적 특성을 과시해 보일 수 있을 때 단일 민족의 깊고 풍부한 역사를 지닌 우리야 그 풍요한 전통 문화의 자원을 얼마나 더 다채롭게 활용할 수 있을 것인가. 더욱이 신바람과 흥겨움의 진수를 우리보다 더 익히 알고 더 즐기는 민족이 또 어디 있을 것인가. 얼핏 머리에 떠오르는 것만으로도 농악, 사물놀이, 탈춤, 강강수월래 등은 이 같은 두 가지 목표를 만족스럽게 채워 줄 수 있는, 우리 민족과 우리문화의 체취가 물씬 풍기는, 신나고 흥겨운 우리의 고유한 놀이들이 아닌가 싶다.

정교한 카드섹션 같은, 고도의 훈련과 일사불란한 조직력을 화려하게 과시하는 프로그램이 얼핏 더 그럴듯해 보일는지 모른다. 그러나 그런 프로그램이 성공한다 해도 그것이 받는 보상은 고작 고도한 기술의 정교함이 자아내는 단순한 감탄 같은 것이지 문화의 폭과 깊이가 불러일으키는 그런 감동일 수는 없다.

이제 내일의 폐막식과 함께 서울올림픽호는 발사대 위에 올려지고 드디어 카운트다운이 시작되는 셈이다. 성공적인 발사에 이르기까지 외화外華보다는 내실內實을 다지며, 서두르지 않고 차

근차근히, 최선의 노력이 기울여지기 바란다. 이 조그만 글도 그러한 노력에 일조가 되었으면 하는 마음이다.

1984. 8. 12. 『한국일보』

88년을 보내며
― 송년 권두 에세이

또 한 해가 저물어간다. 마지막 몇 개의 잎새가 앙상하게 매달려 버티고 있는 썰렁한 거리의 나목들과, 그 나무들을 스치는 찬바람에 옷깃을 세우고 종종걸음을 치는 사람들의 움츠린 모습과, 대청봉 산정을 우아하고 화려하게 수놓고 있는 설악산의 설화 소식은 한 해의 끝이 성큼 다가와 있음을 실감케 한다.

이제 도심의 밤거리에 군밤장수의 가스등이 늘어나고, 지하도 모퉁이로 자선냄비의 종소리가 울려 퍼지고, 흥청대는 거리를 따라 크리스마스 캐럴의 선율이 흐르기 시작하면, 우리는 세모의 설레임에 다시 한번 젖어들게 된다. 그리고는 묵은해의 지난 시간들을 흐뭇하게 혹은 아쉽게 되돌아보고, 새해의 다가올 시간들을 밝은 마음으로 혹은 걱정스럽게 전망하며 많은 이야기들을 나누게 될 것이다.

이맘때면 의례히 그렇듯이, 며칠 후면 신문들은 경쟁이라도 하듯 이 해를 정리하는 국내외 10대 뉴스의 선정 작업에 열을 올릴 것이다. 별로 큰 사건 없이 조용하고 평화롭게 지나쳐간 해는 기억에 남아 있지 않을 만큼 우리는 늘 문제가 많은 격동의 시대를 살아온 것이 사실이지만, 아마도 올해처럼 주체하기 힘들 정도의 수많은 큰 사건과 뉴스거리 속에서 휘청댔던 해도 드물었던 것 같다.

호송 죄수 집단 탈주극 같은 우발적인 사고 사건은 제쳐 놓고 우리 사회의 근본적인 체질 변화에 관련된 사건만으로도 신문기자들은 국내 10대 뉴스를 선정하는 일이나 그 순위를 결정하는 일에 골머리깨나 썩힐 게 틀림없다.

하계 올림픽과 장애인 올림픽 개최, 노태우 대통령 취임과 제6공화국 출범, 여소야대의 국회의원 선거, 국회의 국정감사권 부활 및 특위 활동, 전기환·전경환 등 전 씨 일가 구속 및 연희궁 수난, 5공화국 비리 광주항쟁 및 언론 파동에 대한 국회 청문회, 남북 회담 재개와 통일 논의 활성화, 헝가리 소련 중공 등과의 개방적 북방 외교, 일부 월북 작가 및 예술가에 대한 해금 정책,『한겨레신문』창간, 언론 출판 활동 활성화, 노 대통령의 유엔 연설과 아태亞太 4개국 순방 등, 얼핏 머리에 떠오르는 굵직굵직한 사건만으로도 벌써 열 손가락이 모자란다. 그리고 그 사건들은 보는 시각에 따라서 모두 가장 중요한 뉴스거리로 선정될 수 있을 만큼 비중이 만만치 않은, 다른 해 같으면 어렵지 않게 1순위에 오를 수도 있을 크고 중요한 사건들이다.

돌이켜 보면 이러한 큰 사건들을 겪으면서 그런대로 용케 '건강'을 유지해 온 우리의 체력이 신통하기도 하고 우리의 그러한 능력에 자부심 같은 것이 느껴지기도 한다. 그러나 한 해를, 더욱이 그처럼 많은 중요한 일들이 일어났던 한 해를 마감하는 이 시점에서 지난 사건들을 다시 한번 되돌아보며 음미해 보는 일은 우리 모두에게 더욱 값진 일이 되지 않을까 하는 생각이 든다.

　국내외에 미친 영향이나 그 자체의 규모로나 아무래도 올해의 가장 큰 사건은 올림픽 개최가 아니었나 싶다. 이 땅에서 온 인류의 가장 큰 축제인 올림픽을, 역사상 가장 많은 나라에서 가장 많은 선수들이 참가한 가장 화려하고 성공적인 대회로 치러냈다는 사실은 분명 우리에게 깊은 감회와 자부심을 느끼게 하기에 족하다.

　모스크바와 로스앤젤레스의 지난 두 대회가 미·소 두 나라의 정치적 갈등으로 반쪽 대회밖에 되지 못했던, 그래서 올림픽 정신 자체가 실종 위기에 처해 있었던 사실을 감안한다면 12년 만에 동서 이데올로기의 화해가 이루어진 서울 올림픽의 성공은 더욱 의의가 크다 할 것이다. 더욱이 우리나라가 하루아침에 그 쟁쟁한 소련, 미국, 동독과 함께 세계 4강의 스포츠 강국으로 갑자기 뛰어오른 '어리둥절한' 놀라움은 〈손에 손잡고〉의 그 인상적인 고음의 멜로디와 함께 우리의 기억에 오래 남아 있을 것이다.

　그러나 만화 속의 무슨 우주 발사대를 연상케 하기도 하고 균형 잡히지 않은 거대한 공룡의 우스꽝스러움을 연상케 하기도 하는 80억짜리 올림픽 기념조형물의 기괴한 모습이 웅변으로 말해 주고 있는 그 엄청난 허세와 낭비, 세계 4강의 '어리둥절한' 기쁨을 강요한, 그래서 우리로부터 세계 5, 6위쯤의 편안하고 떳떳한 즐거움을 앗아간 복싱 경기의 텃세 판정과 경기장

난동의 추태, 그리고 바덴바덴 이후 지난 7년 동안 5공화국의 운명과 함께하며 모든 비리와 강권 정치의 호도에 크게 기여한 '88' 최우선 정책의 부작용, 이런 것들은 올림픽과 관련하여 우리가 깊이 반성해 보아야 할 점들이 아닌가 생각한다. 물적·심적으로 엄청난 우리의 국력이 투자된 이 올림픽 개최가 정치적 경제적 발전만이 아니라 선진국으로의 발돋움에 결정적 역할을 할 우리의 도덕의식의 고양에 하나의 전기를 마련해 주기를 간절히 바라는 까닭이다.

　올림픽에 못지않게, 어찌 보면 올림픽보다 더욱 중요한 사건은 신임 대통령의 취임과 제6공화국의 출범, 그리고 뒤이은 국회의원 선거였을 것이다. 한 나라의 대통령과 국회의원을 새로 선출하고 새 정부를 차리는 일은 국가의 존폐에 직결되는 문제이기 때문이다. 더구나 작년의 '4.13호헌' '6월 민주항쟁' '6.29선언'의 우여곡절을 거쳐 천신만고 끝에 얻어낸 대통령 직선제에 의해 소위 평화적 정권이양이 처음으로 이루어지는 시험적 케이스라는 점에서 새 대통령에 의한 새 공화국의 출범은 매우 중대한 사건이 아닐 수 없었던 것이다.

　그러나 국민의 35퍼센트의 지지율도 얻지 못한 대통령의 출현과 많은 국민의 원성의 표적이었던 5공화국의 불의不義의 유산을 그대로 물려받은 6공화국의 출범을 우리는 처음부터 불안과 우려의 눈길로 지켜볼 수밖에 없었음이 사실이다. 새 대통령은 5공화국과의 단절과 진정한 민주화의 약속을 거듭 다짐하였지만 국민들로 하여금 '새 술은 새 부대에'라는 만고의 진리에 초연케 하기에는 역부족이었다. 그러한 우려와 불안이 의미 깊게 반영된 것이 우리의 정당정치 사상 최초로 여소야대의 결과를 가져온 4월의 국회의원 선거가 아니었던가 싶다. 처음에 사람들은 그 결과가 우연한 이변이라고도 했고 특히 여당 쪽 사람들은 이 무슨 변괴냐고 개탄하기도 했지만 사실 그것은 정상적인 생각을 가지고 있는 사람들에게는 매우 '정상적인 결과'였던 것이다.

예를 들어 정상적인 생각에 우리보다 더 익숙할 수밖에 없는 미국민들의 경우 — 이번 가을의 선거에서 또 한 번 드러났듯이 — 전통적으로 공화당 대통령을 더 많이 뽑아주는 대신에 국회에서는 민주당을 다수당으로 밀어 준다. 소위 여소야대의 국회로 하여금 행정부의 독주를 견제케 하려는 뜻이다. 지난 4월 선거의 결과를 보고 나는 우리 국민의 정치의식이 미국민들의 그것에 접근할 수 있을 만큼 상당한 수준에 이르러 있음을, 작년 6월의 민주항쟁의 결과가 결코 우연이 아니었음을 확인할 수 있었다. 그러니까 여소야대의 국회 선거의 결과는 결코 우연이나 이변이 아니었고 우리 국민의 의식 수준과 정치적 열망을 정확히 반영한 것이라고 보아야 한다는 말이다.

올해에 일어난 또 하나의 커다란, 그리고 매우 바람직한 변화라고 볼 수 있는 국회 기능의 강화, 즉 국회 국정감사권의 부활과 거기에 따르는 비교적 활발한 국회 특위의 활동, 그리고 요즈음 올림픽 때의 시청률을 능가하는 최고의 텔레비전 인기프로로 '군림'하고 있는 각 특위의 청문회 활동은 바로 이 여소야대의 국회에서 가능할 수 있었던 귀한 결실이 아니겠는가. 국정감사권의 부활로 인하여 그토록 오랜 세월 높고 견고한 성벽 위에 가려져 왔던 그 철옹성의 성역이라는 것이 뿌옇게나마 모습을 드러내기 시작하고, 갖가지 유언비어의 유령들이 조금씩이나마 그 실체를 드러내 보이는 모습을 지켜보면서, 그리고 요즘은 청문회 시청하는 맛에 세상 산다면서 눈과 엉덩이가 짓무르도록 하루 종일 텔레비전 앞에 붙어 앉아있는 수많은, 아니 대다수의 국민들의 모습에서, 우리는 그동안 얼마나 진실에 눈가림과 귀가림을 당해 왔고, 얼마나 진실에 굶주려 왔으며, 얼마나 진실을 갈구해 왔던가를 절감하게 된다.

사람이 사람답게 살 수 있는 사회란 무엇보다도 허위가 진실로 왜곡되거나 강요되지 않는, 진실이 진실로서 표현되고 전달될 수 있는, 그리고 나의 진실만큼 남의 진실도 존중하는 사회가 아닐까 싶다. 우리 모두가 추구해 마지않는 민주사회란 바로 모든 개인의 진실과 자유가 부당하게 억압받지 않고 존중되는 그런 사회라는 생각이다. 그런 점에서 일부 월북 예술가들의 작품 발표와 학문적 연구의 해금, 각종 출판물 허용 기준 완화, KBS 등 방송 언론 매체의 체질 변화 등은 우리 사회를 민주사회로 접근시켜 가는 데 필연적으로 거쳐야 할, 그리고 앞으로 더욱 그 폭을 넓혀가야 할 최소한의 과정이라 생각된다.

헝가리와의 외교 관계 수립 등 개방적 북방 외교정책 역시 정치적 경제적 이해관계에 대한 계산에서만이 아니라 냉전 이데올로기의 극복과 초월이라는 측면에서, 더 나아가 남의 진실과 자유를 존중하는 민주 정신의 확산의 차원에서 발전되어 갔으면 싶다. 그리고 북방 외교 정책의 이러한 바람직한 정신은 우리의 남북 대화와 통일문제의 논의에 있어서도 발전적으로 이어졌으면 하는 마음 간절하다.

지금 우리 앞에 놓여 있는 가장 중요한 두 개의 과업이 있다면 그 하나는 하루 빨리 우리 사회를 진정한 민주사회로 만들어 가는 일이요, 다른 하나는 우리의 한 맺힌 민족 통일의 염원을 하루라도 앞당겨 성취하는 일일 것이다. 그러나 지금까지 통일문제는 국가 안보의 미명하에 너무나 소홀히 다루어져 온 것이, 아니 거의 외면되어오다시피 한 것이 사실이다. 통일문제가 올해 들어 이 정도라도 진지하게 논의되고 전면에 부각된 것도 작년의 6.29선언처럼 일련의 학생 운동의 산물이었음을 우리는 부끄럽게 시인하지 않을 수 없다.

이제 정부는 학생들에게 이끌려 뒷북만 치고 다니는 수모를 더 이상 허용해서는 안 될 것이다. 그것은 물론 학생운동을 힘으로 누르라는 이야기가 아니다. 적어도 민주화나 통일 논의처럼 우리에게 가장 절실한 문제들만이라도 정부가 진솔한 의지와 적극적인 자세로 주도해 나가야 된다는 뜻이다. 노 대통령이 온 세계의 대표들 앞에서 우레와 같은 박수를 받으며 엄숙히 선포한 유엔 연설의 내용을 진실로 그대로 행하면 된다는 뜻이다. 그렇게 하면 민주화나 민족 통일의 과업도 그만큼 빨리 앞당겨질 것이고 학생 운동의 격렬함과 학원사태의 고질도 그만큼 순화시킬 수 있을 것이다.

이제 세모와 함께 망년회의 계절이 다가온다. 지난 한 해 동안 겪은 온갖 궂은 일, 언짢은 일 다 툭툭 털어버리고 잊어버리자는 그 글자의 뜻을 우리는 모두 잘 안다. 그러나 모두 잊어버리는 것으로 끝장을 내자는 것이 망년회의 본뜻이 아니리라는 것 또한 우리는 알고 있다. 모든 바람직하지 못했던 것들을 잊음으로 해서 새로운 마음가짐으로 새해를 맞자는 건강한 그 역설적인 뜻 안에 아마도 망년회의 가장 중요한 의의가 담겨 있을 것이다. 그러나, 역설적으로 들릴지 모르지만 바람직하지 못했던 모든 것들을 철저히 잊어버리기 위해서는 왜 그것들이 바람직하지 못했던가를 또한 철저히 따져보고 반성하는 작업이 선행되어야 하리라 생각한다.

한해의 마지막 장이 넘겨지는 이 시점에서 이제 우리 모두 어떤 일이 바람직하지 못했고 어떤 일이 바람직했던가, 그 대차대조표를 정리하며 차분한 반성의 시간을 가져보기로 하자. 그리고 내년 이맘때 쯤 10대 뉴스 대신 다음과 같은 2대 뉴스를 주먹만한 특호 활자로 깐 신문지면을 꿈꾸어 보기로 하자.

"민주화 작업, 드디어 완성 단계에 돌입.
민족 통일 작업, 계속 순항중."

1988. 12. 『여성동아』

미국 독립기념일을 맞이하여

　오늘은 미국 독립기념일이다. 미국 독립선언문이 채택된 1776년 7월 4일을 기념하여 제정한 이 날은 미국의 여러 국경일 중에서 아마도 미국인들이 가장 자랑스럽게 아끼고 즐기는 축제일 것이다. 불꽃놀이와 피크닉 등 갖가지 즐거운 행사로 들떠 있을 미국 국민들에게 진심으로 축하를 보낸다. 그러나 형식적인 일회용 축하의 말보다는 이러한 게재에 소위 미국 정신의 허실을 뒤적여 보고 우리와 미국의 관계를 되새기고 전망해 보는 것이 두 나라 모두에게 더욱 유익한 일이 아닐까 생각된다. 그렇다고 해서 "모든 인간은 평등하게 태어났으며 생명과 자유와 행복의 추구라는 양도할 수 없는 권리를 부여받았음"을 천명하고 제국주의적 압제와 독재에 결연히 항거의 기치를 올린 그 유명한 독립선언문의 취지와 정신이 과연 미국 역사를 통하여 얼마큼 정직하게 성공적으로 실현되어 왔는가를 여기서 따져보자는 것은 아니다. 원하든 원하지 않던 간에, 긍정적이든 부정적이든 간에, 지난 반세기 동안 미국은 우리와 가장 밀접한 관계를 맺으면서 우리의 삶에 가장 많은 영향을 끼친, 그리고 앞으로도 당분간은 그러한 위치에 계속 머무를 나라인 까닭에 미국과 우리와의 현실적인 관계에서 미국정신의 허실을 점검해 보려는 것이다.

우리나라가 미국과 공식적으로 조우한 것은 1871년의 신미양요라는 (제너럴셔먼호 사건을 접어둔다면) 불행한 사건을 통해서였고 양국 간의 첫 수교를 맺은 것은 1882년의 '한미수호통상조약'에 의해서였음은 잘 알려진 사실이다. 양국 간의 공식적인 관계는 비록 전쟁으로 시작되었지만 통상조약 이후 고종은 일본, 청나라, 러시아 등 강대 제국들의 압력과 협박 속에서도 미국과의 관계를 매우 우호적으로 발전시켜 나갔다. 그것은 조선을 속국으로 만들려는 일본이나 청나라와는 달리 미국은 조선의 영토에 야심이 없었고 주변 강국들로부터 조선을 보호하고 독립케 하려는 민주적이고 인도적인 노력을 보여 준 까닭이었다.

그러나 1905년 가쓰라-태프트 협정에서 극명하게 드러나듯이 필리핀의 안전이라는 자국의 이해에 직면한 미국은 일본이 필리핀에 대한 침략적 야망을 포기하는 대가로 조선에 대한 일본의 종주권 행사에 찬성함으로써 일본의 침략적 팽창주의에 협조하는 친일 정책으로 전환하고 말았던 것이다. 제국주의적 강대국 논리로서는 정석일 수 있는 이 수가 우리에게는 한반도에 대한 미국 정책의 첫 악수惡手가 된 셈이다. 두 번째 악수는 2차 세계대전 후 한국전쟁에 이르는 기간 사이의 한반도에 대한 미국의 대외정책이라고 볼 수 있다. 38선 분할, 신탁통치 등 일련의 정책은 소련과의 합작품이고, 악의적인 계획이라기보다는 강대국의 오만과 무지에서 비롯된 것이며, 국제적 냉전의 필연적 산물이라고 애써 변명하더라도, 이러한 정책을 수행한 미국이 한반도 분단에 있어서의 일단의 책임을 면키는 어렵다. 미국의 한국전쟁 개입 역시 한국 자체의 상대적인 전략적 중요성보다는 소련 및 공산주의 봉쇄라는 패권주의적 세계 전략의 차원에서 이루어진 것이고 그 의의 또한 서태평양 연안에서의 공산주의 봉쇄라는 측면에서 찾아질 수 있을 것이다.

　이렇듯 우리와의 관계에서 드러나는 미국 대외정책의 핵심적 논리는 패권주의적인 강대국 논리이며 실리 위주의 현실 논리라고 볼 수 있다. 이 말은 미국의 논리가 잘못됐다는 것을 반드시 뜻하는 것은 아니다. 미국은 불가피하게 강대국이며 따라서 강대국의 논리를 따르기 쉽고 국제적 관계에서의 실리 위주의 논리는 자국의 국가 이익을 모든 것에 우선시킨다는 명분으로 정당화될 수 있을 것이기 때문이다. 그러나 미국이 우리나라와의 전통적인 우호 관계를 보다 바람직한 수준으로 끌어올리기를 진정으로 바란다면, 또한 다분히 군사동맹적이었던 두 나라 사이의 관계를 진정한 이익공동체의 관계로 발전시키기를 원한다면, 미국은 오만과 편견에 빠지기 쉬운 그 강대국 논리와 자국의 이익을 지나치게 강조하기 쉬운 그 현실주의 논리에서 벗어나려는 노력을 기울여야 한다. 그리고 많은 학생들의 반미 감정의 씨앗이 된 과거의 악수들에 대한 보상의 의미로라도 이제 가시적인 현안문제로 다가오기 시작한 한반도의 통일 문제에 대해서 강대국의 패권주의를 초월하여 최대한의 성의를 보여야 한다.

한편 반미를 내세우는 급진적인 학생들도 미국에 대한 무조건적인 배타적 태도를 지양하고, 왜 미국에 반대하는가의 논리적 근거를 확보하기 위해서라도 미국에 관하여 더 많은 것을 알도록 노력해야 하며, 두 나라 사이의 전통적인 우호적 관계의 소중함과 미국의 긍정적인 측면, 예컨대 미국의 이상주의, 진취적인 개척정신, 문화의 다양성, 민주적 정치제도, 이런 것들을 수용할 수 있는 도량을 갖추어야 한다.

나는 양비론을 싫어한다. 여야를 싸잡아 매도함으로써 늘 진실을 호도하는 설익은 식자들과 언론의 그 양비론을 싫어한다. 그러나 우리나라와 미국과의 바람직한 관계에 대하여 이야기할 때 이 양비론 아니 양시兩是론적 시각은 꼭 필요한 것이라고 생각한다. 왜냐하면 한미수교의 역사를 다시 들출 필요도 없이, 한국이 미국의 10대 교역국이라든가 하는 양국 사이의 긴밀한 관계를 나타내는 수많은 통계를 예거할 필요도 없이, 우리는 이 지구촌의 한 구성원으로 미국과의 긴밀한 관계 속에서 서로를 존중하며 호혜적인 동등한 입장에서 함께 살아가야 할 것이기 때문이다.

미국과의 수교를 시작케 한 두 사건, 신미양요와 한미수호통상조약의 대조적 성격은 매우 상징적이다. 전자가 강대국 폭력의 위험성을 내포한다면 후자는 상호 우호의 가능성을 암시하고 있는 까닭이다. 그러나 이 상징성의 중요함은 무엇보다도 강대국 폭력의 위험성을 극소화하고 상호 우호의 가능성을 극대화하는 바람직한 양국 간의 관계를 일깨우는 그 역사적 교훈에 있을 것이다.

1992. 7. 4. 『한겨레신문』

컴퓨터로 쓴 편지

학기가 끝날 무렵이면 대학 선생들은 늘 바빠진다. 밀린 시험 답안지 채점하랴, 한꺼번에 몰려드는 학생들의 기말 보고서 읽고 성적 내랴, 석·박사 학위 논문 심사하랴, 그야말로 눈코 뜰 새 없이 바빠지는 것이다. 더구나 학교의 보직이나 학회의 임원 일이라도 맡고 있는 경우에는 몸이 두세 개라도 모자랄 지경이 된다. 한정된 시간 안에 처리해야 할 일의 절대량이 갑자기 그만큼 늘어나는 까닭이다. 근년에 들어 더욱 그렇게 학기말의 작업량이 힘겹게 느껴지는 것은 늘어가는 나이에 반비례해서 점점 줄어가는 체력과 의욕의 탓도 없지 않겠지만 작업량 자체가 분명 늘어난 때문이기도 할 것이다. 그런데 작업량을 늘인 주범이 일의 양을 줄이는 데 기여해야 할 것 같은, 현대 기술문명의 총아인 바로 그 컴퓨터라는 데에 아이러니가 있다.

컴퓨터가 글쓰기에 가져온 가히 혁명적이라 할 변화, 특히 여러 가지 이로움을 가져온 그 긍정적인 변화는 새삼 설명할 필요가 없을 것이다. 그러나 이런 현대 문명의 첨단 이기인 컴퓨터의 사용에도 세상만사의 이치대로 부작용이 따르게 마련이다. 컴퓨터 글쓰기의 가장 큰 이점이라 할 '빠름'의 미덕이 대체로

'졸속'과 '남발'의 악덕을 동반하는 것은 아마도 그 대표적인 예가 아닌가 한다. 빨리 쓰다 보니 글이 날림으로 거칠어지기 쉽고 거칠어지다 보니 쓸데없는 것까지 끼어들어 분량이 늘어나기 십상인 것이다. 여기에 기계에 의존하여 활자화된 자신의 글에 대한 자부심과 대견함 등의 무의식적 심리작용이 가세하면 글의 길이는 더욱 늘어날 가능성이 많아진다. 또한 200자 등으로 정확한 분량을 정해 놓은 원고지와 달리 필요한 분량을 조절해서 써넣을 수 있는 컴퓨터 용지의 사용은 정확한 분량을 가늠하기 어렵게 만든다. 예컨대 200자 원고지 15장 분량으로 써달라는 청탁을 받은 이 글도 컴퓨터 용지에 찍어낼 경우 분량이 어떻게 될지 짐작이 잘 가지 않는 것이다. 이처럼 분량을 잘 알지 못하고 글을 쓸 경우 글의 길이는 줄어들기보다는 늘어나기가 쉽다. 사람이 하는 일이란 늘 절제보다는 방종 쪽으로 기우는 까닭이다. 더욱이 좋은 평가를 받기 위하여 더 잘 꾸며보려는 글들은 대체로 길어지는 경향이 있다. 이렇게 해서 '교수님'에게 제출된 보고서나 학위 논문은 필요 이상으로 길어지고, 필요 이상으로 길어진 만큼 다시 솎아내고 가지를 쳐내야 하는 것들이 대부분이다. 그래서 결국 학생들의 글을 읽고 가지 치는 작업이 학기말의 부담을 그만큼 가중시키고 있는 것이다.

　꼭 부작용이라거나 부정적인 것으로만 볼 수는 없겠지만 컴퓨터 글쓰기가 가져온 또 하나의 새로운 변화는 아마도 컴퓨터로 편지를 쓰는 일일 것이다. 물론 인쇄처럼 깨끗하고 정확하게 찍어낼수록 더욱 바람직한, 사무적인 내용의 편지를 이야기하는 것이 아니다. 부모와 자식 간에, 사제 간에, 형제 간에, 친구 간에, 연인 간에 오고가는 사적인 내용을 담은 그런 편지 이야기이다.

나는 가끔 내가 가르친 학생들로부터 특히 외국에 유학중인 제자라 부를 만한 학생들로부터 컴퓨터로 깨끗하게 쳐 보내는 편지를 받는다. 그런 편지는 대체로 사무적이고 의례적인 인사를 담고 있는 경우가 보통이지만 간혹 자신과 주위의 일상적인 삶의 이야기들을 자상하고 풍부하게 전하고 있는 경우도 있다. 그러나 그런 경우에도 인쇄체의 그 단정하고 깨끗한 글자의 모습은 정겨움과 진솔함 같은 것을 느끼는 것을 방해한다. 설령 그 글이 정겨웁고 진솔하고 감상적인 내용을 담고 있는 것이라 해도 그것은 나와 글 쓴 사람 사이의 어떤 사적인 내밀한 대화가 아니라 나와는 아무런 상관이 없이 객체화된, 무슨 소설이나 수기 속의 딴 주인공의 이야기처럼 읽히는 것이다.

편지 쓰고 받는 일에 얼마큼 익숙한, 아니 익숙했던(요즘은 나도 편지를 자주 쓰지 않는 편이니까) 사람들은 그리운 사람으로부터 오래도록 기다리던 편지를 받았을 때 봉투에 쓰인 그 낯익은 필적만으로도 가슴 울렁거리고 눈물 핑 돌던 경험을 아마도 한두 번쯤은 가지고 있을 것이다. 나는 어린 시절부터 편지를 쓰고 받는 일에 비교적 익숙했던 편이다. 아마도 자식들의 글공부와 정서교육을 위해서였으리라, 내가 아주 어렸을 때부터 나의 어머니는 서울집과 시골집을 오가면서 잠깐 사이에라도 꼭 편지를 써 보내셨고 우리는 또 그 편지에 열심히 답장을 써 보내야했던 것이다. 미국에서 공부하던 시절 밥 먹을 시간도 아까울 만큼 시간에 쫓기면서도 나는 어머니와 1주일에 한 번씩 꼭 편지를 주고받았는데, 간혹 배달이 늦어져서 한두 주일의 애탄 기다림 끝에 도착한 편지 봉투에 쓰여진 어머니의 그 필적이 주던 감동은 지금도 생생한 기억으로 남아 있다. 육필이란 그 뜻이 함축하는 대로 글쓴 사람의 모든 것이 그 안에 육화(肉化)되어 살아 있는 하나의 생명체 같은 것이다. 그래서 우리는 수세기 전에 죽은 작가의 육필과 그 육필에 담긴 글을 보면서 작가의 예술혼이, 그가 살던 시대가, 그의 숨결과 체취가 생생하게 되살아나는 감격을 느낄 수 있는 것이다.

　육필의 생명력에 관한 이런 이야기는 최첨단 기술 시대를 사는 요즘 젊은이들에게 도무지 이해가 가지 않는 이야기일는지 모르겠다. 전할 이야기가 있으면 편리한 무선전화나 삐삐나 이동통신 장비를 이용하면 되고 꼭 글이 필요할 경우라도 팩스나 PC통신을 효율적으로 이용할 수 있는 이 기술시대에 책상 앞에 쭈그리고 앉아 머리를 짜내며 편지를 쓰는 모습은 가히 시대착오적인 희화가 아닐는지 모른다. 그만큼 우리는, 특히 우리의 젊은이들은, 자신도 모르게 획일적으로 기계화되고 물량화된, 그래서 비정적이고 무도덕적이 되기 쉬운 물화(物化)된 세계에서 살고 있는 것이다. 그러나 우리가 잊지 말아야 할 가장 중요한 것은 어떤 세계에서든 삶의 주체는 결국 인간이라는, 인간이어야 한다는 사실이다. 이 모든 문명의 이기는 우리가 인간다운 삶을 살도록 우리를 도와줄 수 있을 때에만 그 진정한 의미가 있는 것이다. 이러한 문명의 이기들을 통해 우리가 얻는 그 효율적인 현실적 물질적 이득을 값매김 해보는 일은 물론 중요한 일일 것이다. 그러나 그 이득의 대가로 우리는 과연 무엇을 잃어가고 있는가, 그리고 그렇게 잃어가는 것들은 우리의 삶에서 그렇게 사라져 가도 좋은 것들인가를 한 번쯤 진지하게 생각해 보는 일도 못지않게 중요한 일이 아닌가 생각된다.

1996. 8. 『신동아』

6

네 사람을 기리는
네 편의 글

잊을 수 없는 스승
- 송욱宋稶 선생님

　일생을 살아가면서 우리는 수많은 사람들과 만나고 또 헤어진다. 학교나 직장에서 접하며, 때로는 등산로나 해변의 술집에서 우연히 마주치는 그 수많은 사람들 중에는 얼핏 스치고는 곧 잊혀지는 사람들도 있고, 우리와의 일상적인 만남을 적당히 지속해 오는 사람들도 있고, 또는 우리의 기억 속에 중요한 한 자리를 차지하고 들어서서 영원히 잊혀질 수 없는 그런 강렬한 자취를 남기는 사람들도 있다. 송욱 선생님은, 나의 기억에 강렬한 자취를 남긴, 잊혀질 수 없는 몇 안 되는 사람들 중의 한 분이시다.
　스승을 회고하는 이런 종류의 글은 대체로 자신의 분야에서 스승에 버금갈 만큼의 성공을 거둔 그 스승의 애제자에 의하여 쓰여지는 것이 보통이다. 그런 기준에서 본다면 나는 애초에 이 글을 쓸 자격을 갖추고 있지 못한 사람이다. 내 나이에 송 선생님이 가지고 계셨을 학문에의 열정이나 선생님이 이룬 학문적 깊이를 돌이켜 보면 출람出藍의 경지와 너무나 멀리 떨어져 있는 자신의 처지에 오직 부끄러움이 앞설 따름이다. 더구나 선생님과 나와의 관계는 흔히 말하는 스승과 수제자 혹은 애제자 사이의 그것과는 거리가 멀다. 그럼에도 불구하고 내가 이 글을 써 달라는 부탁에 별 망설임이 없이 응한 것은 아마도 20여 년이라는 과히 짧지 않은 기간 동안 같은 분야의 공부를 뒤따라 하면서 비교적 가까운 거리에서 선생님의 모습을 지켜볼 수 있었다고 생각되기 때문이며, 대학생 시절 선생님에게서 받은 영향을 나의 생애에 매우 중요하고 값진 경험으로 늘 간직해 온 때문일 것이다.

사실 선생님에게는 상식적 의미의 수제자나 애제자가 없는 셈이다. 나 스스로도 선생님으로부터 평범한 제자에 대한 관심 그 이상의 것을 바라지도 않았고 또 바랄 입장도 아니었지만, 선생님 자신이 그런 관심 이상의 것을 호락호락 베풀어 줄 수 있는 그런 분이 아니었다. 선생님으로부터 특별히 따뜻한 사랑이나 보살핌을 받은 제자가 거의 없다는 사실은 바로 선생님의 성격이나 삶의 태도를 단적으로 보여 주는 한 예가 아닐까 한다.

아마도 대부분의 제자들에게 선생님은 차고 날카롭고 괴팍한 모습으로 기억되고 있을 것이다. 그것은 나에게 있어서도 별로 다를 바가 없다. 내가 선생님을 처음 뵌 것은 정확히 25년 전 영문과 신입생 환영 야유회 장소에서였다. 대학에 갓 입학한 우리들에게 이름으로만 듣던 유명한 선생님들과 직접 한자리에서 어울릴 수 있다는 것은 매우 감격스런 일이었다. 그날 선생님의 그 범접하기 어려운 차가운 표정과 조소를 담은 듯한 그 독특한 미소는 한편으로 그 감격에 찬물을 끼얹고 다른 한편으로는 그 감격을 더욱 신비스럽게 만들기에 충분할 만큼 매우 인상적이었던 기억이 아직도 새롭다. 그 모습은 그 당시 선생님이 발표하시던 『하여지향何如之鄕』 연시들에서 풍기던 그 독특한 재기와 지적인 시니시즘에 대단히 어울리는 모습이기도 했다.

선생님의 깐깐하고 차가운 표정과 조소를 담은 듯한 그 미소는 강의실 안에서도 변함이 없어서 우리를 늘 긴장 상태 속에서 전전긍긍하게 만들었다. 예습이 부실하거나 질문에 제대로 답하지 못할 때면 선생님은 가차 없이 꾸짖고 무안을 주셨는데, 그런 태도는 선생님의 표정과 썩 잘 어울리는 것이었다. 예를 들어 디킨스 강의를 하실 때 지적 받은 학생이 어려운 문구를 잘못 해석할 경우 "디킨스 같은 대작가가 그따위 시시한 소리를 했을까?" 하는 식이었다. 상당수의 학생들이 몇 시간을 버티지 못하고 도중하차하는 경우가 많았고, 그래서 선생님의 강의는 대체로 그 압박을 이겨 낸 소수의 학생들로 오붓한(?) 분위기를 이루곤 했다. 선생님의 그런 교수 방법이 과연 바람직한 것이었는지는 의문의 여지가 없지 않지만 공부에 대한 자극을 주고 공부할 분위기를 지속시키는 데는 매우 효과적이었다고 생각된다.

하여튼 나는 선생님의 강의를 거의 빼놓지 않고 다 들은 셈인데 그것은 솔직히 말해서 선생님을 특별히 존경해서라기보다 아마도 대학생 시절에 흔히 그러듯이 자신의 능력을 시험해 보고 싶은, 그리고 어떤 권위에 도전해 보고 싶은 객기나 오기 탓이 아니었던가 싶다. 그러나 선생님의 강의를 하나 둘 듣는 동안 나는 공부라는 것에 재미를 들리기 시작했고, 특히 시대별로 네 학기에 걸쳐 계속된 영시 강의를 들으면서 차츰 문학 공부의 맛에 이끌리기 시작했으며, 무엇보다도 학문에 대한 선생님의 진지하고 열정적인 태도에 감복하기 시작했던 것이다. 돌이켜 보면 공부를 계속해 보고 싶은 욕구와 공부를 계속할 수 있을 것 같은 얼마큼의 자신감은 선생님의 강의를 들으면서의 그 부대낌을 통해서 서서히 이루어진 게 아닌가 생각된다. 그래서 나는 지금도 학생들에게 나의 대학 시절에 관하여, 그리고 어떻게 해서 영문학 공부를 계속하게 되었는가에 관하여 이야기할 때 가끔 선생님의 이야기를 들려주며 선생님이 나에게 끼친 영향을 되새기곤 한다.

제자들에게 있어서만이 아니라 송 선생님을 아는 거의 모든 사람들에게 선생님은 까다롭고 고집 세고 괴팍한 분으로 정평이 나 있는 게 사실이다. 선생님의 그런 성격을 예증하는 에피소드는 수없이 많지만 우리 동기의 졸업 사은회 날 일어났던 조그만 사건은 두고두고 잊혀지지 않는다. 그때는 그처럼 가난한 시절이었던지 우리가 마련한 사은회 자리는 일류 호텔은 고사하고 인근의 설렁탕집도 아닌 우중충한 학생 휴게실이었고, 탁자 위에 오른 음식은 홍차 한 잔과 과자 몇 조각이 전부인 매우 초라한 잔치였다. 사은회가 다 끝났을 때 선생님은 탁자 위에 홍차 값을 놓고 일어나셨고, 우리들에게 차 값을 부담시킬 수 없다는 고집을 끝내 꺾지 않으셨다. 선생님은 그처럼 결벽하고 까다롭고 고집이 세셨고, 무엇보다도 자신이 옳다고 생각하는 것을 망설임 없이 실천에 옮길 수 있는 용기를 갖고 계신 분이었다.

진정한 '괴짜'가 되기에는 얼마큼의 용기와 집념과 자애自愛

가 필요한가를 '괴짜'의 미덕을 존중하면서도 '괴짜'가 될 수 없는 대부분의 사람들은 잘 알고 있다. 선생님의 그 '괴짜'성은 선생님의 학문과 예술에 결정적인 동력이 되었다고 생각된다. 선생님은 영문학을 전공으로 공부하고 가르치시면서도 우리 고유의 문학과 서구 문학 일반에 깊은 관심을 가지셨고, 특히 당시의 학자들에게 연구의 대상으로 별로 주목을 받지 못했던 동양 문학과 서양 문학의 차이, 양자의 정신적 조화의 가능성을 때로는 무모할 정도의 용기와 집념을 가지고 추구하셨다. 선생님의 연구실에 이리 저리 뒤엉켜 어지럽게 가득 쌓여 있던 퇴계 율곡의 문집들과 발레리, 보들레르, 엘리엇, 니체, 한용운의 저서들, 그리고 그 책들 속에 깊이 파묻힌 선생님의 모습은 선생님의 학문적 편력과 집념을 상징적으로 보여 주는 한 폭의 그림 같은 것이었다. 그 노력이 거둔 결실이 이제는 우리의 중요한 학문적 업적으로 평가되는 『시학평전』, 『문학평전』, 『'님의 침묵' 전편해설 全篇解說』 같은 비평서들이다.

　선생님은 또한 시인으로서도 매우 독특한 경지를 구축해 온 예술가이셨다. 선생님의 시를 읽으면 '글은 곧 사람'이라는 진리가 새삼 절감될 만큼 선생님의 모든 특성들이 적나라하게 드러난다. 삶의 부조리에 대한 날카로운 풍자와 조소, 때로는 짓궂은 언어의 유희처럼 느껴질 정도의 말에 대한 민감하고 까다로운 반응은 그 활자들로부터 선생님의 육신이 불쑥 튀어나올 것 같은 착각마저 일으킨다. 그만큼 선생님의 괴팍함은 '솔직'이라는 매우 중요한 덕목을 그 안에 포함하고 있었던 것이다. 그러나 선생님의 시에 배인 선생님의 가장 강한 체취는 그 집요한 고집스러움이 아닌가 싶다. 첫 시집 『유혹』에서 『하여지향』, 『월정가』, 『나무는 즐겁다』를 거쳐 유고집 『시신의 주소 詩神의 住所』에 이르기까지 선생님의 시는 말의 의미와 음악성에 대한, 말과 사물의 관계에 대한, 궁극적으로 말과 사람과 인간의 영육이 가지는 복합적인 상관관계에 대한, 집요하고 고집스런 탐험의 일관 작업이었다 해도 과언이 아닐 것이다. 그러나 선생님은 끝내 그 관계에 대한 명료한 해답을 얻지 못하신 것 같다. 그 해답은 애초부터 불가능한 것이었는지도 모른다. 어쩌면 선생님의 예술은 화해될 수 없는 양극 그 사이에서의 갈등 자체였으리라는 생각이 든다. 그리고 그 갈등은 선생님의 개성이나 성격 자체와도 결코 무관하지 않았을 것이다.

선생님은 겉으로는 무척 강하고 빈틈없는 학자로 보이셨지만 근본적으로는 인간적인 약점과 허점을 많이 가지고 계신 예술가이셨다. 선생님의 깐깐하고 차가운 일면은 그러한 약점과 허점의 역설적인 표현이 아니었던가 싶다. 선생님이 주위의 예상을 뒤엎고 인문대 학장직을 맡으셨을 때 많은 사람들은 선생님의 체계와는 어울리지 않는 파격적인 변화로 받아들였지만, 이제 와 돌이켜 보면 그것은 극히 자연스러운 선생님의 '인간적인, 너무나 인간적인' 한 면이었다고 생각된다. 선생님이 말년에 니체에 유달리 집념하신 것은 결코 우연이 아니었을 것이다. 돌아가시기 두어 달 전 선생님은 당신의 꿈과 갈등과 회한을 하나의 이미지에 요약하시기라도 하듯 이런 글귀를 시작 노트에 기록해 놓으신 것이다.

> 초인을 꿈꾼 니체여!
> 너무나 인간적인 너무나 인간적인...
> 아니 너무나 종교적인... 사람다움이여!
> 내가 생각해 내지 않은 자연이여! 생명이여!
> 아아 그리고 세상이여!

　누구보다도 몸과 정신의 건강에 자신을 가지고 계셨던 선생님의 갑작스러운 충격적인 죽음을 삶의 역설에 줄곧 집념해 오신 선생님에게 야속하게도 너무나 어울리는 죽음이었다고 위안을 삼아야 할 것인가?
　선생님은 흔히 말하는 스승의 따뜻한 정과 자상한 보살핌을 우리에게 베풀어 주시지는 않으셨다. 하지만 학문과 예술에 대한 열정과 진지한 자세가 무엇인가를 몸소 실천해 보여 주신 스승의 귀한 귀감으로 우리들의 기억 속에 오래 살아남을 것이다.

1983. 2. 1. 『서울대동창회보』 59호

나의 어머니 박화성 朴花城
– 돌아가신 어머니를 추모하며

 25년 전쯤일까. 어느 잡지사의 청탁을 받고 「나의 어머니」라는 글을 쓴 적이 있다. 자세한 내용은 잊었지만 나보다 늦게 일어나시거나 일찍 주무시는 일이 결코 없이 늘 책상머리에 단정히 앉아 글을 쓰시던 어머니의 모습을 이야기하면서 어머니의 근면성과 삶에 대한 성실한 자세를 특히 강조했던 기억이 난다. 그때 나이가 아마 환갑이 넘으셨을 텐데도 어머니는 그처럼 열심히 글을 쓰셨던 모양이다.

 그로부터 4반세기라는 긴 세월이 지난 후 어머니의 지나온 삶을 돌이켜보는 지금에도 내 머리에 남아 있는 어머니의 가장 뚜렷한 인상은 여전히 그 부지런함과 성실한 삶의 자세라는 사실에 새삼 놀라게 된다. 그처럼 일관된 생활 태도를 80년이 넘도록, 적어도 내가 기억하는 50년 가까운 긴 세월동안 한결 같이 유지해 오기란 결코 쉬운 일이 아닐 것이다. 어머니는 그만큼 일생을 부지런히, 열심히 살아오신 분이다.

 돌아가시기 두어 달 전 병환이 깊어져 병상에 누우시기 전까지만 해도 어머니는 항상 무슨 일인가를 열심히 하고 계셨다. 나빠진 시력을 한탄하시면서도 확대경과 씨름을 하며 애써 글을 읽으시거나, 허리가 굽어서 보행이 힘겨우시면서도 화분에 물을 주고 다니시거나, 아니면 손주 아이들의 신발을 닦아주시거나, 신문을 정리하는 하찮은 일이라도 하여튼 쉬지 않고 일을 계속 하셨다. 노인들에게서 흔히 볼 수 있는 무력함, 나태함, 무료함, 이런 것들을 어머니에게서는 전혀 느낄 수가 없었던 것이다.

어머니가 때로 지나치게 꼼꼼하고 깔끔하셨던 것은 아마도 열심히 살아가려는 이러한 성실의 도가 때로 지나쳤던 때문이 아니었던가 싶다. 어머니의 사전에는 '적당히'라는 단어가 없었던 것 같다. 어머니는 매사에 지나칠 만큼 결벽하고 철저하고 자신의 방식과 질서를 고수하셨다. 어쩌다 남에게서 도움을 받기라도 하면 곧 되갚아야 직성이 풀리셨고, 작품의 소재에서부터 시시콜콜한 시사문제에 이르기까지 그것에 대한 철저한 지식을 얻지 않고는 결코 만족해 하지 못하셨으며, 화장실 정리나 화분의 배열에 이르기까지 자신의 방식을 좀처럼 포기하지 않으셨다. 어찌 보면 어머니는 엄격하고 견고한 자기 자신의 질서와 규범의 울타리 안에 자신을 가두고 마치 고행하는 수도승처럼 완벽을 추구하면서 너무나 힘겹게 세상을 살아오신 게 아닌가 하는 생각이 들기도 한다.

20년 전 위암 수술을 받으신 후 어머니의 몸은 몹시 쇠약해 지셨지만 우리의 머리 속에서 어머니의 모습은 항상 강했다. 그것은 어머니의 비범한 의지력과 절제력, 그 강한 정신력 때문이었을 것이다. 어머니의 그 강한 모습이 처음으로 그리고 마지막으로 붕괴된 것은 죽음 앞에서였다. 죽음과의 사투에서, 그 혼수의 늪 속에서, 어머니가 절박하게 우리에게 호소한 말은 "나를 살려내라"라는 것이었다. 그 말에는 잔명殘命에의 미련을 떨쳐 버리지 못하는 인간의 나약함이나 자신의 죽음을 예견하지 못하고 죽음을 순리로 받아들이지 못하는 어쩔 수 없는 인간의 어리석음이 담겨 있기도 했을 것이다.

그러나 이제 와 생각해 보면 그 말은 삶과 죽음에 대한 어머니의 근본적인 자세와 철학이 담긴 철저한 어머니다움의 농축된 표현이 아니었던가 싶다. 어머니에게 있어서 삶은 열심히 살아야 하는 것이지 포기해 버릴 수 없는 것이었고, 죽음은 극복해야 하는 것이지 거기에 굴복해 버릴 수는 없는 것이었을 것이기 때문이다.

어머니는 달리 아무런 유언도 남기지 않으셨다. 아니 "나를 살려내라"는 그 절규가 우리가 어머니를 추모하면서 두고두고 되새겨야 할 어쩌면 가장 의미 깊은 유언이 아닐는지 모르겠다.

어머니를 끝내 살려내지 못한 회한이 새삼 가슴에 사무친다.

1988. 5. 『예향(藝鄕)』

기원형奇元亨 목사님과
나의 어머니

　　기원형 목사님이 돌아가신지 벌써 4년이라니 새삼 세월의 빠름을 느낍니다. 그러고 보니 제 어머니가 돌아가신 지도 어느덧 5년이 지났습니다. 기 목사님과 제 어머니가 언제부터 서로 가까이 지내시게 되었는지 정확히 알진 못합니다만 저희가 세검정으로 이사 온 후부터 기 목사님의 심방이 시작된 것으로 기억이 되는 걸 보면 두 분의 친교가 그렇게 오래된 것 같지는 않습니다. 저희가 강남에서 세검정으로 옮겨온 것이 11년 전의 일이니까요. 그러니까 두 분은 돌아가시기 몇 년 전에야 새로이 친교를 맺으신 것으로 생각됩니다. 그런데도 병상에 누워 계시던 어머니의 모습을 생각하면 곧 기 목사님의 기도하시던 모습이 함께 떠오를 만큼 두 분은 말년에 아주 가까운 인연을 맺게 되신 것 같습니다.

　　제 어머니는 워낙 깔끔하고 결벽하신 분이셔서 조금이라도 흐트러진 당신의 모습을 남에게 보이려 하지 않으셨습니다. 그래서 친지나 후배문인들이 병문안을 온다 해도 극구 말리셨고 갑자기 문병객이 들이닥칠 때라도 반드시 옷매무시를 갖춘 다음에야 그들을 맞이하곤 하셨습니다. 병이 중해져서 병원에 입원하게 되셨을 때도 어머니는 당신의 병들어 흐트러진 모습을 보이지 않으시려고 친지들에게 입원 사실을 알리지 못하게 하셨고 한사코 문병객을 맞지 않으셨습니다. 그런데 어머니의 이 완강한 고집에도 예외가 있었습니다. 그 유일한 예외가 아마도 기 목사님의 경우가 아니었던가 생각됩니다. 기 목사님이 심방 오신다하면 어머니는 아무 핑계도 대지 못하고 꼼짝없이 목사님 일행을 맞아들여 말 잘 듣는 학생처럼 고분고분 함께 기도도 드리고 찬송가도 따라 부르셨으니까요. 어쩌면 병이 점점 깊어가면서 어머니는 기 목사님의 심방을 마음속으로 점점 더 바라며 기다리시게 되었는지도 모를 일입니다.

사실 어머니는 엄격한 의미에서의 신자의 자격을 갖추지는 못 한 분이었습니다. 교회에 거의 나가지 않으셨기 때문이지요. 저는 지금도 어머니가 왜 교회에 나가지 않으셨는지 그 이유를 잘 헤아릴 수 없습니다. 왜냐하면 어머니는 둘째가라면 서러워할 정도로 부지런한 분이셨고 제가 보기에는 신심도 꽤 깊으셔서, 게으름이나 부족한 믿음이 결코 그 이유만은 아니었을 것으로 생각되기 때문입니다. 어려서부터 사람들과 왁자하게 만나는 걸 싫어하고 혼자 있기를 좋아하셨다던 성미가 교회에 나가지 않는 습관을 굳히게 된 게 아닌가 그저 그런 정도로 짐작을 해볼 따름입니다. 어찌했든 비록 교회에 나가지는 않으셨지만 자신이 젖세례를 받은 골수 신자임을 늘 자랑으로 여길 만큼 어머니의 신앙은 상당히 깊었던 것으로 생각됩니다. 제가 기억하기에 어머니는 돌아가시기 전 자신의 의식을 제대로 추스르지 못하시게 될 때까지 단 한 번도 아침 기도나 저녁 기도를 거르신 적이 없었습니다. 아침에 일어나셨을 때 그리고 주무시기 전에 요 위에 몸을 구부리고 엎드려 기도드리던 어머니의 웅크린 모습은 가장 낯익은 어머니의 모습으로 지금도 제 마음속에 깊이 새겨져 있습니다. 6.25 사변 중 서울에서 목포까지의 그 고통스런 피난길에서도, 고향에 도착한 후 곧 아버지가 인민군들에게 붙잡혀가시던 그날 밤에도, 그리고 세상이 다시 바뀌어 이제는 어머니가 국군 특무대에 붙들려가시던 그 비오는 날 새벽에도, 방바닥에 몸을 구부리고 엎드려 간절히 기도를 올리던 어머니의 그 웅크린 모습은 한결 같았습니다.

　어머니의 병이 깊어가면서 기 목사님의 심방이 더 잦아진 것은 어머니의 그런 깊은 신심에 따른 자연스런 결과가 아니었을까 생각됩니다. 어머니는 다가오는 죽음의 그림자 아래서 무의식중에, 교회에 제대로 나가지 않은 자신의 죄스러움을 더 깊은 믿음으로 용서받고 싶으셨을 것이고, 기 목사님은 어머니의 무의식적인 그 바람을 알아차리고 어머니를 더 깊은 믿음의 세계로 인도하고 싶으셨을 것이기 때문입니다. 비록 의식이 무너져 내리던 마지막 며칠 동안 어머니는 몹시 고통스러워 하셨지만 아마도 그 고통은 기 목사님이 인도하시려던 보다 깊은 믿음의 세계에 이르는 필연적인 고통의 여정이었을 것이라고 믿으며 위안을 삼고 싶습니다. 어머니의 장례식에서 기 목사님이 드리던 간곡한 기도도, 이 보다 깊은 믿음의 세계에 관한 것이었던 것으로 기억이 됩니다.

살을 에이듯 몹시 춥던 그날 어머니 장례식에서의 기 목사님의 모습이 지금도 눈앞에 선히 떠오릅니다. 어머니의 죽음을 애도하던 기 목사님의 그 유난히도 슬퍼보이던 표정은 그로부터 1년이 조금 지난 후 목사님 자신이 갑자기 이 세상을 떠나심으로 해서 더욱 슬픈 표정이 되어 저의 기억 속에 아프게 남아 있습니다. 성직자의 육체적 죽음을 가슴 아파하고 원통해 하는 것은 믿음 없는 속인들의 얕은 감정 탓이리라 여기면서도 기 목사님의 죽음에 대한 원망스럽기까지 한 애통한 마음은 어찌할 수가 없습니다. 당신의 신장腎臟 하나를 남을 위해 선뜻 떼어내심으로써 무언으로 참 사랑을 실천해 보이신 그런 귀한 분이, 그런 귀한 뜻으로 이 세상에서 더욱 훌륭한 일을 많이 하셔야 할 그런 귀한 분이, 그처럼 갑작스레 이 세상을 떠나셔야 했던 것이 지금도 안타깝고 야속하게만 생각이 됩니다. 아마도 어머니를 통하여 저도 기 목사님과 알게 모르게 깊은 이해와 정을 나누게 된 때문이겠지요. 기 목사님이 저에게 은근히 바랐던 기독교 신앙에 저는 아직 입문하지 못하고 있습니다만 목사님의 귀한 뜻과 훌륭한 행적은 늘 경건한 마음으로 우러르고 있습니다.

부디 저승에서도 그 귀한 뜻 길이 펴셔서 이승의 많은 사람들을 바른 길로 인도하시고, 무엇보다도 제 어머니와도 아마 함께하고 계실 그 환한 세상에서, 두 분 모두 밝고 평화롭게 영원토록 사시기를 간곡히 빌겠습니다.

1993. 3. 『송암교회회보』

내 깨복쟁이 친구
김성훈 金成勳

    우리가 맺고 사는 가장 순수하고 자유로운 인간관계는 아마도 친구라는 인연으로 맺어진 것이 아닐까 한다. 그것은 어떤 목적을 위하여 혹은 어떤 이해관계에서 인위적으로 맺어진 의도적 관계가 아니라 살아가는 과정에서 자신도 의식하지 못한 채 자연스럽게 이루어진 그런 순리적인 인연이기 때문이다. 그러니까 친구의 인연이란 유행가 가사의 한 구절처럼 우연한 만남이 아니라 운명적이기까지 한 매우 소중한 맺음의 인연인 것이다. 이 친구의 인연이 지연이나 학연을 함께 아우를 경우 그것은 더욱 진하고 소중한 것일 수밖에 없을 것이다.

    김성훈 교수와 나는 같은 고향에서 태어난 지연과, 같은 초등학교 같은 중학교 그리고 후에 전공 분야는 다르지만 같은 대학까지 함께 다닌 학연으로 꽤나 질기게 맺어진 흔치 않은 친구 사이다. 말하자면 우리는 말뜻 그대로 어려서 대막대기를 함께 타고 놀았던 죽마고우요, 좀 더 정겨운 고향 사투리를 빌리자면 함께 발가벗고 물장구치던 '깨복쟁이' 친구인 것이다.

    내가 김 교수를 처음 만난 게 언제인지에 대해서는 분명한 기억이 없다. 초등학교 저학년 때 내가 서울로 올라오기 전이었던 것 같기도 하고 6.25 사변이 터져 고향으로 다시 피난해 내려간 초등학교 5학년 때였던 것 같기도 하다. 사실 언제부터 서로 친구였는지는 중요한 일이 아니다. 오히려 언제부터인지 모르게 늘 친구였다는 사실이 더 깊고 오랜 우정을 담보할 수도 있을 것이니까. 그러나 그 기억이 분명치 않는 데는 그럴 만한 다른 이유가 있다. 초등학교 시절 김 교수는 키나 몸집이 아주 작은 편이어서 (나도 나이가 어려 작은 편에 속했는데 김 교수는 나보다도 더 작았다) 내 머리 속에 증명사진처럼 또렷히 박혀 있는 김 교수의 초등학생 때의 모습은 늘 변함없는 땅꼬마 그대로이기 때문이다.

하지만 그 증명사진을 자세히 들여다보면 작은 고추가 맵다는 말을 실감케 하는 야무진 모습이 드러난다. 특유의 팔자 눈썹을 꼿꼿이 세우고 항상 무슨 궁리를 하고 있는 듯한, 다분히 장난끼 같은 것이 서린 그 똘똘한 눈빛은 예전에도 늘 그랬듯이 지금도 '꾀돌이'라는 낱말을 곧 떠올린다. 10여 년 전 초등학교 졸업 40주년 기념 특별 문집을 만든 적이 있는데 김 교수와 꼬마 삼총사로 아주 친하게 어울렸던 한 친구가 김 교수에 대해서 쓴 글 한 구절이 생각난다. 꼬마 삼총사의 무용담을 회고하는 그 글에서 그 친구는 다음과 같이 김 교수의 특징을 아주 적절히 묘사하고 있었던 것이다. "지략이 뛰어나고 머리가 잘 돌아가며 항상 뒤에 벌어질 사태까지 생각하고 행동하는 꼬쟁이". 어렸을 적 참외서리 등 여러 가지 장난질 무용담의 배경에, 팔자 눈썹을 꼿꼿이 세워 지략을 짜고, 장난기 서린 눈으로 상대방을 골려 줄 궁리를 하고, 잘 돌아가는 머리로 뒤처리 수습까지 계산하며 행동하는 악동 시절의 김 교수의 모습이 선히 떠오른다. 그리고 꼬장꼬장하면서도 날카롭고 야무진 성격에 붙여 만들어졌을 꼬쟁이라는 김 교수의 별명도 아주 적절했다는 생각이 든다.

돌이켜 보면 초등학교 시절 김 교수의 특징적인 모습은 악동 시절의 그 장난끼만 다소 약화되었을 뿐 근본적인 변화 없이 그 이후 김 교수의 삶에서 면면히 이어지며 때로 순화되기도 하고 때로 강화되기도 하면서 오늘의 김 교수의 삶을 이루었다고 볼 수 있다.

어렸을 때부터 김 교수는 우선 머리가 좋고 두뇌 회전이 빨랐다. 공부를 썩 잘해서 전국 국가고사로 시행한 중학교 입학시험에서도 아주 뛰어난 성적을 올린 기억이 난다. 이후 중학교에서도 줄곧 최우등의 자리를 다투었고 고등학교 3학년 때는 학교 비리에 대한 반대 시위의 주동자로 무기정학을 당하는 바람에(김 교수의 시위의 역사는 이처럼 오래다) 대학의 진로까지 바꿔야 했던 곤경에도 불구하고 서울대학교에 당당히 합격하였다.(나는 고등학교 때 다시 서울로 올라왔기 때문에 그런 곡절을 나중에야 친구들을 통해 알게 되었다). 대학 졸업 후에는 미국 동서센터East West Center의 장학생으로 선발되어 하와이대학에서 공부를 마치고 돌아와 곧 전남대학교 교수로, 다시 중앙대학교 교수로, 그리고 농업의 유통 금융에 관한 국제적인 전문가로 인정받아 국제연합식량농업기구FAO의 아시아 경제담당관으로 발탁된 바 있는데, 이런 일련의 사실들은 김 교수의 지적 우수성을 단적으로 보여주는 좋은 예들일 것이다. 또한 FAO 아시아 경제담당관으로 태국에 머무는 동안 공적인 업무로 중국을 수십 차례 드나들면서 한편으로는 고구려와 발해, 그리고 장보고의 유적지들을 부지런히 방문하여 전문가 수준의 기록물들을 계속 발표함으로써 그 분야에 대한 연구의 중요성을 강조하고 재평가의 계기를 마련하는 데 기여한 것은 김 교수의 범상치 않은 지적 열정과 능력을 충분히 증명하고도 남을 만하다.

그러나 김 교수의 지적 우수성은 학문적 영역에만 머물지 않은 데 그 강점이 있다. 학문적 성격의 일인 경우에도 발해나 장보고 유적 탐사의 예에서 볼 수 있듯이 김 교수는 학술적·이론적 측면보다는 실증적·실용적 차원의 문제에 더 많은 관심을 쏟고 있음을 알 수 있다. 김 교수가 학문의 세계인 대학에 몸담고 있으면서도 자신이 얻고 쌓은 학문적 지식을 실용적으로 활용할 수 있는 여러 가지 일에 열성적으로 참여하는 것은 그래서 아주 김 교수답다고 말할 수 있다. 사실 농경제학자 김성훈보다 농림부장관 김성훈, 경실련 대표 김성훈이 더 친숙할 만큼 김 교수는 농림 행정가로서, 경실련, 내셔널 트러스트 등을 대표하는 시민운동가로서 활발한 활동을 벌여왔다. 김 교수가 관계나 정계, 그리고 엔지오NGO 세계에 이처럼 적극적으로 관여해 온 사실을 정치적이라거나 외도라고 생각하는 사람이 있을지도 모른다. 그러나 나는 그것이 학자로서 외도라거나 부정적 의미의 정치적 처신이라고 생각하지는 않는다. 오히려 학자가 취해야 할 바람직한 자세는 능력이 허락한다면 자신의 학문 연구를 통하여 사회와 국가의 발전에 최대한으로 기여하려는 적극적인 자세여야 하리라 생각한다. 그리고 김 교수가 취해 온 학자적 자세가 바로 그러한 자세라고 믿는다.

김 교수가 지금까지 이루어온 것들은 일차적으로, 이처럼 두뇌회전이 빠르고 지략이 뛰어난 그의 지적 우수성의 산물이라고 볼 수 있지만 그에 못지않게 중요한 동력이 된 것은 때로 야심이나 욕심이라 부르는 게 더 적절할, 일에 대한 김 교수의 강한 열정일 것이다. 되돌아 보면 김 교수는 어려서부터 일 욕심이 많았고 그 욕심을 행동으로 옮기는 실천력이 아주 강했던 것 같다. 개구쟁이 삼총사의 숱한 무용담들도 김 교수의 이러한 야심과 실천력의 결실이었을 가능성이 크다. 내가 김 교수의 야심과 그 실천력에 처음 놀란 것은 고등학교 때였다. 그때 나는 서울에서 학교를 다니고 있었는데 고향의 고등학교에서 김 교수가 학생회장이 되었다는 것이었다. 그때는 고등학교 학생회를 군대식 용어로 이름도 어마어마하게 학도호국단이라 불렀는데 아무리 생각해도 몸집도 크고 기운도 세고 목소리도 커야 할 것 같은 학도호국단장의 감투는 쪼그만 꾀돌이 김성훈에게는 너무 벅찰 것처럼 느껴졌던 것이다. 그러나 김 교수는 물론 그 일을 성공적으로 잘 해냈고 후에 사회의 지도자적 성원이 되어 여러 가지 일이나 조직에서 훌륭한 리더십을 보여 온 것은 우리가 익히 지켜보아온 터이다.

그러나 이 모든 것을 가능하게 했던 김 교수의 가장 큰 장점은 아마도 항상 쉬지 않고 열심히 일하는 부지런함과 그 부지런함을 뒷받침하고 있는 강한 의지력이 아닌가 한다. 김 교수가 체질적으로 지니고 있는 듯한 더 나은 세상에 대한 낙관적이고 긍정적인 믿음이 이러한 근면성과 의지력을 가능하게 했을 것이다.

외견상으로 보면 김 교수는 승승장구하며 탄탄대로의 삶을 살아온 것처럼 보인다. 그러나 김 교수에게도 몇 번의 시련과 좌절의 순간들이 있었다. 불의의 사고로 타국에서 첫 부인을 잃은 일, 멋모르고 도지사 경선에 나섰다가 패배의 쓴잔을 마신 일, 중앙대 총장 선출의 뜻하지 않은 좌초로 마음의 상처를 입었던 일 등. 그러나 김 교수는 그러한 시련의 고비를 항상 특유의 강한 의지력으로, 그리고 그 의지력을 뒷받침하는 부지런함으로 슬기롭게 극복해 왔다. 첫 부인을 잃은 슬픔은 그 슬픔의 추억이 담긴 엄청난 규모의 값진 조개껍질 수장품들을 고향인 목포시의 향토문화관에 모두 기증하여 많은 사람들이 관람케 함으로써 영원한 기림으로 승화시켰고, 도지사 경선의 쓰라린 좌절은 농림부장관이라는 보다 중요한 직책을 맡아 최장수 장관의 영예를 누리며 국가에 성실히 봉사함으로써 명예롭게 극복하였고, 중앙대학교 총장 경선의 상처는 이제 정년과 함께 곧 상지대학교 총장으로서의 새로운 역할을 담당하게 됨으로써 아물 수 있게 되었다.

김 교수의 상지대학교 총장 임명이 지상에 발표되기 며칠 전 정기적으로 만나는 중학교 동창 몇몇이 연말의 자리를 함께 했다. 그 자리에서 우리는 김 교수의 정년퇴임을 축하하며 그동안 참으로 많은 일을 했으니 이제 좀 편히 쉬라고 위로를 했다. 그러나 김 교수는 고별 강연에서 학생들에게 정년은 자신에게는 또 하나의 시작을 의미하는 것임을 강조했다면서 정년 후에도 자신이 할 수 있는 일을 찾아 계속 열심히 일하겠노라고 다짐을 하는 것이었다.

이제 김 교수는 자신의 바람과 다짐대로 새로운 환경에서 또 다른 새로운 삶을 시작하게 되었다. 그에게 주어진 어떠한 새로운 역할도 김 교수는 지금까지 줄곧 그래 왔던 것처럼 아주 의욕적으로 아주 성실하게 그리고 아주 유능하게 잘 수행해나갈 것이다. 아무쪼록 왕성한 그 의욕을 감당해 낼 건강을 잘 지키면서 새로운 삶에서 보람과 즐거움을 누릴 수 있기를 바란다. 하지만 이제 좀 더 한가롭게 자주 만나면서 깨복쟁이 어린 시절의 동심으로 즐겁게 노년을 함께 보낼 수 있으리라는, 조그맣지만 아주 귀한 소망을 잠시 다시 접어야 하는 것이 못내 아쉽다.

2005. 2. 김성훈 교수 정년퇴임문집
『작은 거인, 행동하는 실학자』

7

문학, 문학작품을 다룬 몇 편의 글

내가 요즘 다시 읽은 소설

버지니아 울프 Virginia Woolf 의
『댈러웨이 부인 Mrs. Dalloway』

　버지니아 울프 하면 아마 대부분의 독자들은 곧 '의식의 흐름'이라는 약간은 아리송한 문학용어를 연상하게 될 것이고, 제임스 조이스, 마르셀 프루스트 등과 함께 20세기의 가장 난해하고 괴팍한 심리 소설가 중의 하나로 그를 기억하고 있을 것이다. 현대 소설에서 울프가 차지하고 있는 문학적인 비중에 비하여 그의 이름이 비교적 덜 알려져 있고 그의 작품이 일반 독자들에게 별로 친근감을 주지 못하고 있는 것은 아마도 이러한 선입견 때문이 아닐까 한다. 그러나 그의 작품을 주의 깊게 읽어 보고 그가 작품 속에서 무엇을 어떻게 말하려고 하는가를 이해해 보려는 노력을 아끼지 않는다면 그의 작품은 결코 생각처럼 그렇게 괴팍스럽거나 난해하지만은 않을 것이다. 울프의 소설을 이해하는 지름길은 그가 인생을 어떠한 방향에서 관찰하고 있는가 그리고 그에게 인생의 리얼리티란 과연 무엇인가 하는 것을 이해하는 데서부터 시작된다. 「현대소설 Modern Fiction」이라는 에세이에서 울프는 이렇게 이야기한다.

"잠시 일상적인 어느 날의 일상적인 어느 마음을 생각해 보자. 마음은 사소하고 환상적이고 덧없이 사라져 가고 혹은 강철 같은 날카로운 흔적을 남기는 수많은 인상들을 받아들인다. 이 인상들은 수많은 원자의 끊임없는 낙진처럼 사방에서 쏟아져 내린다. 그것들은 쏟아져 내리며 월요일 혹은 화요일의 삶을 이룬다…… 인생이란 질서정연하게 배열된 일련의 마차의 등불 같은 것이 아니다. 인생이란 의식의 시작부터 끝까지 우리를 에워싸고 있는 반투명한 봉투, 빛나는 달무리 같은 것이다."

이어서 그는 작가의 임무란 비록 혼란과 도착을 노정한다 하더라도 이렇듯 항상 변화하고 파악하기 힘든 무제한한 정신세계를 전달하는 게 아니겠는가 하고 반문하고 있다.

그는 일반적으로 크고 중요하다고 생각되는 사실이 인생에 보다 더 중요한 의미를 준다고 생각하지 않았다. 그에게 있어서 중요한 것은 우리의 마음이 일상생활에서 부단히 받아들이는 무수한 인상들, 때로는 환상적이고 충분한 파악 이전에 사라져가는 인상들, 그 안에 담겨 있는 리얼리티였던 것이다. 그리고 그 리얼리티는 외부 세계에서 일어나는 '물질적physical'인 것이 아니라 우리 내부의 의식 세계 안에 자리 잡고 있는 '정신적spiritual'인 것이었다. 즉 인간이 실제로 무엇을 하는가의 문제보다 무엇을 느끼고 생각하는가, 또 의식의 세계에서 어떠한 것을 체험하는가 하는 보다 내관적內觀的인 문제에 관심을 기울였던 것이다. 그러나 정신세계의 미묘한 내적 경험을 언어로써 표현하고 동시에 거기에서 창조적 의미를 추출해 낸다는 것은 결코 쉬운 일이 아니다. 이러한 주제의 급전急轉이 종래의 상식적인 표현 방법을 거부하고 새로운 표현 기교를 요구하게 된 것은 지극히 당연한 귀결이었다. 이리하여 표현 방법의 혁신을 위한 울프의 실험적 노력은 초기 작품인『월요일 혹은 화요일Monday or Tuesday』이라는 단편 소설집에서부터 최후의 소설인『막간Between the Acts』에 이르기까지 꾸준히 계속되었으며, 그 나름의 독특한 문체와 내부 독백, 시적 표현, 영화적 기교 등의 표현 방법을 가능케 해 주었던 것이다.

그의 이러한 노력이 처음으로 거의 완벽한 성공을 이룬 작품이 바로『댈러웨이 부인』이었고 그런 점에서『댈러웨이 부인』은 그의 가장 대표적인 문제작의 하나로 평가되어 오고 있다. 이제 이 소설의 내용을 대강 살펴보기로 하자.

어느 화창한 6월 아침 클라리사 댈러웨이Clarissa Dalloway는 그날 밤의 중요한 파티 준비를 위하여 장을 보러 거리에 나선다. 꽃 가게에서 꽃을 사는 동안 클라리사는 타이어가 터져서 길가에 멈춰 선 큰 리무진 차를 보게 되고, 차창을 가리고 있는 커튼은 지나가는 모든 사람들의 호기심을 불러일으킨다. 차 안에 타고 있는 사람이 여왕일까 아니면 수상이나 장관일까. 클라리사의 남편인 리처드Richard도 국회의원이지만 수상이나 장관이 되기는 좀 어려운 사람이다. 사람은 좋지만 뭐랄까 좀 답답하고 상상력이 부족한 편이다.

거리에 나서자 하늘에선 비행기가 연기를 뿜으면서 광고 선전을 하고 있고 이 흥미 있는 광경은 다시 한번 모든 런던 사람들의 주의를 끌고 클라리사 역시 그 비행기를 쳐다보며 그들과 어떤 동류감 같은 것을 느끼게 된다. 런던 시가의 소란스러운 광경은 그녀의 과거를 되살려 준다. 그녀는 양가집 처녀로 자랐고 그의 집엔 항상 손님의 발길이 끊이질 않았었다. 활달하고 과격한 데가 있는 샐리 시턴Sally Seton은 그들 중의 하나로 그녀와 절친한 친구였는데 그녀는 리처드를 멋이 없는 사람이라 해서 싫어했고 클라리사가 리처드와 가까워져서 결국 결혼하기에 이르자 그들 사이의 우정은 식어버리고 말았던 것이다. 리처드와 결혼하기 전 클라리사는 피터 월시Peter Walsh라는 멋있고 낭만적인 남자를 사랑한 적이 있었다. 그녀는 피터가 인도 항해 중 한 여자와 결혼했다는 소식을 후에 전해 들었다. 이 모든 과거의 기억들이 차분히 밀려와 지금 생기가 넘치는 런던의 거리에 서 있는 클라리사의 마음속에 훈훈한 향수를 불러일으킨다. 그러면서도 그녀는 항상 '단 하루를 사는 것도 아주, 아주 위험스럽다'고 느낀다.

한편 같은 시간에 런던거리를 방황하고 있는 불행한 청년 셉티머스 워런 스미스Septimus Warren Smith가 그의 이태리 태생의 부인 루크레치아Lucrezia와 등장한다. 그는 셰익스피어의 나라 영국을 위하여 전장에서 용감히 싸웠으나 이제 인간의 사악함에 대한 깨달음과 전사한 그의 가장 친한 친구 에번스Evans의 환영 때문에 편집광적인 고통을 겪고 있다. 그는 항상 생과 사의 문제를 깊이 생각한다. 그리고 그에게 절대 안정을 취하도록 충고하는 친절한, 그러나 약간 둔감한 주치의 홈즈 박사Dr. Holmes를 증오하며 그를 결코 만나지 않으려 한다.

거리에서 돌아와 클라리사가 조용히 바느질을 하고 있을 때 갑자기 피터 월시가 찾아온다. 5년 만에 인도에서 돌아온 것이지만 피터는 조금도 변하지 않았고 여전히 사교계의 생활에 묻혀 사는 클라리사를 못마땅해 한다. 그리고 자기는 데이지라는 유부녀를 사랑하게 되어서 그녀의 이혼문제를 변호사와 상의하기 위해 런던에 머물고 있다고 말한다. 클라리사가 그녀의 딸 엘리자베스Elizabeth를 그에게 소개시킬 때 아직 자식을 가져보지 못한 피터는 자기의 지나온 인생에 뭔가 아쉬움을 느끼기도 하지만 저녁 파티에 꼭 와달라는 클라리사의 말을 듣는 순간 그녀의 생활은 역시 무의미한 사교계에 얽매인 공허한 생활이라고 생각한다.

한편 남편이 홈즈 박사를 피하기 때문에 루크레치아는 돈 많고 유명한 정신과 의사 윌리엄 브래드쇼 경Sir William Bradshaw의 치료를 받기로 한다. 그러나 순진한 루크레치아의 눈에도 브래드쇼는 이기적이고 비정한 사람으로 보인다. 그날 오후 늦게 홈즈 박사가 셉티머스를 그의 아파트로 찾아 갔을 때 망상에 사로잡힌 셉티머스는 그를 피해 창밖으로 몸을 던져 결국 죽고 만다.

같은 날 오후 도리스 킬맨Doris Kilman은 엘리자베스를 쇼핑에 데려간다. 엘리자베스의 가정교사인 도리스 킬맨은 클라리사의 유족한 생활을 경멸하면서도 한편으로는 부러워하기도 하는, 가난하고 고독하고 못생긴 그러나 이지적인 여성이다. 클라리사는 자기의 의지를 남에게 강요하려는 독선적인 미스 킬맨을 싫어 한다. 특히 엘리자베스에 미칠 영향이 항상 마음에 걸린다.

사람을 미워한다는 것은 옳지 못하다는 것을 알면서도 클라리사는 미스 킬맨에 대해서 어쩔 수 없이 혐오감을 느낀다.

드디어 파티가 열리고 수상이 나타나고, 클라리사의 훌륭한 여주인의 역할로 파티는 성공을 거둔다. 오직 피터 월시만은 이제 다섯 아이의 어머니인 로세터 부인Lady Rossetter이 되어 사교계의 분위기에 어지간히 익숙해진 샐리 시턴을 만나고는 우울한 기분이 되어 세월의 변화와 자신의 사회에의 부적응성을 새삼 의식한다.

파티가 한창 무르익을 무렵 윌리엄 브래드쇼 경이 도착하여 환자 중 한 사람이 자살을 했기 때문에 파티에 늦어졌음을 알린다. 윌리엄 경은 죽은 셉티머스에 대해서 전혀 동정이나 공감 같은 것을 느끼지 않는다. 그러나 클라리사는 그 이야기를 듣는 순간, 전혀 알지 못하는 자살한 그 청년이 갑자기 자기의 분신이라도 되는 것처럼 그와의 강한 동류감을 느끼며 자기의 인생도 사실 하나의 실패였음을 직감한다. 그리고 짙은 공감으로 자살이라는 것을 이해하게 된다.

손님들이 다 떠난 후 피터 월시는 클라리사에게 다가와서 옛날에 그녀와 함께 있을 때 경험하던 그 미묘한 흥분을 다시 느끼며, 여전히 클라리사를 사랑하고 있음을 새삼 깨닫는다.

이상의 줄거리에서 쉽게 느낄 수 있듯이 이 소설에는 전통적인 소설에서 흔히 볼 수 있는 일관된 사건과 행동의 발전 그리고 결말, 이와 같은 상식적 의미의 스토리와 플롯을 찾기 어렵다. 현대 심리소설의 가장 공통되는 표면적인 특징은 바로 이 점이라는 것을 독자들은 먼저 충분히 이해할 수 있어야 한다.

조이스의 『율리시스Ulysses』와 마찬가지로 『댈러웨이 부인』은 단 하루에 일어난 이야기이며 몇몇 등장인물들의 이른바 '의식의 흐름'을 통해서, 주로 내부 독백의 방법에 의하여 기술되고 있다. 그러나 이 작품의 가장 중요한 흐름은, 생의 문제에 민감한 반응을 보이며 생을 회의하고 동시에 사랑하는, 하지만 자기의 생의 실패를 줄곧 의식하는 클라리사와, 삶의 의미를 집요하고 강렬하게 추구하는 셉티머스, 이 두 인물의 내부 독백에 의하여 이루어지고 있다. 클라리사는 셉티머스를 한 번도 만난 적이 없지만 그와 가장 가까운 정신적인 동류감을 느낀다. 이 두 사람은 생의 의미를 줄곧 추구하지만 이 추구는 결국 실패로 돌아가고 마는 공통점을 보여주고 있다. 클라리사는 자기 주변의 세계에 대한 그녀의 강렬한 인식을, 셉티머스는 그가 절감하는 죄의식, 공허감 이런 것들을, 각각 리처드와 루크레치아에게 전달할 수가 없는 것이다. 이들과 병행하여 도리스 킬맨과 윌리엄 브래드쇼 경은 각각 클라리사와 셉티머스의 영혼을 괴롭히는 인물로 등장한다. 미스 킬맨과 브래드쇼 경은 모두 이기주의자이며 그들의 뜻을 남에게, 즉 킬맨은 순진한 엘리자베스에게, 브래드쇼는 불행한 그의 환자들에게 강요하려는 사람들인 것이다.

이러한 내용의 주축을 울프는 그의 뛰어난 표현 기교들에 의하여 정교하게 성공적으로 이루어 나간다. 주로 자유연상free association과 시간 몽타주time montage; 한 장소를 고정시키고 의식 속의 여러 시간을 점묘하는 방법를 이용한 유려한 내부 독백, 의식의 결합을 자연스럽게 가져다 주는 공간 몽타주space montage; 한 시점을 고정시키고 동시에 여러 장소를 점묘하는 방법, 시적 표현에 의한 효과적인 이미지의 연결, 이런 것들은 다른 작가가 도저히 따를 수 없는 울프 특유의 탁월한 표현 기교인 것이다.

특히 시간마다 알리는 빅벤의 종소리, 높은 분이 타고 있는 리무진 차, 광고 선전을 하는 비행기 등의 공간 몽타주의 교묘한 구사는 모든 인물들의 의식을 하나의 소우주 속에 결합시키는 데 매우 효과적이며 동시에 이 작품의 가장 중요한 주제 ― 즉 우리 인간은 완전히 고립되어 있는 것처럼 보이지만 어떤 공통된 운명이 우리를 결합하고 있다는 것, 그리고 생의 의미는 다른 사람들과의 유대감에 대한 인식에서 추출된다는 것 ― 를 암시해 주기조차 한다.

버지니아 울프는 1882년 런던에서 유명한 학자요 비평가인 레슬리 스티븐 경Sir Leslie Stephen의 딸로 태어났다. 그는 독학으로 학문적이고 문학적인 분위기 속에서 지성적인 교양과 인품을 갖추며 자랐다. 1912년 유명한 언론인이었던 레너드 울프Leonard Woolf와 결혼하여 함께 블룸즈베리 그룹Bloomsbury Group을 이루었고 5년 후에는 호가스 프레스Hogarth Press의 전신인 조그만 출판사를 운영하게 되었다. 그녀의 본격적인 문학 활동은 1915년 『출항The Voyage Out』과 함께 시작된 셈이며 소설뿐만 아니라 평론에 있어서도 탁월한 재능을 발휘했다. 그녀의 주요 작품으로는 소설로서『제이콥의 방Jacob's Room』(1922),『등대로To the Lighthouse』

(1927), 『올랜도Orlando』(1928), 『파도The Waves』(1931), 평론으로는 『평범한 독자The Common Reader』(1925, 1932), 『자신만의 방 A Room of One's Own』(1929), 그리고 『작가의 일기A Writer's Diary』(1953) 등을 들 수 있을 것이다. 이외에도 그는 전기, 수필, 단편소설 등을 많이 남기고 있다.

    1차 세계대전 당시 그는 심한 신경쇠약에 걸렸었고 2차 세계대전이 발발하자 그의 신경쇠약 증상은 다시 악화되어 또 한 번의 전쟁의 고통을 감당할 수 없음을 느끼고 그는 『댈러웨이 부인』의 셉티머스처럼 1941년 3월 그의 집 근처의 아우즈 강에 몸을 던져 59세의 일기를 마치고 말았다.

1973. 1. 『시사영어연구』

F. 스콧 피츠제럴드F. Scott Fitzgerald의 『위대한 개츠비The Great Gatsby』

    F. 스콧 피츠제럴드는 1896년 미네소타주 세인트폴시의 전형적인 한 중서부의 가정에서 태어났다. 몰락하여 가난한 집안이었지만 조상이 귀족이었던 것을 항상 자랑스럽게 생각한 피츠제럴드는 제이 개츠Jay Gatz처럼 백만장자로 성공하고야 말겠다는 꿈 많고 야심만만한 소년이었다. 그는 소년 시절부터 글

을 썼고 주로 희곡에 많은 관심을 가졌었지만 작가로서의 그의 생활은 1913년 그가 프린스턴대학에 들어가면서부터 본격적으로 시작된 셈이다. 그는 악화된 건강과 불량한 성적 때문에 결국 학위를 얻지 못한 채 프린스턴을 떠나게 되었지만 프린스턴에서의 경험은 그의 생활에 하나의 중요한 전기가 되어 주었다. 그는 프린스턴의 교지인 『타이거』지에 많은 글을 기고했고 학교행사의 여러 가지 연극대본을 쓰기도 했다. 『타이거』지를 중심으로 한 자유분방하고 귀족적인 문학 서클에서 활동하던 때가 그의 전 생애를 통하여 아마도 그가 강한 소속감을 느낄 수 있었던 유일한 시기였을 것이다. 그만큼 프린스턴 시절은 그에겐 강한 인상을 남긴 중요한 시절이었다. 에드먼드 윌슨과 존 필 비숍 같은 귀한 문우들을 얻게 된 것도 바로 그 시절이었던 것이다.

프린스턴을 떠나서 1917년 그는 장교로 육군에 입대했으나 해외에 파견되지는 않았고 주로 훈련소에서 근무했다. 알라바마의 셰리단 훈련소에 근무하고 있을 때 그는 판사의 딸인 미모의 젤다 새이어Zelda Sayre를 만났고 1년 반의 우여곡절 끝에, 그가 쓴 최초의 장편이 『낙원의 이 쪽This Side of Paradise』이라는 이름으로 출판되어 예상외의 대성공을 거두게 된 1920년 그녀와 결혼하기에 이르렀다. 『낙원의 이 쪽』은 사실 소설로서는 많은 결함을 지닌 결코 성공작이랄 수는 없는 작품이었지만 선풍적인 인기 속에 세상 사람들에게 '길 잃은 세대Lost Generation'의 존재를 강렬히 인식시키고 작자인 피츠제럴드를 단번에 젊은 세대의 대변자의 위치에 올려 놓은 문제작이었다. 이렇게 하여 재산과 명성을 한꺼번에 얻기 시작한 피츠제럴드 부부는 뉴욕에서 호화로운 생활을 즐기며 마치 제이 개츠비처럼 사치스런 파티를 열곤 했다. 결혼 전후의 피츠제럴드와 젤다의 생활은 다분히 개츠비와 데이지Daisy와의 관계를 연상케 한다. 그의 결혼 이야기는 문학적인 수식으로 과장되어 있긴 하지만 그의 두 번째 장편 『아름다운 저주받은 자The Beautiful and Damned』(1922) 안에 잘 그려져 있다. 젤다는 피츠제럴드 소설의 여주인공과 아주 비슷한 데가 많으며 사실상 그의 작품의 모든 여주인공들의 모델이 되고 있다 해도 과언이 아닐 정도로 그의 생활에 큰 영향을 준 사람이었다.

1922년 『재즈시대의 이야기Tales of Jazz Age』를 내놓고 1924년 그는 젤다와 함께 프랑스로 건너가서 1931년 귀국할 때까지 이렇다 할 문학적인 성과가 별로 없었던, 그 자신의 말처럼 '낭비와 비극의 7년'을 주로 그곳에서 보냈다.

1927년 이후 간헐적으로 정신 이상을 일으키게 된 젤다의 병은 점점 악화되어 가고 그의 명성은 떨어져 가고 빚은 자꾸만 늘어가고, 이러한 불안정한 생활의 결과로 그는 30대에 이미 심한 알콜중독자가 되어 있었다. 술을 마셔야만 글을 쓸 수 있었던 그가 이 시기에 많은 글을 더구나 훌륭한 글을 별로 쓰지 못했던 것은 당연한 일이었다. 그러나 그런 중에도 그는 심혈을 기울여 어떤 의미에서는 『위대한 개츠비』에 못지않은 훌륭한 소설 『밤은 부드러워Tender is the Night』를 1934년 세상에 내놓았다. 그러나 그의 기대와는 달리 『밤은 부드러워』에 대한 평론가들이나 독자들의 반응은 냉담했고, 커다란 절망 속에서 그의 건강은 점점 악화되어 갔다. 더구나 직업인으로서의 생활 의식을 거의 가지고 있지 못했던 그는 항상 무절제하고 경제적으로 궁핍한 생활을 면할 수 없었다. 이러한 경제적인 곤란 속에서 그는 잡지에 돈벌이 글을 쓰지 않을 수 없었고 결국은 실패로 돌아가고 말았지만 할리우드에 드나들면서 시나리오를 쓰고 영화에서 어떠한 출구를 찾으려 몸부림을 쳐보기도 했던 것이다.

그가 마지막 정열을 모아쓰기 시작한 할리우드 생활에 대한 일종의 풍자소설인 『최후의 대군The Last Tycoon』이 거의 완성되어 갈 무렵, 1940년 그는 끝내 이 작품을 그의 마지막 미완 소설로 남긴 채 그리고 그 젤다를 뒤에 남겨둔 채 로스앤젤레스에서 심장마비로 쓰러지고 말았다. 그는 44세의 나이로 요절을 한 것이었다.

여기에 소개할 『위대한 개츠비』는 피츠제럴드의 한창 전성기인 1925년에 쓰여진 그의 가장 대표적인 걸작이다. 이 소설의 이야기는 1922년 뉴욕의 롱 아일랜드에서 시작된다.

화자인 닉 캐러웨이Nick Carraway가 살고 있는 웨스트 에그의 초라한 셋집 바로 이웃에는 제이 개츠비의 성곽 같은 굉장한 저택이 버텨 서 있고 조그만 만 하나를 사이에 둔 저 건너 이스트 에그에는 데이지와 그녀의 남편 톰 뷰캐넌Tom Bucchanan이 살고 있다. 그리고 웨스트 에그와 뉴욕의 중간쯤에 광막한 쓰레기 처리장이 널려 있고 이곳엔 조지 월슨George Wilson과 머틀Myrtle 부부의 자동차 수리소가 자리 잡고 있다. 대부분의 사건들이 이 웨스트 에그, 이스트 에그, 그리고 쓰레기 처리장인 잿더미 계곡을 중심으로 전개된다. 특히 작중의 모든 중요 인물들이 이곳, 잿더미 계곡을 지나다니게 되는 것은 주목할 만하다. 이 잿더미 계곡Ash Valley은 그들이 살고 있는 정신적 황무지의 상징이며, 이 소설의 클라이맥스인 비극적 사건이 바로 이곳에서 일어나게 되는 것은 결코 우연이 아닌 것이다. 이 황량한 잿더미 계곡에 덩그렇게 걸려 깊은 생각에 잠긴 듯 굽어보고 있는 안과 의사의 광고판인 거대한 Dr. T.J. 에클버그의 색 바랜 눈은 그래서 더욱 음울한 깊은 의미를 던져 준다.

1차 세계대전에 참전하고 돌아온 후 동부로 옮겨 온 닉은 증권 판매원으로 웨스트 에그에 자리를 잡으면서 팔촌 누이 동생인 데이지, 그리고 대학 동창이기도 한 그의 남편 톰과 다시 가까이 어울리게 된다. 데이지의 친구 조던 베이커Jordan Baker는 톰에게 정부가 있고 데이지 역시 그 사실을 대강 눈치 채고 있다는 이야기를 닉에게 들려 준다. 그러던 어느 날 톰은 그에게 자기의 정부를 소개해 주고 바로 그날 오후 닉은 마지못해 톰과 그의 정부 머틀과 함께 그들의 뉴욕 살림집에서 그들의 천박하고 소란스러운 파티에 휩쓸리게 된다. 그 소란스런 파티는 술 취한 머틀이 데이지의 이름을 들먹거리자 역시 술에 취한 톰이 그녀를 때려 온통 피투성이로 만듦으로써 더욱 난장판이 되고 만다.

닉은 이러한 톰의 난폭하고 분방한 생활을 가까이 접하면서 한편으로는 개츠비의 알 수 없는 미묘한 생활에 차츰 휘말려 들어가는 자신을 느낀다. 개츠비의 생활은 그의 으리으리한 저택과 호화로운 파티로 대표되는 한마디로 사치와 낭비가 넘치는 환상적인 생활이다. 주말이면 휘황하게 흥청대는 파티가 열리고 주인을 좀처럼 만나지 못하는, 또 별로 만날 필요를 느끼지도 않는 손님들은 이 수수께끼 같은 개츠비라는 사나이의 과거와 그의 굉장한 부(富)에 대하여 그가 살인자라는 둥, 빌헬름 황제의 조카가 된다는 둥, 주류 밀매업으로 돈을 벌었다는 둥 갖가지 억측과 소문을 교환하며 그 풍요의 사치를 즐기기만 하면 되는 것이다. 그러나 개츠비에게 있어서는 그의 저택도 그의 파티도 그리고 그의 모든 부도 오직 하나의 목적을, 하나의 소망을 위하여 의미를 가질 수 있을 뿐이다. 자신의 모든 것을 다 바쳐가며 간직해 온 그 하나의 절대적인 소망, 그것은 전쟁과 무엇보다도 그의 가난 때문에 빼앗기고 만 데이지를 다시 되찾아 오는 것 그리고 5년 전의 과거를 그대로 재현하는 것 바로 그것이다. 결국 이 목적을 위하여 그는 데이지를 잘 아는 조던과 닉에게 도움을 청하게 되고 드디어 개츠비는 닉의 집에서 데이지를 만나게 된다. 데이지는 곧, 이제 거부로 성공한 개츠비를 다시 사랑하게 되고 잠시 동안 그들은 새로운 행복감에 젖어 든다. 그러나 이러한 낭만이 계속될 수 있으리라는 개츠비의 천진스런 꿈은 곧 깨어지고 만다. 톰 뷰캐넌이 데이지의 부정을 눈치 챈 것이다. 한편 조지 윌슨 역시 그 상대가 자기의 무시 못할 고객인 톰이라는 사실은 모르고 있지만 자기 아내의 부정을 알아차린다. 아내와 정부를 동시에 모두 잃어버릴지도 모른다는 생각에 톰은 고민에 빠지게 되고, 모두들 조금씩은 제 정신이 아닌 찌는 듯 무더운 어느 여름 날 우연히 — 어쩌면 그것은 필연적일 수 밖에 없었겠지만 — 결정적인 순간이 닥쳐든다. 개츠비, 톰, 데이지, 그리고 닉과 조던까지 한자리를 한 뉴욕의 숨 막힐 듯 후덥지근한 호텔 방에서 개츠비는 데이지에게 그녀가 톰과 헤어질 것을, 그리고 톰을 결코 사랑하지 않았음을 밝혀 주도록 요구한 것이다. 개츠비에게는 자기의 모든 것을 내건 실로 비장한 순간이었을 것이다. 그러나 데이지는 톰을 더 이상 사랑하고 있지 않음을, 개츠비를 진정으로 사랑하고 있음을 기꺼이 인정하면서도 톰에 대한 과거의 사랑을 부인하지는 못한다. 톰은 데이지의 이러한 태도에 용기를 얻어 데이지를 옹호하며 개츠비의 축재의 내막을 폭로하고 그를 비열한이라고 마구 비난한다. 자기에 대한 톰의 이러한 비난 앞에서의 데이지의 침묵, 그리고 톰에 대한 과거의 사랑을 부인하지 않는 데이지의 태도는 그를, 그의 모든 환상을 산산조각으로 부셔버리고 만다.

    데이지와 개츠비는 단둘이 자기 차를, 자기는 닉과 조던과 함께 개츠비의 차를 서로 바꿔 타고 이곳 호텔로 올 때 미칠 것 같은 질투를 느꼈던 톰은 이제 승리자로서의 아량을 베풀듯 개츠비더러 데이지를 태우고 먼저 웨스트 에그로 떠나도록 권한다. 그러나 돌아오는 길에는 끔찍한 재난이 그들을 기다리고 있었다.

    남편에게 얻어맞고 감금당해 있던 머틀이 집에서 뛰쳐나와 길 한 복판으로 뛰어들다가 질주해 오던 개츠비의 차에 치어 죽은 것이다. 아마도 머틀은 그 차 안에 톰이 타고 있는 것으로 착각했을 것이다. 곧이어 뒤따라오던 톰과 닉 그리고 조던이 사고 현장에 도착하고 톰은 그의 정부가 죽어 있는 것을 발견한다. 거의 착란 상태에 빠져 있는 월슨에게 톰은 귓속말로 뭔가를 일러주고, 그 말은 결국 비극의 대 결말을 가져오게 되는 것이다.

다음 날 개츠비를 만나 닉은 머틀을 치어 죽였을 때 차를 몬 사람이 개츠비가 아니라 데이지였다는 사실과 데이지가 저지른 사고의 책임을 모두 떠맡으려는 개츠비의 결심을 알게 된다. 개츠비와 헤어져 돌아오다가 닉이 불쑥 '그자들 다 썩은 사람들이오. 그자들 모두 합친 것보다 당신이 더 훌륭하오.' 라고 잔디밭 너머로 소리치자 닉으로부터 처음으로 찬사의 말을 들은 개츠비는 공감이 담긴 환한 미소를, 그의 마지막 미소를 머금는다. 그리고 그로부터 몇 시간 후 그는 월슨의 총에 맞아 죽고 월슨 역시 자살하고 만다.

그의 노부老父와 닉, 그리고 그의 하인들만이 참석한 개츠비의 장례식은 파티로 흥청대던 그의 호화롭던 생활과는 대조적으로 너무나 초라하고 쓸쓸하다. 그의 친구들과 파티에 몰려들던 그 많은 사람들은 닉의 간절한 부탁에도 불구하고 한 사람도 장례식에 나타나지 않았고 톰과 데이지는 전화 연락 한 번 없이 이미 어디론가 몰래 피신해 버리고 만 것이었다.

몇 달이 지난 후 보석상에 들른 톰을 우연히 만난 닉은 개츠비의 죽음을 가져오게 한 진상을 밝히라고 그에게 요구하지만 그들은 '모든 것을 다 망가뜨려놓고는 그들의 돈과 거대한 무책임의 세계로 몸을 피하고 그들이 만들어 놓은 난장판을 다른 사람들이 치우도록 방기하는 무책임한 사람들'임을 새삼 깨닫고 그들에 대한 분노를 체념으로 억누르고 만다.

그후 곧 닉은 조던과 절교하기에 이른다. 더불어 진정한 인간적인 유대를 가지기에는 그녀는 너무나도 데이지를 많이 닮은 그런 여자이기 때문이었다.

서부로 떠나기 전날 밤 닉은 마지막으로, 잔디가 무성히 자란, 주인 없이 이제는 텅 빈 개츠비의 저택을 찾아보고 홀로 해변에 서서, 수백 년 전 이 섬에 처음 발을 내디딘 네덜란드 선원들이 이 섬을 바라보며 결국 개츠비의 허망한 환상으로 통하는 그런 꿈에 젖어 있었을 먼 과거를 회상해 본다. 그리고 데이지의 부두 끝에 비치는 녹색 불빛을 처음 보았을 때의 개츠비의 놀라움, 그가 굳게 믿었던 '해마다 우리들 앞에서 물러가는 흥청대는 미래'의 의미를 생각해 본다.

『위대한 개츠비』는 중서부 출신의 한 가난한 소년이 전형적인 미국식 자수성가의 과정을 거쳐 롱아일랜드의 부호로 입신하고 그의 환상적인 꿈을 쫓다가 결국 환멸과 허무 속에서 비극적인 죽음에 이르는, 한 미국 젊은이에 관한 기록이다. 이 소설은 발표되자마자 많은 작가와 비평가들로부터 즉각적인 찬사와 호평을 얻었고 피츠제럴드를 일약 20세기의 대표적인 작가 중의 한 사람으로, 미국 소설의 주류를 형성해 온 대가들의 대열에 끼게끔 해 준 것이었다. 물론 이 작품의 내용을 신문 사회면의 한 사건 기사 정도라고 혹평한 비평가들도 있고 이디스 워톤Edith Wharton 같은 작가는 개츠비의 과거의 내력에 대한 설명 부족으로 개츠비가 정말 위대한 인물이 되지 못하고 그의 비극적 결말 역시 진정한 비극에 이르지 못하고 있다고 아쉬워하지만 대부분의 작가와 비평가들은 이 소설을 거의 완벽한 내용과 구조를 갖춘 미국 소설의 걸작으로 평가하고 있으며 특히 T.S. 엘리엇은 헨리 제임스 이래 미국 소설이 내디딘 첫 발걸음이라고 격찬을 아끼지 않을 정도였다.

그러나 『위대한 개츠비』가 보여준 가장 뛰어난 강점은 무엇보다도 작자의 날카로운 도덕적 비판의식과 풍부한 예술적 상상력을 통해서 투시되는 1920년대라는 한 시대의 적나라한 진상이다. 『위대한 개츠비』에서 작자는 1차 세계대전 직후 소위 재즈시대로 불리는 1920년대의 미국 사회의 전형적인 한 인물을, 그리고 그 주위의 인물들이 직면한 모순, 물질이 정신을 지배하는 인성 상실의 풍조, 찰나적인 향락주의 등의 여러 가지 문제를 그려 보이고 있다. 그러나 이 작품은 1920년대 미국 사회의 단순한 하나의 풍속도로 그치고 있는 것만은 결코 아니다. 재즈시대가 의미심장한 영속적인 어떤 가치를 제시하지 못하는 그 실패에 대한 날카로운 분석과 신랄한 비판에까지 이르고 있는 것이다. 피츠제럴드의 생활에서 엿볼 수 있듯이, 부에 대한 이중적인 상반된 감정을 가지고 있으면서도 그는 이 작품에서 미국 정신의 사회적 도덕적인 근본 조직을 부패시키는 병폐를 냉철히 들추어 내고 있다. 그 병폐의 요소는 사실 제이 개츠비의 왜곡된 상상 안에 깊이 잠재해 있는 것이다. 물질적인 성공의 꿈 — 물론 그것은 사랑을 위한 것이었지만 — 에 현혹되어 개츠비는 현재와 과거를, 사랑과 재산을 혼동하는 뒤틀린 환상에 빠지게 된다. 개츠비가 데이지에게 톰에 대한 과거의 사랑마저 부인해 주기를 바랄 때, 닉이 개츠비더러 그것은 지나친 요구가 아니냐고 과거란 되풀이 될 수 없는 것이라고 말하자 개츠비는 믿을 수 없다는 듯 이렇게 외치는 것이다. '과거를 되돌이킬 수 없다구요? 물론 되돌이킬 수 있지요!' 개츠비는 피츠제럴드가 작품 안에서 밝히고 있듯이 '방대하지만 야비하고 저속한 미美를 위한 일'에 얽매여 있는 미국 그 자체를 상징하고 있다 해도 과언이 아닐 것이다. 개츠비의 환멸과 좌절과 패배 속에서 작자는 많은 미국 사람들의 정신적인 힘을 불태워 없애 버린 그 열기를 암시해 주고 있기 때문이다.

　『위대한 개츠비』가 가지고 있는 또 하나의 강점은 이러한 심오한 주제를 성공적으로 살려 주는 그 구성의 완벽함일 것이다. 전체적인 조화에 정교하게 이르고 있는 작중인물의 행동, 대화, 그리고 사건 하나하나의 유기적인 융합과, 죠셉 콘라드와 헨리 제임스를 연상케 하는 닉 캐러웨이라는 일인칭 객관적 관찰자를 통한 효과적인 시점은 이 소설의 완벽한 구조에 가장 주요한 초석을 이루고 있다. 그러나 이 소설이 하나의 예술 작품으로서 우리에게 짙은 공감과 순수한 감동을 줄 수 있는 것은 무엇보다도 작품의 분위기와 톤의 뛰어난 효과가 아닐까 한다. 예를 들어 개츠비, 머틀, 윌슨 같은 인물 설정이나 잿더미 계곡,

Dr. TJ. 에클버그의 눈, 초록 불빛 등의 상징성은 작품 전체에 시종 서정적 슬픔의 톤을 깔아 주는 데 대단히 효과적이다.

이렇듯 거의 완벽한 내용과 구조를 갖춘 작품으로 평가되는 이 소설은 그 예리한 윤리적 비판과 뛰어난 기교상의 예술성으로 이미 미국 문학의 한 고전으로 인정을 받고 있다.

1950년대 이후로부터 『위대한 개츠비』가 20세기 미국 소설의 대표적인 걸작으로 재평가되기 시작하고 그 판매 부수가 점점 늘어가고 있는 현상은, 오늘날의 미국사회가 어떤 의미에서는 1920년대의 미국사회를 많이 닮고 있다는 데서 더욱 주목할 만하다.

한 시대와 한 사회의 진실은 모든 시대와 모든 사회의 진실과 통한다는 말을 새삼 음미해 본다.

1973. 2. 『시사영어연구』

J.D. 샐린저 J.D. Salinger의 『호밀밭의 파수꾼 The Catcher in the Rye』

2차 세계대전 이후 현대에 이르는 미국의 소설 문학은 유태계와 흑인계 작가들의 활발한 작품 활동으로 대표되고 있는 감이 없지 않다. 샐린저 역시 유태계의 작가로 1919년 뉴욕에서 태어나 주로 뉴욕에서 자랐다. 『호밀밭의 파수꾼』의 주인공 홀든 콜필드Holden Caulfield가 체험하는 뉴욕의 생활은 소년 샐린저의 눈에 비친 바로 그 경험의 세계였기 때문에 더욱 생생한 실감을 독자들에게 전해 줄 수 있을 것이다. 마치 홀든처럼 그는 맨해튼의 한 공립학교와 펜실베니아의 육군 사관학교를 거쳐 뉴욕, 컬럼비아 등 대학만 해도 세 군데를 옮겨 다녔으나 아무 곳에서도 학위를 얻지 못한 채 모두 중도에서 그만두고 말았다. 2차 세계대전 중에는 프랑스에서 보병 부대의 하사관으로 복무하면서 노르망디 상륙 작전에도 참가하였고 그곳에서 마침 종군 특파원으로 취재 중이던 헤밍웨이와 알게 되어 그로부터 그의 재능을 인정받기도 했다 한다.

샐린저는 15세 때부터 글을 쓰기 시작했지만 첫 작품이 발표된 것은 21세가 되던 해였고 그 후 그는 많은 잡지, 특히 『더 뉴요커』지에 주로 단편 소설들을 기고하였다. 1955년 그의 두 번째 부인과 재혼한 이후 그는 부인과 두 자녀와 함께 뉴햄프셔 주의 코니시에 파묻혀 사실상 은둔 생활을 계속해 오고 있는 셈이다.

그의 작품으로는 장편 『호밀밭의 파수꾼』(1951) 이외에 아홉 개의 단편을 묶은 『아홉 이야기Nine Stories』(1953), 두 개의 중편이 수록된 『프래니와 주위Franny and Zooey』(1961) 『시모어: 서설 Seymour: An Introduction』(1963) 등의 단편집들이 있다.

대체적으로 성공작이라 할 수 있는 그의 단편 소설들은 현실적이고 정서가 부족한 아일랜드계의 어머니와 유태계의 아버지, 그리고 매력적이면서도 약간 괴팍스러운, 감수성이 예민한 일곱 자녀들, 이렇게 아홉 명으로 이루어진 글라스Glass가家에 관한 이야기를 주로 다룸으로써 마치 한 장편 소설의 여러 부분들인 것처럼 서로 연관성을 보여주고 있는 것이 특이하다. 그러나 그의 가장 뚜렷한 특징은 그의 언어에서 드러난다. 특히 대화 감각에 있어서의 그의 탁월한 재능과 놀랄 만큼 정확한 그리고 적절한 그의 구어체 언어의 구사에는 그의 작품세계에 호감을 갖고 있지 않은 비평가들까지도 찬사를 아끼지 않는다.

샐린저의 작품의 또 하나의 특징이라면 그것은 독자들에게 때로는 웃음의 때로는 아픔의 공감을 쉽게 그리고 자연스럽게 전달할 수 있는 보편적인 명료성일 것이다. 몇몇 비평가들이 그를 가리켜 '평범한 대중 소설가', '유치한 청소년 작가' 혹은 '수다스런 사이비 신비주의자'라 부르는 것은 아마도 이러한 그의 작품 세계의 특징에 대한 오해에서 비롯된 것이 아닐까 한다. 그러나 보다 많은 비평가들은 그를 때로 마크 트웨인과 비교하며 그의 작품을 독창적이고 진지하고 아름다운, 일급의 소설로 평가하고 있다. 비록 마크 트웨인과 비교할 만한 작가는 못 된다 하더라도, 오늘날 미국 젊은이들의 세계를 파헤치고 있는 그의 작가로서의 의미심장한 작업과 구어체 언어의 뛰어난 구사로써 소설 언어의 확대에 기여한 그의 공적만으로도 그는 현대 미국 소설을 이야기하는 데 있어서 결코 소홀히 할 수 없는 가장 주목할 만한 문제 작가 중의 한 사람임에 틀림없다. 작품 활동을 계속하고 있는 현존 작가로서, 더구나 얼마 되지 않는 작품에도 불구하고 샐린저처럼 많은 학자들과 비평가들의 연구 대상이 되고 있는 작가는 흔치 않을 것이다.

현대 미국 소설에서의 샐린저의 위치를 이처럼 무시 못할 고지로 끌어 올린 것은 그의 유일한 장편 소설 『호밀밭의 파수꾼』이라 해도 과언이 아니다. 이 작품이 처음 발표되자 일부에서는 외설적이고 부도덕한 문학의 유희라 해서 마구 비난을 퍼붓기도 했지만 그것은 이 작품을 올바르게 이해하지 못한 데서 비롯된 피상적인 평가에 지나지 않은 것이었다. 오히려 이 소설은 인간의 순결과 윤리 문제의 중요성을 강조하고 있으며 오늘날의 미국 사회가 안고 있는 여러 가지 문제점을 자신의 인생관을 통하여 꿰뚫어 보는 작자의 진지한 태도가 더욱 돋보이는 극히 건강한 작품임을 우리는 쉽게 이해할 수 있다.

이 책은 출판된 지 10여 년 만에 미국에서만 이미 150만부 이상이 팔릴 정도로 독자들의 사랑을 받고 있으며 근래에는 미국 사회의 연구와 분석에 좋은 재료를 제공해 주는 작품으로서 많은 대학의 필독서적 목록에 들어 있을 정도로 높이 평가되고 있는 것이다.

『호밀밭의 파수꾼』은 샐린저가 이미 1945년과 1949년에 각각 발표한 두 개의 단편 소설 「나는 미쳤어 I'm Crazy」와 「매디슨의 여린 반항 Slight Rebellion of Madison」을 근거로 하여 씌어진 작품으로 감수성이 예민한 16세의 고등학생 홀든 콜필드의 독백으로 시작되고 있다.

크리스마스 시즌이 시작될 무렵 홀든은 그가 세 번째 다니고 있는 대학 예비학교 펜시를 떠나기로 결심한다. 사실 낙제를 했기 때문에 학교를 그만 둘 수밖에 없기도 했지만, 항상 여드름이나 짜면서 자기보다 낫다고 생각되는 사람은 무조건 싫어하는 지저분한 애클리Ackley나 섹스에 유난히 관심이 많고 얼굴 단장에 여념이 없는 속물 스트라드레이터Stradlater같은 인간들로 이루어진 허위와 사이비에 가득 찬 그의 주변의 세계에 대한 염증이 이러한 그의 결심을 더욱 재촉한 셈이었다. 홀든은 자기가 좋아하고 있는 제인 갤러허Jane Gallagher라는 소녀의 문제로 스트라드레이터와 싸운 후 학교 기숙사를 뛰쳐나와 스펜서Spencer 선생에게 작별 인사를 하고 뉴욕으로 떠난다.

부모를 만나기가 두렵기도 한 데다가 낙제 통지서가 집에 도착되기까지에는 사나흘의 여유가 있었기 때문에 그는 호텔에 묵으면서 며칠 동안만이라도 자유로운 생활을 즐기기로 마음 먹는다. 이제 열 살 난 순진하고 총명하고 사랑스러운 누이동생 피비Phoebe와 전화 연락하기조차 쉽지 않음을 알고 그는 우울한 기분이 되어 호텔의 라벤더 룸으로 내려가서 술을 청한다. 그러나 키가 육 척이 넘고 머리털이 제법 희끗한데도 웨이터는 그에게 주문한 위스키 대신 콜라를 가져다주고, 그가 술을 사줘가며 함께 춤을 춘, 영화배우라면 사족을 못 쓰는 옆 테이블의 세 여자들도 그를 어린애로 취급하고 만다. 기분이 상한 홀든은 아무나 술을 사마실 수 있는 그리니치 빌리지의 어니즈 나이트클럽을 찾아간다. 어니즈로 가는 도중 그는 택시 운전사에게 센트럴 파크의 오리들은 겨울이면 어디로 가는 것이냐고 진지하게 물어보지만 멍청한 운전사에게서 그럴 듯한 대답이 나올 리 없다. 어린이들을 위험으로부터 보호하는 '파수꾼'이 되기를 원하는 홀든에게 추운 겨울날의 오리들의 행방이 궁금할 것임을 독자들은 어렵지 않게 이해할 수 있을 것이다. 스카치 위스키를 마시면서, 그는 주위의 젊은 학생 녀석들의 언동과, 우연히 한 해군 장교와 그곳에 들른 형 디비D.B.의 옛 걸프렌드의 태도에 다시 한 번 환멸을 느끼고는 그곳을 빠져 나온다.

    호텔 방으로 돌아오는 길에 그는 엘리베이터 맨으로부터 색시를 원하지 않느냐는 유혹을 받고, 울적한 기분에 별 생각 없이 좋다고 응낙을 하고 만다. 막상 색시가 방으로 들어오자 생전 처음 당하는 일이라 기분이 위축되기도 하고 또 나이 어린 색시가 측은해지기도 해서 그는 결국 일을 치르지 않고 약속한 5달러의 화대를 지불한다. 그러나 그녀는 약속한 가격이 10달러라고 우기며 마침내 엘리베이터 맨 모리스Maurice와 합세하여 그를 때려누이고 5달러를 빼앗아 가고 만다.

    다음 날 그는 호텔을 떠나 역의 보관소에 짐을 맡기고 그의 걸프렌드인 샐리Sally와 연극을 보기로 약속한 시간이 될 때까지 브로드웨이를 배회하며 피비와 제인 갤러허를 생각한다. 극장 안에서 만난 샐리와 아는 사이라는 구역질나는 속물인 앤도버 학생 녀석 때문에 약간 기분이 상한 홀든은 샐리와 함께 다시 스케이팅을 하러 간다. 그는 그들을 둘러싸고 있는 허위와 위선에 가득 찬 지겨운 이 도시의 세계를 떠나서 조용한 숲 속에 오두막집을 짓고 함께 살자고 샐리에게 권유해 보지만 그녀는 일언지하에 그의 제안을 거절하고 그들은 결국 말다툼 끝에 헤어지고 만다.

할 일이 없어진 홀든은 다시 옛 학교의 선배인 친구를 전화로 불러내어 바에서 함께 술을 마신다. 친구는 약속이 있다고 곧 돌아가고 혼자 남은 홀든은 술에 만취가 된다. 술집을 나온 홀든은 그 오리들의 일이 궁금해져서 정적에 싸인 밤의 센트럴 파크를 찾아가지만 불안과 두려움, 그리고 야릇한 향수를 이기지 못하고 결국은 피비를 만나기 위하여 집으로 숨어 들어가게 된다. 피비는 오빠를 만나서 무척 반가우면서도 그가 학교에서 쫓겨난 사실을 곧 알아차리고 그를 마구 나무라며 도대체 오빠는 뭐가 되고 싶은 거냐고 추궁을 한다. 학교와 주변 세계에 대한 그의 환멸을 피비에게 충분히 이해시키지 못한 채 홀든은 이렇게 말한다.

"난 이 모든 어린이들이 큰 호밀밭 같은 데서 놀고 있는 모습을 늘 상상해 본다구…… 난 절벽 끝자락에 서 있는 거야. 내가 해야 할 일은 아이들이 절벽 쪽으로 오려고 하면 모두 붙드는 거지. 호밀밭의 파수꾼이랄까 그런 게 되고 싶은 거야."

홀든의 불안정한 정신 자세에 대한 피비의 불만에도 불구하고 그들은 동기간의 따뜻한 정을 서로 느낀다. 곧이어 아버지와 어머니가 돌아오자 몰래 다시 집을 빠져나온 홀든은 옛날 영어 선생인 안토리니Antolini를 찾아간다. 이미 이른 새벽이 되었지만 안토리니 선생은 그를 따뜻이 맞아주며 교육이란 자기에게 맞는 크기의 정신을 가르쳐주기 때문에 가치가 있는 것임을 깨닫게 해준다. 그러나 그는 잠에서 깨어나 자기의 머리를 쓰다듬고 있는 안토리니 선생을 발견하고는 그의 동성애적인 행위에 충격을 받고 거의 도망치다시피 그 집을 빠져 나오고 만다.

    인간의 행위에 대한 두려움과 혐오와 환멸에 그는 서부로 도망치기로 드디어 결심하고 떠나기 전 마지막으로 피비를 잠깐 만나보려고 그의 학교로 찾아간다. 학교의 벽에 여기저기 휘갈겨 있는 '씹하자'라는 낙서에 당황과 충격을 느끼며 그는 피비를 기다린다. 그러나 피비는 놀랍게도 홀든을 따라 함께 서부로 떠나기 위하여 큰 가방을 끌고 나타난 것이다. 도저히 피비를 설득할 수 없게 된 홀든은 할 수 없이 그를 달래서 회전목마를 태워 준다. 회전목마를 타고 빙글빙글 돌아가는 피비를 지켜보면서 홀든은 갑자기 알 수 없는 짙은 행복감에 빠져들며 피비에 대한 그리고 주변의 세계에 대한 어쩔 수 없는 애착 때문에 서부로 도피해 버릴 수는 없는 자신을 발견한다. 그리고 그는 피비와 함께 결국은 집으로 돌아가게 된다.

    그로부터 몇 달 후 신경 쇠약증에서 거의 회복한 홀든은 이이틀 동안의 모험의 이야기를 이렇게 끝맺고 있다.

    "내가 깨닫게 된 바를 이야기하자면 말이야, 내가 아는 모든 사람들을 뭐랄까 그리워하고 있다는 거야. 예를 들어 스트라드레이터나 애클리 녀석까지 말이야. 그 빌어먹을 모리스 녀석까지 그리워지는 것 같아. 참 우습지. 그러니 아무한테도 아무 말을 하지 마. 누구한테 일단 이야기를 하고 나면 그 사람이 그리워지기 시작하니 말이야"

　　많은 비평가들은 이 소설을 마크 트웨인의 『허클베리 핀의 모험』과 자주 비교한다. 어린이의 세계에서 성인의 세계로 옮겨가는 한 10대 소년이 겪는 모험의 편력을 그린 작품의 줄거리나 인간 소외와 문명 비판의 문제를 암시하고 있는 작품의 주제나 구어체 언어의 과감한 활용이 돋보이는 스타일의 문제에 있어서나 이 두 소설은 많은 공통점을 보여주고 있기 때문이다.

　　홀든 콜필드 역시 현대판 허클베리 핀으로 불릴 만큼 두 소년 사이에는 닮은 점이 많다. 허크나 홀든이나 모두 근본적으로 바탕이 선한 소년들이며 허위와 위선에 가득 찬 주위의 세계로부터 고통을 당하면서도 그 세계를 위하여 때로 자기를 희생할 수 있는 소성素性을 가진 모럴리스트들인 것이다. 그리고 그들을 둘러싸고 있는 문명사회의 속박으로부터 자유로운 생활을 찾아 도피하려고 애쓰지만 결국은 그들을 얽매고 있는 인간 사회 그 자체를 철저히 외면할 수는 없는 점에서도 그들은 서로 공통된다. 그러나 세상을 보는 눈과 그 감정의 반응에 있어서 두 소년은 사뭇 다르다. 허크가 성인들의 행동이나 주변에서 일어나는 사건들을 좀 더 초연하고 무관심한 태도로 받아들일 수 있는 순박하고 단순한 소년인 데 반하여 홀든은 그를 둘러싸고 있는 허위의 세계에 짙은 환멸과 강한 저항을 느끼며 그가 살고 있는 보다 복잡한 세계로부터 필연적으로 비롯된 보다 복잡한 감정의 와중에 사로잡혀 있는 것이다. 왜냐하면 그는 그가 살고 있는 온통 가짜 얼간이들로 가득한 세계로부터 도피하고 싶은 욕구를 느끼는 동시에, 보다 훌륭한 인간 사회를 막연히 상상해 보며 그러한 세계에 살고 싶은 강한 욕구를 물리칠 수 없기 때문이다.

그는 지겨운 문명사회의 속박으로부터 탈출하기를 열망하면서도 제임스 페니모어 쿠퍼의 주인공들처럼 철저한 자기만의 고립된 생활을 원하지 않는다. 그는 주위의 사람들과의 단절을 느끼면서도 항상 그들과의 인간관계 안에 살고 있는 자신을 발견하며, 초연함을 바라면서도 결코 고립을 바라지 않는다. 홀든의 딜레마는 바로 여기에 있음을 독자들은 이해할 수 있어야 한다.

결국 홀든과 그의 주변의 세계를 연결시켜 줄 수 있는 다리는 그의 마음속에 자리 잡고 있는 인간에 대한 순수한 애정에 호소하는 길뿐이다. 그에겐, 인간 사회를 벗어나지 않으면서 동시에 그의 고립의 세계를 벗어날 수 있는 탈출구를 보여 줄 누군가가 오직 절실히 필요한 것이다. 결국 그 역할을 해 주는 사람이 바로 그의 누이동생 피비다. 피비를 태운 회전목마가 돌아가는 것을 지켜보는 동안 홀든은 그의 고립의 세계가 갑자기 허물어져 내리는 미묘한 쾌감을 느낀다. 그것은 자신의 마음속에 잠재한 가능성이 피비의 순수한 애정의 힘에 의하여 개화하기 시작한 것이다.

어린이들을 위험으로부터 보호하는 '캐처catcher'가 되기를 원하는 홀든이 어린 누이동생 피비에 의하여 자신의 위험으로부터 '캐치catch'되는 마지막 장면에서 독자들은 워즈워스의 '아이는 어른의 아버지'라는 시구를 연상케 하는 소박한, 그러나 의미심장한 아이러니를 느낄 수 있을 것이다. 현대의 미국사회가 가져오는 소외의 위험을 피하는 길을 다른 사람들에 대한 순수한 인간적인 애정에서 찾으려는 샐린저의 소박한 철학은, 생동감이 넘치는 젊은이들의 구어체 언어의 절묘한 구사에 의하여 더욱 맑게 빛이 난다.

수많은 아이들이 즐겁게 뛰노는 호밀 밭에 홀로 우뚝 서서 빨간 사냥모를 뒤로 돌려 쓴 채 언제라도 피처투수의 볼을 받을 준비가 되어 있는 캐처포수처럼 아이들의 모습을 열심히 지켜보는 홀든의 이미지는 이 작품의 산뜻한 언어의 여운과 함께 독자들의 마음속에 오래도록 지워지지 않은 채 남아 있을 것이다.

1973. 3. 『시사영어연구』

E.M. 포스터 E.M. Forster의 『인도로 가는 길 A Passage to India』

20세기 영국 소설을 대표하는 작가 중의 한 사람으로 우리는 제임스 조이스, 버지니아 울프, 조셉 콘라드, D.H. 로렌스 등의 대열에서 E.M. 포스터를 빼어 놓을 수 없다. 그의 마지막 장편이 발표된 후 거의 50년이 지난 오늘날에도 현대 소설의 성장에 기여한 주역 작가의 한 사람으로서 영문학사에서의 그의 중요한 위치는 조금도 흔들리지 않고 있으며 그의 대표적인 몇몇 작품과 특히 그의 소설 작법 이론이 담긴 『소설의 양상Aspects of the Novel』은 많은 소설가와 문학도들의 문학 지침서가 되고 있을 정도이다.

조이스, 울프 등과 거의 동년배로서 포스터는 1879년 1월 런던에서 태어나 톤브리지 스쿨과 케임브리지의 킹스 칼리지에서 수학했다. 대학을 졸업한 직후 그는 1년간 이태리 여행을 했으며 이 이태리 생활의 경험이 초기의 두 장편 『천사들이 발 들여놓기 두려워하는 곳Where Angels Fear to Tread』(1905)과 『전망 좋은 방A Room with a View』(1908)를 낳게 했다. 이 두 장편은 후에 『인도로 가는 길』이 영국인과 인도인들 사이의 미묘한 오해와 불화를 다루고 있듯이 영국인과 이태리인들 간의 문화적인 장벽의 문제를 다루고 있다.

1907년 영국에 돌아온 후 그는 『가장 긴 여행The Longest of Journey』(1907)과 평자에 따라서는 포스터의 가장 훌륭한 작품으로 평가하기도 하며 일반적으로 『인도로 가는 길』에 버금갈 만한 그의 대표작으로 꼽히는 『하워즈 엔드Howards End』(1910)를 발표했다. 불과 5, 6년에 장편을 네 개나 발표한 그의 왕성한 창작력도 약간 주춤해져서, 1912년과 1921년의 두 차례에 걸친 인도 여행 끝에 완성된 그의 다음이자 마지막 장편 『인도로 가는 길』이 출판된 것은 13년 만인 1924년에 이르러서였다. 그러나 그동안 그는 기행문, 사회 문화 비평을 포함한 많은 에세이들을 발표하였다.

1927년에는 케임브리지에서 일반인들에게도 공개되는 문학 강좌인 '클라크 강의'의 초청을 받았으며 이때의 강의 내용을 책으로 만들어 출간한 것이 소설 입문의 필수 교본처럼 평가되고 있는 유명한 『소설의 양상』(1927)이다.

포스터의 소설은 대체적으로 개인 간의 정서적 갈등에 대한 치밀한 탐구로 집약될 수 있다. 자주 언급되는 포스터 소설에 있어서의 사회성 문제는 그의 부차적인 관심의 산물로 보는 것이 옳지 않을까 한다. 그의 작품에 등장하는 인물들은 인간 상호 간의 이해와 우애, 그리고 보다 폭 넓은 경험의 세계를 항상 추구하지만 결국은 인간 사회의 인습에 의하여 좌절되고 마는 유형들이다. 그렇다고 해서 포스터가 도덕론자라는 것은 아니다. 오히려 그는 상식적 의미에 있어서의 도덕성에 반대하는 편에 서는 사람이다. 그는 인간 간의 순수한 이해가 모든 사회적인 금기보다 더욱 중요한 것이며 가장 근원적인 인간의 충동은 서로를 이해하고자 하는 욕구라고 믿는다. 그는 또한 자기 자신의 진정한 본성을 탐구하여 사회의 비난에도 불구하고 굽힘없이 자기의 본성을 추구하는 것이 인간의 의무라고, 그리고 그러한 관점에서 인간의 집단보다는 개개인이 우리의 궁극적인 척도가 되는 것이라고 믿고 있는 것이다. 이러한 그의 사상은 결코 새롭다거나 독창적인 것은 아니다. 그러나 작품 속에서 이러한 사상을 우리에게 전달하고 있는 그의 진지하고 설득력 있는 통찰력은 높이 평가 받아 마땅하리라 생각한다.

포스터의 산문은 비교적 간결하고 경제적인 스타일이다. 설명이 많지 않은 글이다. 그는 어떤 사건에 대하여 우리에게 이야기를 들려주는 것이 아니라 우리로 하여금 그 사건이 일어나는 것을 직접 보고 느끼게 해 준다는 뜻이다. 그는 이미지와 메타포에 섬세한 감각을 지니고 있으며 또한 대화에 대한 — 특히 영국 귀족의 경우 — 탁월한 안식을 보여주고 있다. 그의 소설들은 일반적으로 거의 완벽한 구조를 갖추고 있는 것으로 평가된다. 이 점에 있어서 그는 헨리 제임스처럼 꾸준히 노력하는 장인의 면모를 느끼게 해준다.

포스터에 대하여 불만스러운 점이 있다면 그것은 사물에 대한 모호하고 유보적인 비판적 태도가 아닐까 싶다. 예를 들어 그의 작품 속에서 그가 보여주고 있는 인간 상호 간의 이해의 부족과 편협에 대하여 그는 좀처럼 우리에게 어떤 답을 제시해 주지 않는다.

이와 같은 포스터의 몇 가지 특성들이 가장 잘 나타나 있는 작품이 대부분의 비평가들에 의하여 그의 대표적인 걸작으로 인정되고 있는 『인도로 가는 길』이 아닌가 한다. 이 이야기는 1920년대의 인도의 한 도시 찬드라포어를 무대로 전개된다.

어느 날 저녁 친구들과 식사를 나누고 있던 닥터 아지즈Dr. Aziz는 그가 근무하고 있는 병원의 원장인 오만한 닥터 칼랜더의 급작스런 소환을 받고 급히 병원으로 돌아간다. 그러나 칼랜더는 메시지 하나 남기지 않고 이미 병원을 떠나버린 후이다. 설상가상으로 두 영국 부인들의 모욕적인 처사를 당하고 아지즈는 전형적인 영국인들의 이러한 대우에 분노를 느끼며 마음의 평정을 찾기 위해 사원을 찾아간다. 사원 안에서 만나게 된 미세스 무어Mrs. Moore라는 영국 부인은 모슬렘의 관습을 존중하여 이미 신발을 벗고 있다. 사소한 것이지만 무어 부인의 이와 같은 행동에 아지즈의 마음은 한결 누그러지게 되어서 그는 인도에 대하여 가능한 한 많은 것을 알고 싶어 하는 무어 부인과 공감이 오가는 대화를 나누게 된다.

무어 부인은 찬드라포어의 치안 판사로 있는 아들 로니 히슬로프Ronnie Heaslop를 만나기 위하여 이곳에 온 것이었고, 영국 사람들이 전하는 거죽만의 인도가 아닌 '진짜' 인도를 보고 싶어 하는 로니의 여자친구인 아델라 퀘스티드Adela Questid를 동반해 온 것이다.

며칠 후 영국인 클럽에서 베푼, 동양과 서양의 간극에 다리를 놓자는 취지의 '다리모임'은 인도인들이 클럽 하우스 안에 들어오는 것조차도 허용하지 않는 영국인들의 편협한 오만 때문에 실패로 끝나고 만다. 그러나 아델라는 그 자리에서 거버먼트 칼리지의 학장인 미스터 필딩Mr. Fielding과 진정으로 인도인들을 동정하는 몇몇 영국 사람들을 만나게 된다.

필딩은 아델라와 무어 부인, 그리고 모슬렘인 닥터 아지즈와 힌두인 고드보울Godbole 교수를 자기 집에 초대한다. 필딩과 아지즈는 서로 곧 가까워지게 된다. 파티의 분위기가 부드럽게 익어갈 무렵 무어 부인과 아델라를 폴로 경기에 데리고 가기 위하여 나타난 히스로프는 영국인이 인도 사람들과 함께 어울리는 것을 몹시 불쾌해 한다. 본성은 결코 악하거나 비정적이 아닌 히스로프는 인도인들과 상대하는 동안 성격이 많이 비꼬인 것이다. 아델라는 히스로프의 무례한 언동을 보고 그와는 결코 약혼할 수 없음을 밝히지만 그날 밤 드라이브에서의 가벼운 사고로 둘의 사이는 오히려 다시 가까워지고 그들은 결국 약혼하기로 결심한다. 그러나 아델라는 유명한 마라바 동굴을 보여주겠다는 아지즈의 호의적인 초청을 그대로 수락한다. 마라바 동굴 행은 함께 가기로 한 필딩과 고드보울이 기차를 놓침으로써 시작부터 순조롭게 진행되지를 못한다. 동굴 하나를 겨우 구경하고 나온 무어 부인은 무더운 날씨에다 건강이 좋지 않아져서 동굴 구경을 포기한다. 그녀는 사실 동굴 안에서 북적대는 인도인 하인들과 그녀를 조롱하는 듯한 알아들을 수 없는 공허한 동굴 안의 울림 때문에 야릇한 불안에 싸여 있었던 것이다. 무어 부인이 쉬고 있는 동안 아지즈는 아델라와 다른 동굴을 구경하러 갔다가 잠시 그녀를 놓치고 만다. 그가 아델라를 다시 발견했을 때 그녀는 미친 듯이 언덕 아래로 뛰어 내려가고 있었다. 미스 데레크의 차를 타고 늦게야 동굴에 도착한 필딩은 무어 부인과 아지즈와 함께 다시 찬드라포어로 돌아간다.

　　아지즈가 역에 도착했을 때는 이미 아지즈의 체포령이 내려 있다. 동굴 안에서 아지즈에게 폭행을 당했다고 아델라가 그를 고발한 것이다. 아지즈가 그랬을 리가 없다는 필딩의 주장에도 불구하고 그는 형무소로 끌려가고 만다.

아지즈의 결백을 주장한 필딩은 결국 영국인의 클럽에서 추방당하게 되고 아지즈의 무죄를 확신하는 무어 부인 역시 본국으로 떠나지 않을 수 없게 된다. 동굴 행 이후의 무어 부인은, '존재의 무의미'라는, 동굴 속의 그 알 수 없는 울림에서의 깨달음을 통하여 전혀 딴 사람이 되어 있었던 것이다.

히스로프 자신이 사건에 관련되어 있어 아지즈의 공판이 부판사인 인도인 미스터 다스에 의하여 주관이 되자 재판정에 몰려온 영국인들은 미스터 다스를 위협하려고 한다. 한편 인도양의 위험한 더위 철에도 불구하고 아지즈에게 유리한 증언을 해줄 무어 부인이 인도를 떠났다는 사실을 알게 된 인도인들은 'Esmiss Esmoor 미세스 무어'를 자꾸만 뇌이며, 그 염불을 외우는 듯한 소리는 야릇한 합창이 되어 재판정 밖에서 울려 온다.

드디어 증언대에 선 신경이 극도로 쇠약해진 아델라는 자신의 진술을 번복하고 오히려 아지즈의 무죄를 인정하는 증언을 하고 만다. 재판은 끝났다. 영국인들은 분노에 떨고 아지즈의 변호사는 아델라에게 손해 배상을 요구한다. 그러나 필딩은 아델라를 자기 학교에 피신시키고 이제 반영 감정이 격해진 아지즈를 가까스로 설득하여 아델라에 대한 손해 배상 청구 소송을 취하시키도록 한다.

재판이 끝난 후에야 무어 부인이 항해 도중 갑자기 사망했다는 사실이 알려진다. 그리고 곧 아델라는 히스로프와 파혼하고 본국으로 떠난다.

그로부터 2년 후 아지즈는 영국령領의 찬드라포어를 떠나 힌두교령으로 옮겨 가서 그곳 왕후의 시의侍醫가 된다. 영국으로 돌아간 필딩은 아지즈에게 자주 편지를 보내지만, 필딩이 그의 손해 배상액으로 아델라와 결혼하기 위하여 본국으로 돌아간 것으로 오해하고 있는 아지즈는 그를 용서하지 않는다. 필딩이 결혼한 여자는 아델라가 아니라 사실은 무어 부인의 딸인 스텔라였던 것이다.

힌두교의 축제가 계속되는 어느 날 밤 필딩은 부인 스텔라와 처남 랄프와 함께 아지즈를 찾아오지만 아지즈는 필딩의 결혼에 대한 진상을 안 후에도 계속 그를 냉담하게 대한다.

축제가 끝난 후 아지즈는 필딩과 낯선 시골로 함께 말을 타고 나간다. 그들은 곧 다시 화해를 하게 되고 필딩은 전과 같은 우정을 되찾게 되기를 바란다. 그러나 아지즈는 그들이 인도인과 영국인으로 남아 있을 수밖에 없는 한 그들의 우정은 영원히 그 장벽을 무너뜨릴 수 없는 어쩔 수 없는 숙명을 깨닫는다. 결국 그들은 영원히 헤어질 수밖에 없는 것이다.

이 소설의 제목은 월트 휘트먼Walt Whitman의 「인도로 가는 길」이라는 시의 제목을 그대로 빌려온 것이다. 어떤 의미에서 이 소설은, 문명의 발달에 의하여 하나로 통합이 될 미래의 세계를 예견한 19세기 미국 시인의 소박하고 긍정적인 비전에 대한 아이러니컬한 논평이기도 하다. 휘트먼의 「인도로 가는 길」이 희망과 낙관주의에 넘치고 있다면 포스터의 「인도로 가는 길」

은 절망과 비관주의의 톤을 짙게 깔고 있기 때문이다. 마치 휘트먼처럼 필딩은 이 세계가 "서로 이해하려 노력하고 호의와 교양과 지성의 도움으로 그 일을 해 낼 수 있는 사람들로 이루어진 세상"이라고 믿는다. 그러나 그와 같은 신념은 극히 단순한 하나의 감상에 지나지 않는 것임을 포스터는 누구보다도 더 잘 알고 있다.

초기의 작품에서와 마찬가지로 이 소설에서도 포스터는 개인뿐만 아니라 종족이나 민족 간의 오해와 갈등과 불행을 가져오는 인간 행위의 문제, 특히 인간의 어두운 내면세계의 문제를 다루고 있다. 위에 요약한 줄거리를 통해서도 알 수 있듯이 이 소설의 비극은 종족 간의 또 개인 간의 소통의 붕괴에서 비롯된다. 우리는 이 작품에서 영국인과 인도인 간의 반감과 오해뿐만이 아니라 영국인끼리의 또 인도인끼리의 '연결connection'의 단절을 볼 수 있다. 로니 히스로프는 어머니인 무어 부인의 정신세계를 이해하지 못하며 필딩은 인도인들에 대한 그의 동정적인 태도 때문에 같은 영국인들에게 배척을 당한다. 또한 힌두교도인 신비론자 고드보울 교수는 모슬렘인 이성론자 닥터 아지즈를 구출하기를 거부한다. 종족을 초월한 필딩과 아지즈의 우정도 결국은 그들을 사로잡고 있는 알 수 없는 불가항력의 힘에 의하여 무너져 내릴 수밖에 없는 것이다.

이 소설의 가장 상징적인 그리고 가장 의미심장한 핵은 아마도, 사람들을 혼란 속에 서로 흩어지게 하고 오직 조롱하는 듯한 공허한 울림만을 반향하는 마라바동굴일 것이다. 항상 다른 사람들을 사랑하고 이해하려고 노력하는 무어 부인에게 그 동굴의 울림은 마치 '모든 것은 존재한다. 그러나 가치 있는 것은 아무것도 없다.'라고 말하는 것처럼 들린다. 그 동굴 안에서는 무슨 말을 하든 무의미한 '우 붐ou-boum'이라는 똑같은 반향이 있을 뿐인 것이다. 무어 부인은 그 무의미한 울림에서 인간이란 결국은 홀로일 수밖에 없다는 진리를 깨닫게 된다. 그리고 사람들 사이의 소통의 영원한 단절을 절감하고는 마치 『하워즈 앤드』의 루스 윌콕스처럼 갑작스런 죽음을 맞는다.

인간 간의, 특히 여러 가지 환경이 다른 인간 간의 진정한 이해의 불가능이라는 중심 주제 이외에도 이 소설은 인도에서의 앵글로 인디언Anglo-Indian의 문제, 서양의 기계적인 합리적 사상과 동양의 신비주의 사상의 대립 등의 부수적인 주제들을 다루고 있다.

이 작품에 관심을 가지는 독자라면 '연결connection'의 뜻과 관련지어서 '패시지passage'라는 단어의 의미를 깊이 생각해 보는 것도, 그리고 '모두가 나의 형제All men are my brothers'라고 말할 수 있는, 약하면서도 동시에 강한 아지즈라는 인물의 이름이 A에서 시작하여 Z에서 끝나고 있다는 사실을 음미해 보는 것도 흥미 있는 일이라 생각한다.

1973. 4. 『시사영어연구』

『주홍글자』의 헤스터 프린

　인생을 살아가노라면 현실에서, 역사 속에서, 또는 작품 속에서 우리는 많은 사람들을 만나게 된다. 한번 스쳐가고는 영원히 잊혀져 버리는 사람들, 그리고 우리의 분신처럼 가슴 깊숙한 곳에 자리를 잡고 늘상 우리와 함께 생활을 나누는 사람들.
　그러나 우리의 가슴을 잔잔한 호수의 파문처럼, 때로는 거친 대양의 파도처럼 일렁이게 하고, 멸하지 않는 진한 생명력으로 우리를 신비의 세계에 늘상 머물게 해 주는 사람들은 아마도 작품 속에서 만나보게 되는 주인공들일 것이다. 현실에서 접하게 되는 실제인물들에 대하여 우리는 낭만과 정감에 인색한 습성을 가지고 있는 탓이기도 하겠지만, 작품 속의 주인공들은 우리의 의식 안에 잠재해 있는 여러 가지 가능성을 구현시켜 주는 승화된 인간의 모습으로 우리 앞에 나타나기 때문이리라. 괴테의 롯데, 톨스토이의 안나 카레니나, 입센의 노라, 하아디의 유스타샤, 울프의 램지 부인…… 얼핏 머리에 떠오르는 이들은 모두 이렇듯 승화된 모습으로 우리의 마음을 사로잡는, 좀처럼 잊혀 질 수 없는 그런 여인들이다.
　그러나 내가 가장 아끼는 여주인공으로 나는 별로 주저함이 없이 헤스터 프린을 이야기하고 싶다. 가장 아낀다기보다는 나에게 가장 깊은 감명을 준, 처음으로 인간 정신의 깊숙한 심연을 들여다보게 해 준 여주인공이라는 것이 더 알맞은 표현일 것 같다. 인생에 관한 여러 가지 근본적인 문제, 말하자면 죽음, 사랑, 종교, 원죄와 같은 것에 처음으로 어렴풋이 눈을 뜨기 시작했던 소위 사춘기에 접어들 무렵『주홍글자』를 읽게 되었던 것이 어쩌면 헤스터 프린으로 하여금 나에게 그처럼 강한 인상을 남기게 해 준 가장 큰 원인이었을는지 모른다. 헤스터는 한때는 나의 가슴 깊숙한 곳에 늘 머물러 내 마음을 채우고 있었고 지금은 이따금씩 추억 같은 짙은 여운을 불쑥 되살려주는 그런 여인이다.

나다니엘 호손의『주홍글자』는 19세기 미국소설의 대표적인 걸작으로 널리 알려져 있는 작품이다. 인간의 사랑과 죄의식의 문제를 깊이 다루고 있는 이 이야기는 처음부터 끝까지 어둡고 우울한 비극적 톤으로 마치 전설 같은 애틋한 비장감을 전해준다. 그러면서도 이 작품이 전설이 줄 수 없는 강렬하고 절박한 공감을 우리에게 불러일으키는 것은 딤즈데일, 칠링워스 그리고 더욱이 헤스터와 같은 주인공들의 적나라한 인간적인 참모습 때문일 것이다.

헤스터는 그러나 극히 인간적이면서도 딤즈데일과 칠링워스와는 다른 차원에 서 있는 인간상으로 우리에게 어필한다. 불륜과 사랑에서 비롯된 죄의식으로 몸부림치며 붕괴해 가는 딤즈데일의 처절한 모습과 고뇌나 불타는 복수심에 추악하게 일그러져 가는 칠링워스의 모습을 헤스터에게서는 발견할 수 없다.

헤스터는 자기의 죄를 자신의 '리얼리티'로 확신하며 그녀에게 내려진 형벌을 순교의 결과로 의연히 감수할 수 있는 용기와 지혜와 인내를 지닌 여성인 것이다. 그러면서도 펄을 그녀에게서 빼앗아 가려할 때 '펄은 신이 내게 주신 아이요, 나의 행복이며 동시에 나의 고뇌'라고 미친 듯 절규하는 열정을 보여주기도 한다. 자기의 고뇌를 사랑할 수 있고 더욱이 그것을 행복으로 승화시킬 수 있는 헤스터의 철저한 자기 충실은 매우 인상적이다.

헤스터는 자기 자신에 못지않게 딤즈데일에 대해서도 변함없는 성실을 보여 준다. 딤즈데일이 이미 스스로의 육체와 정신을 가누기 어려운 상태에서 헤스터에게 구원을 호소할 때, 숙명처럼 그녀에게 지워진 주홍글자를 과감히 떼어 던져 버리고는 모자를 벗어 그 탐스러운 머리칼을 내려뜨리며 그곳을 떠나 새로운 생활을 시작하자는 헤스터의 아름다움과 젊음이 넘치는 모습에서, 우리는 사랑의 집념과 그 위대한 힘에 숙연히 머리를 숙이지 않을 수 없다. 결국 딤즈데일과 칠링워스는 그들의 어쩔 수 없는 숙명의 중압감을 이겨내지 못하고 죽고 만다. 그러나 헤스터는 자기의 운명을 스스로 개척해 나가며 그 운명에 충실할 수 있는 삶의 지혜와 용기를 가지고, 불행한 여인들의 슬픔을 함께 나누면서 조용히 일생을 마친다. 용기와 인내와 지혜와 정열을 함께 지닌 이상적인 여인, 그러나 무엇보다도 아름답고 숭고한 사랑의 순교자로서의 헤스터를 우리는 영원히 잊지 못할 것이다. 딤즈데일 옆에 함께 나란히 누운 헤스터는 지금쯤 팀즈데일과 어떤 이야기를 주고받고 있을까. 지나간 고뇌의 추억일까 영원한 사랑의 환희일까. 그들의 조용한 속삭임이 두런두런 들려오는 것만 같다.

1972. 4. 『서울여대학보』

한국문학을 세계무대로

지난 2~3년 동안 우리나라는 경제적으로 많이 부강해진 것이 사실이다. 우리 혼자서만 잘 살게 되었다고 떠들어대는 게 아니라 세계적으로 그 권위를 인정받고 있는 『뉴스위크』나 『타임』지 등에서도 고도 경제성장의 대표적인 예로 우리나라의 경우를 치켜세울 정도로 우리의 국력 신장이 객관적인 정당한 평가를 받게 된 것은 분명 흐뭇한 일이다.

그러나 우리는 그러한 주위의 치켜세움에 들떠서 다소 지나친 자부심에 빠져 있지는 않은지, 다시 말하면 경제적 고도성장이 곧 문화적 고도성장을 뜻한다는 착각 속에 안주하고 있지는 않은지 자성해 볼 필요가 있다. 우리 민족이 지금 외국 사람들의 눈에 클로즈업되고 있는 것은 문화민족으로서의 우리의 전통이나 잠재력이 그들에게 어필해서라기보다는 또 하나의 일본의 출현을 예기케 하는 우리의 '경제 동물적 괴력'에 대한 그들의 경이와 두려움에 가까운 호기심에서 다분히 비롯되었을 것이기 때문이다.

진정한 의미의 국력신장은 경제력 신장의 개화에 머무르지 않고 궁극적으로 문화력 신장의 결실에 이를 때 오직 가능한 것임을 우리는 잘 안다. 오는 5월 스톡홀름에서 열리는 국제 펜 대회에 연례적으로 10여 명의 대표가 참가하리라는 신문 기사를 읽으면서 필자는 문득 세계문화의 널따란 무대에서 우리의 문화력은 지금 얼마큼의 공간을 차지하고 있으며, 얼마큼의 중요한 역할을 해 낼 수 있으며, 또 얼마큼의 평가를 받고 있을까를 생각해 보며 결코 밝은 마음일 수가 없었다.

펜클럽의 한국본부가 세워진 이래 20여 년 동안 수많은 우리의 대표들이 국제대회에 참가하여 또 번역 기구 등을 통하여 우리의 문학을 세계에 알리는 데 많은 노력을 기울여온 게 사실이겠지만 과연 그 노력이 얼마나 진지하고 적극적이었으며 얼마만큼의 실효를 거두었는지는 의문이 아닐 수 없다.

문학을 업으로 삼는 대부분의 외국인들에게 한국은 문학에 관한한 아직도 아프리카 남단의 어느 미개국을 연상케 하는 생소한 이름에 별로 다름 없음이 현실인 것이다. 상당한 수준에 이르렀다고 자부하고 또 자부할 만한 우리 문학이 이처럼 세계무대에서 정당한 평가를 받고 있지 못한 이유는 어디에 있는가.

무엇보다도 정부의 소극적인 문화정책에 우선적인 책임이 물어져야 될 것이다. 펜클럽이나 다른 전문 기관으로 하여금 본격적으로 우리 문학의 번역 사업을 주관, 진행할 수 있게 하고 보다 많은 외국의 문인들이나 문학도들에게 우리 문학을 이해하고 연구할 수 있는 기회를 주고 국내 문학인들의 자유로운 해외여행을 보장하는 등 보다 과감하고 적극적인 정책적 고려와 풍부한 경제적 지원이 있어야 한다.

우리의 문학을 세계에 알리고 이해시키는 일에 종사하는 문학인들 역시 무거운 책임을 느껴야 하지 않을까 생각된다. 예를 들어 국제 펜 대회 같은 모임을 단순한 연례적인 행사로 오직 참가에 그 의의가 있는 아마추어들의 올림픽 경기 같은 것으로 오해한 적은 없는지, 국제무대에서 우리의 문학을 대변하고 우리의 문학수준을 과시할 수 있는 능력과 자질을 갖춘 문학인들이 대표자로 파견되어 왔는지, 즉 대표자의 인선에는 비리가 없었는지, 그리고 그러한 대회에 참가함으로써 무엇을 주고 무엇을 얻어왔는가에 대한 충분한 검토와 논의가 있어왔는지, 한번쯤 반성해 볼 일들이 아닌가 싶다.

1978. 3. 23. 『동아일보』

아이작 B. 싱거의 문학세계

아이작 B. 싱거Isaac B. Singer의 노벨문학상 수상의 소식은 새삼 문학에 있어서 특수성과 보편성의 미묘한 함수관계를 생각케 한다. 싱거는 폴란드의 엄격한 유태교 가정에서 태어나 유태교 신학교에서 교육을 받았으나 랍비유태교의 율법박사가 되는 것을 포기하고 일찍이 문학에 뜻을 두어 처음에는 히브리어로 후에는 이디시어로 소설을 쓰기 시작했으며 1935년 미국에 이주해와 1939년 미국시민으로 귀화한 후에도 주로 이디시어로 작품 활동을 해 온, 말하자면 그는 대단히 특수한 가정적, 문화적, 언어적 배경을 가진 작가다.

대부분의 유태계 작가들의 경우와 마찬가지로 그 역시 유태인들을 주인공으로 유태인의 생활을 주로 그리고 있지만 그의 작품에 자주 나타나는 마법적, 신비적, 전설적 요소는 유태인의 고유한 생활 전통과 종교적 관습에 깊은 뿌리를 내리고 있으며 또한 대부분의 작품들이 이디시어로 직접 쓰여졌다는 점에서 그의 유태계 작가로서의 특수성은 보다 두드러져 보인다.

예들 들어 선의의 두 유태인이 거의 숙명적으로 당하는 피해의 이야기를 기괴하고 마법적인 분위기 속에 담고 있는 『어느 사신邪神의 일기』는 유태교의 복잡한 성서적 배경과 유태민족 고유의 짙은 토속적 체취로써 이질적인 종교적, 문화적 배경을 가진 독자들에게는 대단히 난해하고 생소한 느낌을 주는 것이 사실이다. 그러나 얼핏 악마적 취향에서 비롯된 것처럼 보이는 이 작품의 보다 깊은 의미는 무력한 인간의 범속성에 대한 야유, 인간의 어리석음에 대한 조롱, 운명의 불가해함에 대한 회의라는, 이 작품에 암시된 보다 보편적 진실과의 만남에서 드러날 수 있을 것이다. 그리고 이러한 진실의 토로는 유태인에 대한, 나아가서 어리석고 무력한 인간에 대한 강렬한 연민의 정이라는 보편적 진실의 역설적인 표현으로 이해될 수도 있을 것이다.

그의 「운명」이라는 작품 역시 태어나면서부터 숙명적으로 남편에게서 딸에게서 심지어 개에게서까지 핍박을 받는, 셔우드 앤더슨의 「숲속의 죽음」의 그라임즈 부인을 연상케 하는 베시 골드라는 한 유태인 여자의 비참한 이야기를 담고 있지만 이 작품은 불가항력적인 운명의 힘에 의하여 핍박받는 인간의 모습에 대한 연민의 정을 드러내며 궁극적으로 이 세계와 인간 존재의 불가해함에 대한 회의와 두려움을 암시하고 있다.

인간 실재의 불가해함에 대한 싱거의 집념, 그리고 그 집념이 극화되는 기괴하고 마법적인 그의 작품 분위기는 곧 카프카를 연상케 한다. 「운명」이 수록된 그의 단편집의 제목이 『카프카의 한 친구』라는 사실은 싱거가 카프카로부터 많은 영향을 받았을 것이라는 추측을 충분히 가능케 한다.

카프카의 경우처럼, 싱거의 때로는 기괴스러울 정도의 특수한 작품 세계가 우리에게 인생의 보편적인 진실의 세계를 열어 보이는 데 성공하고 있는 것은 특수한 상황의 인간조건으로부터 보편적 인간조건의 상징을 파악해 내는 그의 예술가적 안식, 즉 특수성과 보편성의 행복한 결합을 이룩한 그의 예술적 성취에 기인할 것이다.

폴란드 태생의 귀화 작가로서 이디시어로 작품을 쓰면서도 1970년과 1974년 두 해에 걸쳐 '내셔날 북 어워드'를 수상하는 영광을 차지했고 미국 예술원의 회원의 위치에 오른 아이작 싱거에게 국제적 성격의 노벨문학상이 주어진 것은 노벨문학상의 의의가 잘 살려진 경우가 아닌가 생각된다.

1978. 10. 6. 『동아일보』

오늘 다시 만나는
세계문학의 주인공
- 허클베리 핀

교실에서 문학 작품 가르치는 일에 종사하는 우리 같은 사람은 세계 문학의 주인공들을 만나는 일을 직업으로 삼고 있다 해도 과언이 아니다. 그래서 나의 경우 영미문학에 등장하는 유명한 주인공들을 원하든 원하지 않든 간에 1년에도 몇 번씩 다시 만나곤 한다. 그러니 새삼 '오늘 다시 만나는 세계 문학의 주인공'이라 해서 어떤 작품의 어떤 인물을 꼭 집어 선뜻 이야기하기가 어려운 것은 오히려 자연스런 반응이 아닐까 싶다. 내가 강의실에서 주로 가르치는 미국 문학의 주인공들, 예를 들어 립 반 윙클, 『가죽 각반 이야기』의 냇티 범포, 『주홍글자』의 헤스터 프린, 『모비딕』의 에이하브, 『허클베리 핀의 모험』의 허크 핀, 『시스터 캐리』의 캐리 미버, 『위대한 개츠비』의 제이 개츠비, 『분노의 포도』의 마 조드, 이 모든 인물들은 가까운 이웃이나 친구처럼 늘상 내 마음의 구석구석에 자리 잡아 내 일상적 삶의 한 부분을 이루고 있는 까닭이다.

그런데 신기한 것은 이 작품의 주인공들을 다시 만날 때마다 그들은 생생히 살아 숨쉬며 새로운 생명체로 거듭 태어난다는 사실이다. 그래서 그들과의 만남은 늘 새롭고 경이롭다. 홀륭한 작품들, 특히 고전이라 불리는 작품들이 오랜 세월을 두고 읽히고 또 읽히면서 그 생명력을 잃지 않는 것은 바로 그런 이유에서가 아닌가 싶다. 위에서 얼핏 열거한 몇몇 인물들은 모두 그런 생명력을 늘 간직하며 새로운 감동을 거듭 불러일으키는 인물들이다. 그러나 이 인물들, 그리고 세계 문학의 다른 주인공들 중에서 허크 핀처럼 다시 만날 때마다 늘상 산뜻한 흥미와 새로운 깨달음과 시쳇말로 신선한 충격을 불러일으키는 인물도 흔치 않을 것이다.

널리 알려진 대로 『허클베리 핀의 모험』은 유명한 『톰 소여의 모험』의 속편격으로 열세 살난 한 천진스런 소년이 미시시피 강을 뗏목을 타고 오르내리면서 겪는 기기묘묘한 모험들을 엮은 이야기다. 그래서 많은 사람들이 이 작품을 TV의 어린이 프로에 만화로나 소개되는 아동소설쯤으로 가볍게 여기거나 한 개구쟁이 소년의 낭만적이고 황당한 모험을 그린 동화 같은 이야기로 치부하고 있는 듯하다. 그러나 그것은 물론 이 소설을 제대로 읽지 않았거나 잘못 읽은 데서 빚어진 오해이다. "모든 현대 미국 문학은 마크 트웨인의 『허클베리 핀의 모험』이라는 한 권의 책으로부터 비롯된다"는 약간은 과장이 섞인 듯한 헤밍웨이의 유명한 말을 곱씹지 않더라도 이 작품은 미국 문학이 낳은 가장 탁월하고 가장 중요한 소설의 하나로 정평이 나 있다.

물론 이 작품에는 황당하고 비사실적으로 보이는 많은 에피소드들이 담겨 있는 것도 사실이다. 그래서 오늘날 이 소설을 다시 읽으면서 우리는 우리가 살고 있는 이 시대와 별로 상관이 없는 19세기 중반의, 마치 동화 같은 먼 나라의 먼 옛날이야기를 다시 읽은 기분을 느끼기도 한다. 아닌 게 아니라 허크가 흑인 노예인 짐과 함께 오르내리는 미시시피 강과 뗏목과 강변이 불러일으키는 그 위태로운 대로의 평화스런 낭만이나 그랜저포드 가家와 셰퍼드슨 가의 반목에 담긴 그 봉건사회의 전설적 분위기를 오늘날의 개화된 미시시피 강 주변에서 기대하기는 어려울 것이다. 그리고 그런 낭만적 모험을 가능케 했던 노예제도 자체가 이미 한 세기 훨씬 전에 사라졌음을 우리는 또한 기억한다. 그럼에도 불구하고 그 장난스럽고 황당하고 낭만적이기조차 한 허크의 동화 같은 세계의 이면에서 우리는 매우 진지하고 사실적이고 음울하기조차 한 현실 세계를 감지하게 된다. 그것은 살아 숨쉬는 생생한 언어로 표현된 한 소년의 편력을 통해서 인간의 본성, 인간관계의 신비, 인간사회, 나아가 미국 사회의 실상과 허상이 의미 깊고 신랄하게 천착되고 있는 까닭이다. 그리고 그 천착은 천진스런 한 소년의 세계를 통하여 이루어짐으로써 역설적으로 더욱 강한 설득력을 얻게 된다.

허크의 눈을 통해 보이는 사람 사는 여러 불가해한 모습들, 이를테면 인간이 인간에게 가하는 잔혹함, 인간의 끝없는 탐욕과 어리석음, 그리고 그것들을 정당화시켜 주는 희화적인 사회제도와 관습, 이런 것들은 오늘 이 시대에서도 우리의 중요한 관심사가 될 수밖에 없다. 허크와의 재회가 늘 새로운 충격과 깨달음을 불러일으키는 것은 그의 모험이 이 같은 삶의 진실과 그것에 대한 의미 깊은 성찰을 담고 있기 때문이다.

이번 학기에도 나는 아마 허크를 다시 만나게 될 것이다. 이 번의 만남에서 허크는 나에게 또 어떤 새로운 깨달음을 가져다 줄지 자못 궁금하다.

1987. 2. 『동서문학』

독서 에세이
- 마크 트웨인의 『이상한 나그네』

좋지 않은 일이나 못된 짓에 사람들은 걸핏하면 개를 빗대어 이야기한다. 빛좋은 개살구니, 개 같은 자식이니, 개판에서 당한 개망신이니, 갖은 못된 것들에는 '개'자가 따라붙기 일쑤다. 그래서 운수 나쁜 어느 날의 오후는 '개 같은 날의 오후'가 되기도 한다. 그래서 지난 번 박나리 양을 유기해 살해한 범인도 '인면수심의 짐승'으로 크게 보도된 바 있다.

하지만 따지고 보면 인간들은 개나 짐승에게 참으로 부당하고 억울한 누명을 뒤집어 씌우고 있는 셈이다. 개가 인간처럼 사람을 배신하고 사기치고, 위선적이고 부도덕한 짓을 골라 하는 것을 본 적이 있는가. 짐승이 인간처럼 어린 아이를 유괴해서 살해하고, 죄없는 사람을 '붉은 방'에 가둔 채 온갖 잔혹한 고문을 일삼는 것을 본 적이 있는가. 나처럼 개나 동물을 유별나게 좋아하는 사람이 아니더라도 조금만 이성적인 생각을 가진 사람이라면 위의 질문들에 곧 '아니오'라고 대답을 할 것이고, 인간의 참으로 비논리적이고 오만하고 부도덕하기까지 한 사고의 오류를 새삼 깨달을 수 있을 것이다. 일찍이 이 조그만 깨달음을 나에게 의미 깊게 전해 준 작품이 마크 트웨인의 『이상한 나그네』라는 소설이다.

　진실은 이처럼 조그만해 보이는 것들, 우리가 잘 알고 있는 듯한 일상적인 느낌과 생각들 속에 감추어져 있는 법이다. 그리고 훌륭한 작가란 이러한 진실을 교묘히 들추어내서 우리에게 공감과 깨달음과 감동까지 곁들여 전달하는 선지자나 예언자 같은 사람이다. 마크 트웨인은 바로 그런 작가의 한 사람이고 그의 『이상한 나그네』는 그런 조그만 진실을 큰 공감으로 깨닫게 해 주는 바로 그런 작품의 하나이다.

　이 소설은 16세기 말의 한 오스트리아 마을을 배경으로, 어느 날 사탄이라는 이름의 한 천사가 나타나 창조주를 연상케 하는 여러 가지 초능력과 마술을 통해서 이 마을의 아이들을 즐겁게 해 주며 사람들의 운명을 마음대로 바꾸기도 하고, 동료의 모함으로 파멸의 곤경에 빠진 신부를 구해 주기도 하고, 시간과 공간을 초월하여 인류 역사의 어두운 현장을 생생히 보여주기도 한다는, 다분히 환상적인 내용을 담고 있는 작품이다.

　마크 트웨인의 많은 소설들이 그렇듯이 이 작품 역시 얼핏 아동소설처럼 보이고 실제로 크리스마스 선물용 아동 도서로 첫 출판된 것이기도 하지만, 작품의 저변에는 인간의 저열한 본성과 한계, 그리고 서구 기독교 문명의 폭력성에 대한 강렬한 풍자와 비판이 깔려 있다. 특히 잔혹하고 비열한 인간의 행위는 '짐승 같은brutal' 것이 아니라 가장 '인간다운human' 것임을 지적함으로써 인간이 개나 짐승보다 더 저열한 동물임을 강조하면서 (개나 짐승은 적어도 나쁜 짓임을 알고 행하지는 않으니까)

무엇보다도 선악을 제대로 구분하지 못하면서도 인간이 늘 지고한 가치로 내세우는 '도덕의식moral sense'의 위선적 맹점을 신랄하게 풍자하고 있다. 그 풍자는 때로 너무 암울하고 자조적이고, 실제로 인생이란 결국 한낮 꿈에 지나지 않는다는 극단적인 허무주의와 손을 잡기도 하지만, 이 소설에서 트웨인이 궁극적으로 전하려는 메시지는 그런 인간 본성의 한계와 서구 문명의 위험에 대한 깨달음과 그 극복에의 노력일 것이다.

이 소설이 편집되어 출판된 것은 마크 트웨인이 죽은 후인 20세기 초엽에 이르러서였지만 실제로 쓰여진 것은 그가 당시 미국의 산업 사회와 서구 기독교 문명과 인간의 본성에 대하여 깊은 회의와 비관주의에 빠져가던 19세기 말 무렵으로 추정되고 있다. 이제 19세기의 암울한 '세기말'로부터 한 세기가 지난 후 또다시 '세기말'의 위기에 직면하여 이 작품을 다시 읽으면서 우리는 마크 트웨인의 풍부한 예술적 상상력과 깊은 철학적 형안에 새삼 놀라게 된다. 이 작품을 통하여 점점 더 기계화되어가는 인간 부재의 산업사회와 더욱더 폭력화해가는 서구 문명의 한계, 무엇보다도 이러한 것들을 끊임없이 조장하는 위선적이고 부도덕하고 비열한 인간 본성에 대하여 마크 트웨인이 울리고 있는 예언적 경종은 바로 20세기 말의 우리 자신을 향한 것일 수도 있기 때문이다.

1997. 10. 13. 『대학신문』

아직도 생생한 그 묵시적 충격
- 버지니아 울프의 『등대로』

'다시 읽고 싶은 글'이라면 과거 어느 한 때 감명 깊게 읽었던, 그래서 그 감명을 독자들과 다시 한번 함께 나누고 싶은 그런 글이나 책을 말하는 것이겠지요. 많은 문학 작품들을 읽고 연구하고 가르쳐야 하는 저 같은 문학 접장들에게 그런 책 하나를 꼭 집어 골라보라는 것은 난감한 일이 아닐 수 없습니다. 제가 읽은, 그리고 읽어야 했던 많은 작품들은 대부분 감명 깊고 때로는 아주 감동적이기까지 했으니까요. 하지만 영문학을 공부하고 가르치는 문학도로서의 저의 생애에 가장 큰 영향을 준 작품을 꼽아보라면 저는 주저없이 버지니아 울프의 소설을 들고 싶습니다.

제가 처음 울프의 글을 접한 것은 대학교 2학년 때, '현대영소설' 과목 텍스트인 『등대로』라는 소설을 통해서였습니다. 『등대로』를 처음 읽었을 때의 그 충격이 50년이 다 된 지금도 생생하게 되살아납니다. 그 충격은 일차적으로 갓 1학년을 마친 저의 영어수준으로는 도저히 감당하기 어려운, 한없이 긴 문장으로 이어지는 난삽하고 복합적인 표현기법에서 온 것이었습니다. 그때까지 읽어본 과거의 전통적인 소설은 물론 그 당시 유행하던 실존주의 소설의 산문과도 전혀 다른 아주 낯선 스타일이었지요. 또 하나의 충격은 작품의 내용을 제대로 이해하지 못함에도 불구하고 그 낯선 스타일이 주는, 마치 시를 읽을 때 같은 미묘한 운율의 쾌감, 그렇게 그려진 낯선 세계로 저도 모르게 깊이 빠져들게 하는 강력한 흡인력, 그리고 아! 소설이라는 걸 이렇게 쓸 수도 있구나 하는 묵시적인 깨달음이었습니다. 그때는 그처럼 낯설고 새로워 보였던 그 실험적 요소들이 이제는 우리에게 익숙해진 이른바 '의식의 흐름'의 기법이었던 것입니다.

아시다시피 20세기 초 서구 모더니즘의 한 가지에서 개화한 '의식의 흐름' 소설은, 현대소설에서 진실로 중요한 것은 외부적 사건이나 인물의 객관적 행동 그리고 그것들에 기초한 플롯이나 이야기의 꾸밈이 아니라, 마음의 표면 아래서 부단히 흐르는 혼란스럽고 비논리적인 주관적 의식세계, 그 내면적 심리과정을 어떻게 가능한 한 충실하게 묘사하고 그 상징적 의미를 증류해 내느냐 임을 애써 강조하는 소설이라 할 수 있습니다. 그래서 『등대로』는 소설의 진행과 구성을 전통적 의미의 플롯이나 스토리보다는 내부독백, 자유연상, 시적 상징 등의 새로운 기법에 더 의존함으로써 독자들을 아주 낯선 세계로 인도할 수 있었던 것이지요.

『등대로』가 저에게 준 충격은 일회성으로 그치지 않고 울프에 대한 저의 관심을 계속 키워갔던 것 같습니다. 그래서 4학년 때는 이양하 선생님의 '『댈러웨이 부인』 강독'을 수강하면서 울프의 다른 작품들도 열심히 구해 읽었고, 결국 울프로 학사논문을 쓰게 된 것입니다. 그 당시에는 학사논문의 비중이 요즘과 달리 아주 컸었지요. 대상 작가로 울프를 선택한 것은 울프에 대한 애착만이 아니라 어려운 작가에 도전해 보겠다는 젊은 시절의 치기나 오기 때문이기도 했을 겁니다. 요즘은 문학 좀 한다는 사람치고 모르는 사람이 없을 만큼 울프의 이름이나 주요 작품들이 일반 대중에게도 널리 알려져 있지만 그 당시만 해도 울프는 우리나라에는 거의 알려지지 않은, 접근이 아주 어려운 난해한 작가로 치부되고 있었으니까요.

하여튼 울프와의 이런 인연은 대학원 시절까지 계속 이어져서 석사논문 역시 울프 소설의 문체와 기법을 주제로 다루게 되었습니다. 그 후 곧 대학 강사로 출강하기 시작했으니 울프는 문학 선생으로서의 저의 생애에 결정적인 계기를 마련해 준 은인이었던 셈이지요. 하지만 얼마 후 저는 미국 유학을 떠나야 했고 기왕에 미국에서 공부를 하려면 미국문학을 전공하기로 마음을 굳혔습니다. 그렇게 해서 저는 배은망덕하게도 울프를 저버리고 울프와 차츰 멀어져 갔던 것입니다.

하지만 지금도 울프의 잔상은 첫사랑의 연인처럼 제 마음속에 아련히 남아 있습니다. 그리고 『등대로』의 그 충격은 아름다운 추억으로 이따금 불쑥 되살아나곤 합니다. 이야기가 나온 김에 내일이라도 당장 『등대로』를 다시 꺼내 읽어야 할 것 같습니다.

2007. 9. 『문학의 집·서울』

8

논문 같은 좀 긴 몇 편의 글

한국 여성문학의 선구자
― 소영 박화성素影 朴花城의 삶과 문학

　자식이 부모에 관하여 무슨 이야기를 한다는 것은 아주 조심스러운 일이 아닐 수 없다. 한편으로는 부모님에게 무례를 범하는 실수나 하지 않을까, 다른 한편으로는 독자나 청자에게 객관적으로 공정하고 정확한 정보를 전달할 수 있을까 줄곧 마음이 쓰일 것이기 때문이다. 더구나 한 예술가로서의 어머니의 삶의 사사로운 이야기와 그 작품 세계에 대한 평가를 아우르도록 청탁받은 필자의 경우 그 조심스러움이 어때야할지 독자 여러분들은 충분히 이해할 수 있으리라 믿는다. 편집자의 청탁을 물리치지 못하고 얼떨결에 수락하고만 죄로 그 어려움을 감수하며 몇 자 적어야겠는데, 어머니의 문학에 대한 전문적인 연구자가 아닌 필자로서는 아무래도 어머니의 문학 자체에 대한 설명이나 평가보다는 예술가로서의 혹은 인간으로서의 어머니의 삶에 관한 이야기에 더 무게를 두고 그 삶과 연관 지어 어머니의 문학에 관해 잠시 언급하는 것이 좋을 듯하다.
　금년 2004년은 탄생 100주년을 맞는 몇몇 문인들을 기리는 문학행사들이 풍성하게 열려 문학계로서는 매우 활발하고 의미 깊은 한해가 되었던 것 같다. 어머니를 포함하여 이육사, 박

용철, 이양하, 이태준, 계용묵이 그 주인공들인데 어머니의 경우도 서울과 목포에서 여러 가지 행사를 푸짐하게 치루었다. 서울에서는 '문학의 집'의 '음악이 있는 문학마당' 행사에 이어 민족문학작가회의와 대산문화재단 공동주최의 '어두운 시대의 빛과 꽃' 기념문학제, 그리고 한국소설가협회가 주최하고 한국문화예술진흥원이 후원한 '박화성 선생의 문학과 역사의식' 기념세미나와 박화성 문학전집 전 20권 간행 봉정식이 열렸고, 고향인 목포에서는 문화관광부와 목포시 주최로 '박화성 탄생 100주년 기념사업추진위원회'가 결성되어 '박화성 추모의 밤'을 시작으로 '박화성 유작 선상발표회', '박화성 문학 심포지움', '헐어진 청년회관 청년토론회 및 현판식', '박화성 흉상 및 문학기념비제작' 등 수많은 행사가 아직도 진행 중에 있다. 이들 몇몇 행사에서 필자는 유족의 자격으로 어머니에 대한 이런저런 회고담을 발표한 바 있는데 이 글도 비슷한 내용의 그런 회고담이 되지 않을까 싶다. 이제 어머니를 개인적으로 직접 잘 아는 사람들의 수효는 점점 줄어들어만 가서, 이름으로만 혹은 작품을 통해서만 어머니를 기억하는 젊은 작가들이나 독자들에게 유가족의 이런 회고담은 그 나름으로 중요한 의미를 지닐 수 있으리라는 생각을 감히 해보기도 한다.

작가를 닮은 엘리트 주인공들

어머니가 어떤 사람이었는지 그 특징을 가장 잘 요약해 표현할 수 있는 말을 골라보라면 그것은 아마도 남다름, 범상치 않음, 이런 말이 되어야 할 것 같다. 물론 모든 작가나 예술가는 어느 정도 비범한 사람임에 틀림없지만 어머니의 경우는 그 정도가 좀 더 예외적이 아니었나 싶기 때문이다. 자랑부터 늘어놓는 듯해서 좀 쑥스럽지만 첫째 어머니는 머리가 비범하게 좋으셨다. 어려서부터 신동소리를 들으면서 너댓 살에 이미 한글은 물론 천자문도 깨치고 소학교에서는 계속 월반을 하며 10세 때는 화성花城이라는 아호를 스스로 지어 첫 소설을 쓰고 14세에 숙명여고보를 졸업한 후 곧 천안공립보통학교 교사가 된 사실만으로도 어머니의 지적 우수성은 충분히 증명되고 남을 만하다. 어머니는 대학 진학을 위하여 만학으로 숙명여고보 신학년제 4년을 다시 다녔는데 평균 98점이 넘는 졸업성적은 아직도 그 기록이 깨어지지 않은 것으로 알고 있다. 어머니 자신이 지적 우수성을 얼마나 강조했는지는 자서전 『눈보라의 운하』와 자전적 소설 『북국의 여명』에 언급되는 결혼상대의 조건, 즉 어머니나 백효순이 내세우는 남편감의 조건에 잘 드러나고 있다. 그것은 첫째 머리가 좋아야 할 것, 둘째 사랑할 수 있는 사람이어야 할 것, 셋째 자신이 존경할 수 있는 사람이어야 할 것으로 되어 있다. 실제로 어머니의 두 남편은 그런 조건을 어느 정도 갖추었던 것으로 판단된다.

지적 우수성에 대한 이런 강한 엘리트 의식은 어머니의 작품에 면면히 반영되어 나타나고 있다. 어머니의 작품에 등장하는 주인공들은 남녀를 불문하고 거의 예외 없이 지적으로 매우 우수한 엘리트들이다. 일반적으로 어머니 문학의 가장 핵심적인 부분으로 평가되는 1930년대 일제 강점기시대의 이른바 신경향파적, 동반작가적 작품들에는 특히 지도적인 인물로, 예컨대 「하수도공사」의 정, 「비탈」의 정찬, 「신혼여행」의 준호, 『북국의 여명』의 김준호 등 고등교육을 받은 지적엘리트들이 대거 등장한다. 물론 사회의 구조적 모순을 해결할 이론 투쟁가로서의 이러한 지도적 인물의 등장은 1920-30년대 프롤레타리아문학의 한 정석적 특징이라고 볼 수 있지만 어머니의 경우는 프로문학이 쇠퇴한 이후, 그리고 해방이후 말년의 작품에 이르기까지 지적 엘리트 주인공을 꾸준히 등장시키고 있다. 기실 어머니가 1920년대 일본여자대학 유학시절 당시 일본의 지식인 사회에서 유행하던, 이론투쟁을 강조하는 이른바 복본주의福本主義식 사회주의 사상에 몰입하여 영향을 받은 것도, 그래서 귀국 후 동반작가적, 프로문학적 작품을 주로 발표하게 된 것도 어머니의 그 지적 우수성에 대한 집념과 선민적 엘리트의식에서 비롯되었다고 볼 수 있을 것이다.

눈보라의 운하를 헤쳐 온 강한 의지력

어머니의 비범함이 두드러지는 두 번째 특성은 강한 의지력이다. 곱고 정갈하게 단장하기를 좋아하는, 그리고 음식솜씨 좋은 살림꾼으로 소문난 여성적인 모습에도 불구하고 어머니에게서 어딘가 남성적인 분위기가 면면히 느껴지는 것은 바로 그 강한 의지력 때문이 아닌가 싶다. 실제로 어머니는 여류소설가, 여류문학이라는 그 '여류' 딱지에 항상 강한 불만을 토로하며 남성작가와 꼭 같은 대접을 받고 꼭 같은 조건에서 경쟁할 수 있기를 바랐다. 김문집이나 안회남 같은 이가 어머니의 작가적 자세에서 이러한 탈여성성 혹은 남성성을 읽어낸 것은 아주 적절한 평가였다고 생각한다. 여하튼 어머니의 강한 의지력은 일생을 통하여 어머니의 삶의 축을 이루어왔고 어머니 특유의 문학세계를 일구어 내는 초석이 되었다 해도 지나침이 없을 것이다.

어머니의 비범한 의지력은 10대에서 20대에 이르는 배움의 과정에서 이미 확연히 드러나고 있다. 어머니는 아주 어려서부터 이미 나라와 민족을 위한, 보다 구체적으로는 나라의 독립을 위한 훌륭한 일꾼이 되기를 결심하고 그러기 위해서는 열심히 배워야 한다고 굳게 믿었던 것 같다. 12세의 어린나이에 멀리 아무 연고도 없는 서울의 정신여학교로 유학을 떠나고 한 학기 후 미션계인 정신여학교의 구속적인 교육환경이 싫어 부모 몰래 숙명여학교로 전학한 일, 숙명여학교를 졸업하고 7년간 보통학교와 중학교의 교사로 근무한 후 대학진학을 위하여 23세라는 늦은 나이에 다시 신학제 숙명여학교에 편입한 일, 그리고 졸업과 함께 일본여자대학에 입학함으로써 대망의 동경유학의 꿈을 실현한 일 등은 범상한 의지력으로는 결코 가능할 수 없었을 일들이다. 어머니의 의지력을 다시 한번 시험대에 오르게 한 것은 일제의 한글 탄압이 강화되고 우리작가들이 일본어로의 집필을 강요받기 시작한 1930년대 후반의 심각한 상황이 아니었던가 한다. 당시에 활발한 문학활동을 하던 대부분의 중견작가들이 그러한 상황을 운명처럼 받아들여 결과적으로 일제의 정책에 동조함으로써 오늘날 친일작가의 멍에를 쓰게 된 반면 어머니는 감연히 붓을 거두고 해방이 될 때까지 작품활동을 중단하였던 것이다. 어머니가 작품활동을 중단한 것은 1930년대 후반, 재혼과 계속되는 출산과 자녀의 양육과 큰 살림꾸리기라는 신상변화의 영향도 없지 않았겠지만 그보다는 당시 어머니 문학의 핵심이랄 수 있는 비참한 식민지 현실의 고발과 비판을 점점 더 어렵게 만들고 더욱이 일본어 글쓰기를 강요하는 일제의 억압상황에 대한 강한 저항의 표시였을 가능성이 크다. 그리고 그러한 상황에서 그러한 결단을 내리고 실천에 옮기는 것은 비범한 의지력을 필요로 하지 않을 수 없었을 것이다.

해방 후 1950년대 아버지의 사업 실패로 집 한 채 남지 않은 파산상태에 이르렀을 때 한국일보의 『고개를 넘으면』을 시작으로 계속 신문 연재소설을 집필하면서 아버지의 병구완을 하고 고등학생, 대학생이던 우리를 공부시키고 집안의 생계를 맡아 꾸려간 일, 1960년대 그러한 과로의 결과로 얻었음에 틀림없을 위암 수술 후에도 20년 가까이 투병과 집필활동을 꾸준히 계속한 일 등은 어머니의 남다른 의지력이 아니면 불가능했을 것이다. 그러나 어머니의 강한 의지력의 가장 돋보이는 상징물은 아마도 반세기에 걸쳐 꾸준히 기록한 일기장이 아닐까 한다. 나의 기억으로 어머니의 일기 쓰기는 해방 후부터 타계 직전 의식을 놓는 순간까지 하루도 빠짐없이 계속되었다. 1950년 육이오 사변 때 서울에서 목포까지 걸어가야 하는 고통스런 피난길에서도 어머니는 일기쓰기를 중단하지 않았다. 김제에선가 헛간 같은 토방 한구석 반딧불처럼 희미한 초롱불 밑에서 새우처럼 몸을 웅크리고 일기를 쓰던 어머니의 모습이 지금도 한 폭의 성상화처럼 눈앞에 선연히 떠오른다. 갓 글자를 배운 어린아이의 필체처럼 글자의 형태를 제대로 갖추지 못할 정도로 흐트러진 필체로 쓰여진, 의식이 떠나는 마지막 순간의 기록물은 지금 목포 박화성문학기념관 진열장에서 '의지의 화신' 같은 숙연한 모습으로 방문객을 맞고 있다. 어머니는 그처럼 강인한 의지력으로 험하고 거친, 어머니 자신의 표현을 빌려 "피와 땀으로 이룬 그 길고 먼 눈보라의 운하"를 항해해 온 것이었다.

단호한 솔직함과 사회비판정신

'남다름'이 두드러지는 어머니의 또 하나의 특성은 결벽하고 솔직한 어머니의 성격이다. 그 결벽성 혹은 명징성은 어머니를 때로는 완벽주의자로 때로는 고행하는 수도자로 만들어서 적당히 타협하며 살아가야 하는 세속적인 사회생활을 어렵게 만들 때도 없지 않았을 것이다. 어머니의 결벽성은 잘못 쓴 원고지를 일일이 칼로 긁거나 오려 내고 그 자리에 새 원고지를 풀칠해 붙여 쓰는 원고지 작성 습관에서처럼, 그리고 주름진 손 모습을 보이기 싫어 외출하거나 손님을 맞을 때 한 여름에도 꼭 흰 장갑을 끼던 습관에서처럼, 때로 극단적으로 드러나는 경우도 있다. 어머니의 솔직함 또한 호오의 감정을 분명히 드러냄으로써 어머니로 하여금 대인관계에서 오해를 받거나 손해를 보게 하는 경우가 없지 않았고 그런 비정치적인(?) 성격 때문에 중앙문단으로부터 소외감을 느끼게 하는 경우도 적지 않았을 것이다. 그러나 어머니의 결벽성과 솔직성에는 어떤 단호함이나 엄격함이 있었다. 그리고 그러한 단호함과 엄격함은 불의나 비리나 부정을 묵과하지 않는 사회비판 정신으로 자연스럽게 연결되었다고 생각한다. 일찍이 신문칼럼을 통하여 권력자들의 무기휴대자격을 비판하고 최영오 일병 자살사건의 문제점을 고발하는 등 어머니가 몇몇 필화사건으로 고초를 겪은 것은 바로 이 단호한 비판정신의 업보(?)였던 것이다. 어머니는 항상 불의와 비리와 부정의 희생자들인 사회의 약자들 그리고 부당한 지배구조의 피억압자들 편에 서서 그들을 옹호하고 대변하는 일을 게을리 하지 않았다. 어머니의 작품, 특히 해방 전 일제 강점기 시대의 작품에서 우리가 지주나 권력자에 의하여 착취당하고 식민지 지배 상황하에서 억압당하는 가난하고 무력한 농민, 노동자, 여공 등 수많은 사회의 약자들을 만나 볼 수 있는 것은 결코 우연이 아니다. 어머니가 한때 사회주의 사상에 몰입하고 프롤레타리아문학에 동조하게 된 것은 일제하의 어려운 시절 어머니의 단호한 그 사회비판정신의 필연적인 선택이었을 것이기 때문이다.

인간 박화성과 작가 박화성

어머니의 인간적인 특성이나 삶의 자취를 이렇게 되새겨 보니 어머니는 참으로 솔직한 작가였다는 생각이 든다. '글은 사람'이라는 진리를 새삼 확인케 하고 모든 문학작품은 일종의 자서전이라는 말을 되새겨 보게도 한다.

한 작가의 삶의 체험이 작품 세계에 얼마나 큰 영향을 미치는가는 재론의 필요가 없는 이야기이다. 정도의 차이는 있겠지만 대부분의 문학작품에서 작자의 자전적 요소를 쉽게 찾아 볼 수 있는 것은 그런 까닭이다. 얼핏 머리에 떠오르는 몇몇 주요작가들, 예컨대 죠셉 콘라드, D. H. 로렌스, 제임스 조이스, 시어도어 드라이저, 어네스트 헤밍웨이, F. 스콧 피츠제럴드 등의 작품에서 우리는 작가 자신의 짙은 체험을, 그 체험에 밀착되어 있는, 작가를 많이 닮은 주인공들을 자주 만나게 된다. 어머니의 작품 속에서도 어머니를 닮은 등장인물들을 우리는 수없이 만난다. 민중을 계도하는 위치에 서서 강한 소명의식을 느끼는 지적우수성을 갖춘 엘리트들, 그런 소명의식과 사명감으로 투쟁을 계속하거나 어려운 역경을 이겨내며 개혁적인 새로운 삶을 개척해 나가는 의지력이 강한 인물들, 사회의 약자나 억압받는 자들의 편에 서서 사회의 불의와 비리를 고발하고 비판하는 단호한 솔직함을 지닌 인물들, 이들은 어머니의 여러 측면의, 그러나 일관된 모습을 보여주는 어머니의 분신 같은 인물들이다. 특히 자서전적 성격이 아주 강한 『북국의 여명』과 『벼랑에 피는 꽃』의 여주인공 백효순과 현석란은 어머니 스스로가 의도적으로 그려 보이고 싶은 어머니 자신의 자화상이라 해도 과언이 아닐 것이다.

어머니문학의 이러한 자서전적 요소에 주목해 보면 어머니는 한 사람의 예술가로서보다는 나라와 민족을 위한 한 일꾼으로서의 작가적 사명감을 더 강하게 의식했으리라는 생각이 든다. 실제로 작가 박화성은 인간 박화성이 지향했던 현실적 삶을 문학적으로 형상화하여 증류해 내는 일을 가장 중요한 과업으로 삼았을 것이다. 어머니의 삶과 문학의 이러한 교합과 일치는 어머니가 한 인간으로서 또한 한 작가로서 얼마나 성실하고 솔직한 삶을 살아왔는가를 잘 보여준다. 또한 어머니의 삶과 문학의 이러한 밀착이야말로 어머니 문학의 최대의 강점이자 동시에 한계점이 아닌가 생각된다. 그것은 어머니의 삶의 계몽주의적, 이상주의적 요소가 어머니 문학의 예술적 사실성을 성공적으로 수용하는 데는 한계가 있을 것으로 판단되기 때문이다.

재평가가 이루어져야 할 두 가지 문제

이제 필자의 이야기를 마무리하면서 두 가지 문제만 잠깐 언급하고자 한다. 그 첫째는 어머니의 해방 전의 작품과 해방 후의 작품의 연속성에 관한 문제이다. 필자는 어머니의 문학이 해방 전 사회비판적인 프롤레타리아 문학적 성향으로부터 해방 후 남녀의 애정 윤리 문제를 주로 다루는 대중문학적 성향으로 바뀌었다는 일반적인 견해를 매우 안이하고 피상적인 평가라고 생각한다. 물론 해방 전의 일제 식민지 현실과 해방 후의 남북 분단이라는 시대적 상황의 변화, 서정자 교수가 최근 의미 깊게 지적한 바 있는, 해방 이후 민감한 사상적 문제에 대한 어머니의 자의식, 이러한 것들이 작품 소재의 선택과 표현기법의 측면에서, 그리고 현실 대응의 강도에 있어서 상당한 변화를 가져 온 것은 사실이다. 그러나 필자가 위에서 어머니의 삶과 연관지어 살펴 본 어머니 문학의 핵심적 특성, 즉 지적 우수성과 강한 의지력을 갖춘 선민적 인물의 삶을 통해 드러내는 계몽주의적, 이상주의적, 현실 비판적 작가정신은 처음부터 끝까지 집요한 일관성을 유지하고 있다고 보아야 할 것이다.

두 번째 문제는 어머니의 문학 활동의 제2전성기라고 볼 수 있는 1950, 60년대에 발표된 수많은 장편소설들이 정당한 근거 없이 오직 신문 연재소설이라는 이유만으로 대중소설 심지어 통속소설로 과소평가되어 온 점이다. 어머니의 문학을 진지하게 연구하는 몇몇 학자나 비평가를 제외하고 과연 얼마나 많은 비평가나 학자가 그 시기의 어머니의 작품들을 제대로 읽어보기나 했을지 매우 의심스럽다. 또한 김동윤이 『신문소설의 재조명』에서 적절히 지적하고 있는 1950, 60년대의 신문 소설의 의의, 지금과는 아주 다른, 즉 전작 장편 출간의 어려움, 문학작품의 한정된 발표 지면, 얇은 독자층 등의 어려운 상황에서의 신문소설의 문학사적 의의와 중요성을 과연 고려해 보기나 했을지 의문이다. 이처럼 공정하지 못한, 특히 학자나 비평가로서 매우 안이하고 무책임한 그런 편견에 어머니는 강한 불만을 토로하곤 했다. 실제로 그 시기에 어머니가 심혈을 기울여 썼노라고 강조하고 있는 많은 작품들, 예컨대, 『고개를 넘으면』, 『사랑』, 『벼랑에 피는 꽃』, 『내일의 태양』 등은 문학적 완성도가 상당히 높은 수준에 이른 역작들이라고 감히 말할 수 있을 것이다.

이제 글을 마치면서 주요 작가들의 탄생 100주년을 기념하는 금년의 이런 문학행사들이 일회용 전시행사에 그치지 않고 우리 문학의 주요 작가들에 대한 보다 심층적이고 근본적인 진지한 연구로 이어질 수 있기를 간절히 바란다. 끝으로 이 글을 쓰는 데 초당대학교 서정자 교수의 많은 글들의 도움을 받았고 이화여자대학교 김미현 교수의 100주년 기념문학제 발제문을 참고했음을 밝혀 둔다.

2004. 12. 『문학사상』

개인과 집단, 그 갈등의 현장
- 윤흥길의 『묵시의 바다』와
  박영한의 『머나먼 쏭바강』

개인과 사회, 개인과 집단의 역학 관계에서 비롯되는 긴장과 갈등의 문제는 현대 소설의 가장 중요한 주제의 하나인 것처럼 보인다. 그것은 오늘의 우리 문학의 경우에 있어서도 예외가 아니다. 사회 양상의 급격하고 복합적인 변화와 그 변화에 대처해야 하는 개인의 생존의 문제가 그 어느 때보다도 더 절실해진 오늘날 궁극적으로 인간의 본질을 탐구하는 문학이 이 문제에 깊은 관심을 보이는 것은 극히 당연한 귀결일 것이다. 최근 한 원로 작가와 일군의 젊은 비평가들 사이에서 벌어진 논쟁도 이 개인과 사회라는 근원적인 맥락에서 진지하게 검토될 때 더욱 생산적인 결실에 도달될 수 있지 않을까 생각된다. 본고에서 언급할 윤흥길의 『묵시의 바다』와 박영한의 『머나먼 쏭바강』 역시 그들이 다루고 있는 경험 세계의 이질성에도 불구하고 궁극적으로 '개인과 집단'의 함수 관계를 탐구하고 있다는 점에서 공통점을 보여 준다.

『묵시의 바다』는 돌개라는 서해안의 한 벽촌을 배경으로 일어나는 개인과 개인 간의, 개인과 집단 간의 짙고 절박한 갈등을 담고 있는 소설이다. 자의반 타의반으로 돌개를 찾아 온 분교 교사인 이상덕, 이상덕과는 가장 가까우면서도 그와의 접촉에서 미묘한 심리적 갈등을 일으키는 대학 제적생인 전투 경찰 고동욱, 그것이 헤프다 해서 부정의 상징처럼 마을 사람들로부터 따돌림을 받는 노처녀 금순네, 흑막에 가린 과거와 기괴한 행적의 삶으로 역시 마을 사람들의 경원의 대상이 되고 있는 돌팔이의사 김진봉, 이들은 그 그늘의 짙고 옅음의 차이는 있겠지만 "대낮이 분명한 데도 응달 속에 들어 있는" 인간들이다. 어느 날 돌개 분교에 박경화라는 젊은 여선생이 새로 부임해 오면서부터 이 마을을 짓누르고 있는 음험한 비밀들이 드러나기 시작한다.

돌개는 분교의 일개 교사의 신분이면서도 마을 사람들로부터 교장선생님으로 불리는 배 선생이라는 절대 권력자가 군림하고 있는 소왕국 같은 곳이다. 배 선생은 통치자로서의 거드름을 결코 표면에 내세우는 일은 없지만 돌개의 지역 개발을 위하여 놀랄 만한 업적을 세움으로써 마을 사람들의 우상이 되어 있는 인물이다. 그는 박 선생이 처음 부임해 온 날 그녀에게 돌개의 두 사람과는 접촉을 피하도록 경고한다. 그 두 사람은 금순네와 김진봉이다. 그는 처음에는 마을의 기강을 바로잡기 위하여 행실이 좋지 않은 것으로 소문이 난 금순네를 마을에서 강제로 쫓아내려 하며 나중에는 마을의 명예를 위하여 씨받이로 떠나려는 금순네를 떠나지 못하도록 한다. 그는 또한 석포천 제방의 땅을 내어 놓기를 거부함으로써 그의 간척 사업 계획에 차질을 빚게 하는 김진봉을 마을 생활로부터 고립시키는 데 성공한다. 이러한 배 선생의 무언의 압제에 이상덕과 고동욱은 반발을 느끼면서도 그 반감을 행동으로 표현하지는 못한다. 그러던 어느날 마을 처녀를 팔아 먹었다고 김진봉을 규탄하는 마을 사람들의 횃불 모임에서의 김진봉의 끔찍한 자해행위에 충격을 받은 박경화는 김진봉이라는 인간의 비밀에 깊은 관심을 가지게 되고 그 "저주받은 영혼을 구하기" 위하여 결국은 그를 사랑하기에 이른다. 박경화는 곧 마을 사람들의 지탄을 받아 동맹 휴학을 일으키는 결과를 초래하고, 김진봉과의 내통을 이유로 분교 사환의 자리에서 밀려 난 송 군은 배 선생에게 상해를 가하는 난동을 부림으로써 사태는 파국을 향하여 점점 악화되어 간다. 배 선생이 웅포의 병원에서 돌개로 돌아온 후 잠잠하던 마을은 다시 활기를 띠고 비바람이 몰아치던 어느날 밤 쇠스랑과 낫을 걸머쥔 마을 사람들의 무언의 횃불 행렬은 석포천을 향한다. 석포천 제방의 김진봉의 땅을 허물어뜨린 후 그들은 김진봉을 잠선폭포 쪽으로 서서히 몰아 그를 결국 폭포 절벽 너머로 몸을 날려 자결케 한다. 이 소설은 김진봉의 죽음의 진상을 고발하러 웅포로 떠나는 이상덕과 이 모든 비극을 예감하여 자살을 결심하고 바다로 나온 금순네를 해안 경비 중 오발로 쏘아 쓰러뜨린 고동욱이 부상당한 금순네를 웅포로 떠메고 가면서 미로소 돌개의 주민으로서의 소속감을 느끼는, 즉 두 돌개 남자의 어떤 확신을 암시하는 모습으로 끝을 맺고 있다.

이 작품에 등장하는 주요 인물들은 대체로 네 가지 유형으로 구분 지을 수 있을 것이다. 대다수의 행복을 위해서는 흐름에의 거역이란 있을 수 없으며 "돌개 전체의 발전 속에서만이 돌개 주민의 개개인의 발전도 가능"하다는 굳은 신념을 가지고 그 신념에 따라 확고히 행동하는 배 선생과 같은 유형, 사회와 집단으로부터 소외된 채 그런 대로 그 소외의 아픔을 숙명처럼 자기의 것으로 삭이며 살아가는 김진봉과 금순네 같은 유형, 배 선생의 세계와 김진봉의 세계 사이의 괴리를 메꿀 수 있다고 믿으며 그 메꾸는 작업을 위하여 노력하는 박경화 같은 유형, 그리고 그 괴리의 상처와 본질을 누구보다도 더 잘 알면서도 메꿈의 작업의 엄청남에 속수무책으로 그 괴리를 방관하는 이상덕과 고동욱 같은 유형이 그것이다. 작자는 이 여러 유형의 인물들 사이의 미묘한 긴장과 갈등을 추적함으로써 궁극적으로 개인과 집단 간의 역학적 갈등이라는 보다 근원적인 문제에 접근하고 있다.

배 선생과 그를 맹목적으로 추종하는 마을 사람들은 집단의식의 상징으로 등장한다. "오늘만을 아는 돌개 사람들한테 내일도 있다는 걸 인식시키고 희망을 심어 주는 일"과 "개개인이 품고 있는 잡다한 욕망을 하나로 묶어서 미래를 내다볼 줄 아는 거대한 집단의식의 차원으로 승화시키는" 일이 무엇보다도 중요한 배 선생에게는 "진로가 확고하게 잡힌 거대한 흐름 속에서의 개인이란 사실상 아무런 가치가 없는" 것이며 "공공의 목적을 위해서라면 당연히 개인이란 존재는 차선"이 될 수밖에 없다. 돌개에 군림하고 있는 배 선생의 이 거대한 모습 옆에서 김진봉, 금순네, 고동욱, 이상덕, 박경화의 모습은 왜소하고 무력한 난장이의 그것에 지나지 않는다. 그러나 이들은 모두 어떤 진실을 붙들어 자기 것으로 삼고 그것을 자기의 진실이라 믿고 그 진실에 따라 자신의 삶을 지키려고 노력하는, 적어도 노력해 온, 사람들이다. 자신의 진실은 필연적으로 다른 사람의 진실과 긴장 관계를 이루게 되고 자신의 진실에 따라 살려는 욕구는 그 욕구를 억압하는 집단의 압력과 또한 필연적으로 갈등을 일으킨다. 이들의 삶에서 이 긴장과 갈등은 때로는 사랑으로 때로는 미움으로 때로는 격렬한 폭력으로 표현된다. 이 작품에서 우리가 부단히 접하는 강렬한 미움과 폭력은 자신의 삶을 무의미하고 무력한 것으로 만들려는 모든 사회적 구속으로부터 해방되려는 개인의 몸부림에 다름없다. 그리고 그 몸부림은 동시에 그 구속으로부터 벗어나서 자신의 삶을 지키기 위하여 필수적으로 요구되는 자기 확인을 위한 몸부림인 것이다.

개인의 삶을 지키려는 이 자기 확인의 몸부림은 김진봉의 경우에 가장 강렬하게 드러난다. 집단의식의 상징인 배 선생의 가장 강력한 증오와 파괴의 대상이 바로 김진봉이라는 사실과 돌개 마을의 비극이 그의 죽음에서 정점에 이르는 사실은 이를 증명하고 있다. 그의 죽음은 마을 청년들에 의한, 다시 말하면 집단에 의한 개인의 살해 행위임과 동시에 자신의 삶의 진실을 끝까지 지키려는 집념의 역설적인 표현으로서의 자결 행위라는 이중적인 중요한 의미를 갖는다. 그의 짐승 같은 야만성과 괴기스러움에도 불구하고 그의 마지막 모습에서 순교자와 같은, 어쩌면 예수와도 같은 모습을 느낄 수 있는 것은 바로 이 때문이다. 그가 줄곧 성경 구절을 뇌이는 사실, 박경화와의 관계를 통하여 인간의 사랑에 눈을 뜨기 시작하고 석포천 제방의 땅을 내놓기로 한 그의 결심, 그리고 "눈에는 눈 이에는 이"라는 그의 강렬한 적의로부터 "오른편 뺨을 쌔리거든 오약뺨도 돌려대라"는 관용의 감정으로의 변모는 이러한 느낌을 충분히 뒷받침해 줄 수 있을 것이다.

금순네의 경우 이 몸부림은 보다 본능적이고 원초적이다. 수렁 안으로 마지막 한 발짝을 끝내 옮기지 못하는 것을 너는 아직은 살아야 한다는 하늘의 계시라 믿으면서도 거듭 되풀이하는 그녀의 모의 자살은 자신의 삶의 의미를 확인하는 엄숙한 종교적 의식과도 같은 것이다. 한편 자신의 진실을 지키며 확인하려는 박경화의 노력은 적극적이지만 결국 무력한 노력으로 그치고 만다. 그것은 한 영혼을 구하는 일, 그리고 배 선생과 김진봉을 화해시키는 일의 어려움을 깊이 깨닫지 못하는 데서 비롯한다. 배 선생과 김진봉 사이의 갈등은 그녀의 단순한 처방으로 치유될 수 있는 한 개인과 다른 한 개인 간의 단순한 갈등이 아니라 집단과 개인 사이의 복합적인 역학적 갈등임을 박경화는 충분히 인식하지 못하고 있기 때문이다.

이 복합적인 갈등의 본질과 그 의미를 가장 잘 알고 있는 사람은 이상덕과 고동욱이다. 그러나 사실 이들은 자신의 삶을 지켜나가는 가장 소극적인 길을 택하고 있는 사람들이다. 그들의 삶은 김진봉이나 금순네의 그것처럼 짙고 원색적이지 못하며 박경화의 그것처럼 적극적이지 못하다. 그들은 자신을 내던져 살기를 주저하며 그들이 살고 있는 돌개 마을에 삶의 뿌리를 내리지 못하고 항상 국외자의 위치를 불안스럽게 맴돌 뿐이다. 이상덕의 자기 확인 행위는 그와 비슷한 세계에 살고 있는 고동욱을 가끔 만나 이야기를 나누고 배 선생에 대한 의식적인 무관심을 보이는 극히 소극적인 행위에 머물며 고동욱 역시 총성이 거세된 모의 사격, 시간을 엇섞는 관념의 유희, 금순네나 이상덕에게 대하는 의식적인 가학적 태도, 그리고 고작 달랑게를 짓밟아 죽이는 행위에서 자신을 확인할 따름이다. 그들은 그들의 이러한 삶의 태도를 '실패의 연속'이었던 그들의 과거의 삶에 그 원인이 있다고 합리화하고 있는 듯 보인다. 그래서 삶에 대한 그들의 소극적인 태도가 오히려 그 '실패의 연속'의 원인일 수 있다는 자각에 이르지 못한다. 그러나 비바람이 몰아치던 밤 두 사람은 드디어 이 자각에 도달한다. 김진봉의 충격적인 죽음을 줄곧 지켜 본 이상덕은 언제나 국외자로서 무력하고 우유부단했던 자기 자신에게 격렬한 분노를 느끼며 김진봉의 죽음은 사건의 결말이 아니라 그에겐 이제 사건의 시작임을 아프게 깨닫는다. 고동욱 역시 자기 총에 쓰러진 금순네를 확인함으로써 그는 총성 없는 모의 사격의 긴 몽환에서 드디어 깨어나 하나의 돌개 남자로서 금순네를 책임져야 한다는 자기 확인의 깨달음에 이른다.

    작자는 두 사람의 눈앞에 열린, 삶에의 소속감의 확인이라는 묵시의 의미를 분명 강조하고 있지만 이 자각은 개인과 집단 어느 한편에 서서가 아니라 이 양자 사이의 갈등에 대한 깊고 진지한 이해 위에서 오직 가능한 것임을 또한 강조하고 있다. 『아홉 켤레의 구두로 남은 사내』의 후기에서 밝히고 있는 "진정한 자기 구제는 내가 속해 있는 사회와 그 사회의 구성원들과의 긴밀한 유대감 속에 그들에게 애정과 관심을 보냄으로써 나와 그들이 동시에 구원받을 수 있는 길을 모색하는 데 있다"는 그의 신념을 성실히 형상화하고 있는 이 작품은 인간적인 삶 자체에 대한 그의 탐구 작업이 얼마나 집요한 일관성 위에서 진행되고 있는가를 잘 보여 준다.

하지만 이 작품은 두 가지 점에서 그의 전 작품들과는 다른 면모를 조심스럽게 드러내고 있다. 그의 전 작품들이 대체로 도시를 배경으로 삼고 있는 데 반해 이 작품은 농촌을 무대로 하고 있다는 점이 그 첫째이다. 둘째는 개인과 사회의 관계에 대체로 국한되어 온 그의 상황 설정이 이 작품에서는 인간과 자연의 관계로까지 확산되어 가고 있다는 점이다. 자연적이든 인위적이든 환경의 중요성을 절감하며 인간과 자연이 끊임없이 교감을 유지하는 상황을 추구하고 싶다는 작자의 변이 이를 뒷받침하고 있다. 그러나 이 두 가지 변화는 결코 그의 작품 세계의 이질적 변모를 뜻하는 것이 아니라 인간 생존의 본질을 보다 근원적으로 탐구하는 데 필요한 삶의 양상에 대한 작자의 보다 넓혀진 관심의 폭을 의미하는 것이다. 삶의 진실에 늘 깨어 있으려는 그의 작가 의식이 둔화되지 않는 한, 그리고 이 작품에서 더욱 심화되어 있는 예술적 상징성에의 추구를 그가 소홀히 하지 않는 한,

이 작가에 대한 우리의 기대는 쉽게 저버려지지 않을 것이다.

『묵시의 바다』가 우리나라의 한 어촌을 배경으로 토속적이고 밀폐된 삶의 세계를 그려 보이고 있는 데 반해『머나먼 쏭바강』은 월남이라는 한 이국의 땅을 무대로 다양하게 열려진 삶의 세계를 펼쳐 보인다. 그러나『머나먼 쏭바강』역시『묵시의 바다』가 보여 주는 개인과 집단의 의미에의 탐험이라는 같은 목표를 향하고 있다. 이 작품에서 집단의식의 상징으로 등장하는 것은 광활하고 거대한 전쟁이라는 조직체이다. 밤새도록 막걸리나 퍼 마시고 벌건 눈으로 학교로 기어드는, "행동이 없고 말만이 떠도는" 무기력한 삶에 지친 황일천 병장은 뭔가 "활활 타오르며 뜨겁고, 젊고, 발바닥에 땀이 나는" 생활의 변화를 찾아 이 전쟁터에 뛰어든다. 그러나 그가 전쟁의 경험에서 얻은 것은 전쟁에서 기대했던 "장렬한 전사와 호쾌한 승리" 같은 "용감하고 영웅적이고 근사한" 무엇이 낭만적인 환영에 불과한 것이라는 깨달음이다. "누구를 위하여 무엇을 위하여 싸우는지를 알 수 없는" 주인과 손님이 뒤바뀐 이 싸움터에서 그에게 확실한 건 오직 "지금 내가 흙내 물씬한 매복호 속에서 살아 있다는 것"이며 그가 증오하며 싸우는 대상은 "당장 이 눈앞의 어둠과 더디게 오는 아침"일 뿐이다. 그는 "어마어마한 조직을 가진 월남전이라는 공장"에서 그것이 무슨 목적으로 사용되는지도 알지 못하며 기계적으로 "나사를 끼우는 작업만을 배당받은 한 기능공"에 지나지 않는 것이다. 전쟁터의 삶에 걸었던 그의 기대는 결국 귀국의 절박한 기다림으로 바뀌며 "만약과 기다림으로 숨이 막히는 전장의 현실"은 그를 더욱 무기력하게 만든다. 이러한 무기력한 체념 속에서 그는 우연히 빅 뚜이라는 지성적인 월남 여대생을 만나게 되고 그녀와 사랑에 빠짐으로써 그 무력함에서 얼마큼은 벗어날 수 있게 된다. 성 경험이 전혀 없는 그는 아이러니컬하게도 성병 환자로서 귀국이 보류되어 나트랑의 102 병원으로 이송되고 오상사로 대표되는 군대 집단의 횡포에 시달리면서도 오직 기타 치는 일과, 유동수 하사와 김기수 병장의 우정, 그리고 빅뚜이와의 사랑에서 삶의 의미와 활력소를 찾는다.

    기타를 치는 일은 이 작품의 매우 중요한 모티프를 이룬다. M16 자동 소총이 냉혹하고 기계적인 전쟁의, 집단의식의 상징이라고 한다면 기타는 인간의 부드럽고 섬세한 느낌과 열망이 담긴 개인의식의 상징일 것이기 때문이다. 한 손에 M16을 다른 한 손에 기타를 든 황병장의 모습은 집단의식과 개인의식 사이의 갈등의 상징적 모습 바로 그것이다. 그 모습은 전쟁이라는 거대한 조직체 안에서의 왜소한 개인의 모습이 그럴 수밖에 없는 위화감과 우스꽝스러움을 보여 주면서, 동시에 무의미한 집단과 의미 있는 개인 사이의 위태로운 균형을 암시하기도 한다.

    빅뚜이와의 사랑은 휴머니티가 깡그리 제거된, "세상이 우습게 돼먹었다는 걸 가르쳐" 주는 이 전쟁의 어둠과 혼돈 속에서 그래도 삶의 어떤 질서가 존재함을 느끼게 하며 전쟁의 무자비한 광풍 앞에서도 꺼지지 않는 인간의 영혼의 끈질긴 불꽃을 의식하게 한다. 그것은 그에겐 삶의 진실에 대한 하나의 발견이며 그 발견을 통하여 그는 자신의 삶을 확인하는 것이다. 빅뚜이의 망설임을 의식했을 때 그가 동료들의 간곡한 만류와 부대 내의 험악한 분위기에도 불구하고 빅뚜이를 만나러 가기를 결정하는 것은 사랑에 눈 먼 이성의 포기가 아니라 자신의 삶의 진실에 깨어 있으려는, 오히려 자신의 이성을 지키려는 안타깝고 절박한 자기 확인의 몸부림이다.

빅뚜이와의 사랑이 결국 파국에 이르렀을 때 그의 정신과 육체는 거의 붕괴의 상태에 이른다. 그가 잃은 것은 빅뚜이라는 한 여자가 아니라 자신의 삶의 진실을 점화시켜 온, 혼돈의 어둠에 삼켜지지 않는 그 영혼의 불꽃이었기 때문이다. 그리고 그 상실은 "이 의문의 세월이 강요한 분노와 목마름과 갑갑함과 미움과 사랑이 뒤범벅"이 된 소용돌이로 그를 몰아넣은 까닭이다. 그러나 횡포한 발자국과 무자비한 탱크자국이 깊숙이 패인 월남 땅에서의 전쟁의 경험, 빅뚜이와의 사랑에서 얻은 영혼의 교감, 그리고 빅뚜이를 통하여 목격한 월남인들이 지닌 상처의 아픔과 그 진실은 그를 위하여 묵시와 같은 깨달음을 유보하고 있었다. 귀국선 피셔호 선상에서 그는 문득 베트콩 소녀를 놓아 준 이야기를 들려주던 손 중사의 목소리를 들은 것이다. 하나의 계시처럼 그는 "손 중사야말로 승리의 참뜻을 아는 인간"임을, 증오란 인간 자체에 있는 것이 아니라 "살육을 정당화시켜 주는 집단의 광기 쪽에 있는" 것임을, 인간의 생명의 존엄성은 결코 짓이겨질 수 없는 것임을 깨닫는다. 그는 마음속으로 이렇게 중얼거린다.

......자아 황, 이제 네가 고국엘 가거든 이 나라에서 보고 듣고 느끼고 사랑하려던 걸 네 친구들에게 전하게. 하지만 덧바르거나 거짓말을 해서는 안 되네. 그리고 네 양심의 가책과 그 중사의 승리담을 들려주게나…… 이제 네가 고국에 가거든, 할 일이 없고 권태한 나머지 자살이나 해야겠다고 하는 놈이 있으면 죄 밟아 줘라. 끝까지 살아남기 위해 발버둥 치다가 죽어간 저 동료들에게, '자살'보다 더한 모욕이 어디 있겠는가…… 그리고 황, 항상 눈 말똥말똥하게 뜨고 살아 있을 것…… 그 누구의 짓밟힘 아래에서도 너희들은 죽지 않는다는 것 그것이 중요한 거다. 그 불붙는 분노의 응용으로써 사회를 살아 나가게나.

하나의 생을 살아버린 사람의 허탈과 현기를 느끼며 그는 "폭격당한 허술한 벽에 기대어 몸부림치며 울고 있는 뚜이를 으깨어 버릴 듯 무서운 힘으로 꽉 껴안"고 "저 신형 무기들이 난무하는 혼돈 속으로, 혼돈 속으로, 그 내 것이나 마찬가지인 뚜이네 국토 속으로, 국토 속으로" 끝없이 미끄러져 내려간다. 시적 감동을 불러일으키는 이 마지막 장면에서 작자가 암시하고 있는 황 병장의 깨달음은 우리가 끝까지 지켜야 하는 것은 인간의 존엄성이며 우리가 싸워야 하는 대상은 인간을 비인간적으로 타락시키는 모든 파괴적 요소라는 것, 그리고 진실로 인간적인 삶은 서로 이해하고 사랑하는 인간적 유대감과 서로의 소속감 위에서 오직 가능하다는 것일 것이다. 그것은 개인과 집단의 함수 관계에 대한 작자의 궁극적인 해답이 될 수도 있을 것이다.

월남전이라는 국지전의 경험을 다루면서도 월남인의 아픔을 나의 것으로, 우리의 것으로, 더 나아가 인간의 것으로 동질화시키는 데 성공하고 있는 이 작가의 통찰력과 그것을 어느 정도 설득력 있게 형상화하고 있는 작가적 역량은 높이 평가를 받을 만하다. 그리고 전쟁과 군대라는 집단체가 근원적으로 안고 있는 아이러니를 극명하게 파헤치고 있는 그의 예리한 관찰력과 풍부한 상상력 역시 주목할 만하다. 그러나 이 작품은 월남전에서 체험한 수많은 진실과 그 진실의 의미들을 한 권의 책 속에 모두 쏟아 넣으려는 작자의 과잉된 의욕에서 극적인 구성력이 다소 약화된 감이 없지 않다. 이 약점은 특히 본 줄거리mainplot와 옆 줄거리subplot의 연관이 산만해진 후반부에서 더욱 드러나고 있다. 그것은 이 작품이 단편에서 중편으로, 다시 장편으로 여러 번의 증작 과정을 거쳤다는 사실과도 관련이 있겠지만 그가 '오늘의 작가상' 수상 소감에서 스스로 밝히고 있는, "테마는 작가 자신의 전 색채, 또 전신 그대로다. 그러므로 소설은 익은 숙련공의 수공품이 되어선 안 된다"는 그의 작가적 태도와 근본적으로 연관되는 문제가 아닌가 생각된다. 주제 의식을 지나치게 강조하고 있는 듯이 보이는 그의 이러한 소설관은 자칫 예술 작품으로서의 소설이 갖추어야 할 기본 요소들을 경시할 수 있는 위험을 내포하고 있기 때문이다. 하지만 그의 박진감 있는 사실적 묘사의 능력, 삶의 아이러니를 꿰뚫어 보는 풍부한 상상력, 그의 문체에서 드러나는 예리하고 섬세한 감수성은 이러한 우려를 기우로 그치게 해 줄 수 있으리라 믿고 싶다. 그 믿고 싶음이 이 작가의 다음 작품이 기다려지는 이유이기도 하다.

1978. 겨울. 『문학과 지성』

한 예술가의 죽음,
그 애절한 산화散華
- 버지니아 울프

우리는 많은 예술작품을 통하여 삶과 죽음의 문제를 깊이 탐색하고 때로는 그 해답을 얻기 위하여 격렬히 투쟁하는 예술가들의 모습에 접하게 된다. 그러나 버지니아 울프Virginia Woolf, 1882-1941처럼 삶과 죽음의 문제에 그토록 철저히 집착했던 작가는 극히 드물 것이다. 그의 문학은 한마디로 삶과 죽음의 문학이라 해도 과언이 아니다. 그의 첫 장편 소설『출항The Voyage Out』으로부터 마지막 소설『막간Between the Acts』에 이르기까지 그의 주된 관심은 줄곧 삶의 본질과 죽음의 신비를 탐험함으로써 궁극적으로 삶과 죽음의 미학을 추구하는 것이었다.『막간』의 초고를 끝낸 1941년 봄 어느 날, 그가 스스로 자신의 목숨을 끊어 결국 죽음의 신비 속에 잠몰潛沒한 것은 줄곧 생활의 미를 추구해 온 한 예술가의 아이러니컬한 종말인 듯이 보이지만, 그의 첨예한 예술가적 감수성, 타고난 병적 체질, 삶과 죽음이 엉킨 생의 신비에 대한 탐구와 그 예술적 표현이라는 그의 일관된 예술 철학, 그리고 고뇌로 얼룩진 그의 생애를 이해한다면 그의 자살은 어쩌면 필연적인 것으로 받아들여질 수 있을 것이다.

정신착란의 발작에 대한 공포

　무릇 한 예술가의 생애와 그의 예술, 바꾸어 말하면 그의 현실 세계와 작품의 세계와는 밀접한 관계가 있음을 우리는 잘 안다. 물론 예술 작품을 이해하는 데 작가의 생애를 지나치게 연관시키는 것은 때로 대단히 위험하며 작가의 감정과 작중 인물의 감정을 일치시키는 일은 신중을 요하는 일임에 틀림없다. 그러나 많은 작가들의 경우와 마찬가지로 울프의 경우에도 그의 생애에 관한 지식은 그의 작품 세계를 이해하는 데 커다란 도움을 주며 특히 울프의 문학을 분석하고 비평하는 게 아니라 그의 죽음을 그의 문학과 관련지어 이야기하는 이런 경우에는 더욱 그렇다. 더욱이 자살에 의한 그의 죽음을 이해하는 것은 그것과 긴밀히 관련되어 있는 그의 현실 세계에서의 체험을 이해함으로써 오직 가능해지리라 생각한다.

　버지니아 울프의 세계에 처음으로 죽음의 음울한 그늘이 내리기 시작한 것은 아마도 그의 어머니 줄리아Julia의 죽음을 가져온, 버지니아가 열세 살 되던 해인 1895년이었을 것이다. 저명한 철학자요 비평가인 이지적인 레슬리 스티븐Sir Leslie Stephen경과 미인으로 이름이 높고 정감이 풍부한 줄리아 잭슨Julia Jackson 사이에서 태어난 버지니아는 어려서부터 학문적이고 문학적인 분위기 속에서 늘 책과 접하며 감수성이 예민한 소녀로 자랐다. 그렇듯 감수성이 예민하고 정규 교육을 받기가 어려워 독학을 해야 했을 정도로 선천적으로 선병질이었던 가냘픈 소녀에게 그가 이 세상에서 가장 사랑했던 사람의 급작스런 죽음은 정신적으로나 육체적으로나 크나큰 충격이 아닐 수 없었을 것이다.

버지니아 스스로 이야기하듯 "어머니의 죽음은 일어날 수 있는 최악의 재앙"이었고 어머니가 죽고 난 후의 세계가 존속한다는 것은 그에겐 믿어지지 않는 사실이었다. 더구나 어머니의 죽음이 아버지에게, 그리고 스티븐 가家 전체에 미친 타격은 거의 회복이 불가능할 정도로 심각했다. 이리하여 버지니아는 1895년 최초로 심각한 정신 이상의 증세를 일으키게 되고 그로부터 정신 착란의 발작에 대한 공포는 일생을 통해 그를 줄곧 괴롭혔고 결국은 그를 자살로까지 몰고 간 것이었다.

삶과 죽음의 신비에 대한 예술가적 개안

어머니의 죽음에 대한 충격이 얼마나 큰 것이었던가 하는 것은 그로부터 약 30년 후, 1927년에 출간된 그의 최고의 걸작으로 평가되는 『등대로To the Lighthouse』에서 그가 어머니의 죽음을 작품의 주축으로 삼고 있는 것만 보아도 충분히 이해가 간다. 가까스로 건강을 되찾은 2년 후인 1897년, 어머니의 사후 그들에게 헌신적인 모성애를 보여 온 이부異父 언니 스텔라Stella의 죽음 역시 버지니아에겐 적지 않은 충격이었겠지만, 그에게 두 번째의 잊을 수 없는 악몽을 가져 온 재앙의 해는 아마도 1904년이었을 것이다. 어머니의 죽음 이후 계속 실의와 건강의 악화에 빠져 있던 아버지가 세상을 떠나고 곧이어 그는 두 번째의 심각한 정신 이상의 발작을 일으키게 된 것이었다. 어머니와의 관계에서와 같은 그런 짙은 애정은 아니었지만 늘 깊은 연민의 정을 나누어 가졌던 아버지의 죽음이 그의 발작을 재촉했음은 물론이었다. 아버지의 죽음과 자신의 정신 질환에서 받은 상처가 채 아물기 전인 1906년에는 그의 두 살 손위인 오빠 토비Thoby가 장티푸스로 세상을 떠났다. 그의 가장 친한 친구이기도 했고 젊음의 화신으로 그가 누구보다도 사랑했던 오빠의 죽음은 그에게 회복될 수 없는 깊은 상처를 남겼음에 틀림없다. 『제이콥의 방 Jacob's Room』의 제이콥, 그리고 『파도The Waves』의 퍼시벌Percival은 바로 토비를 모델로 한 인물들이며 이들이 미와 청춘의, 그리고 동시에 죽음의 상징으로 그려져 있음은 주목할 만하다.

    토비는 버지니아 울프의 문학 생활에도 적지 않은 영향을 주었다. 탁월한 문학적 재능을 가진 토비는 자신을 주축으로 한 같은 케임브리지 대학 출신의 유능한 젊은 문학도들의 모임에 버지니아를 끌어들였고 이 모임은 나중에 영국의 현대 문학사의 중요한 한 자리를 차지하는 유명한 블룸즈버리 그룹Bloomsbury Group으로 발전해가게 된 것이다. 버지니아 울프는 물론, 리튼 스트레이치Lytton Strachey, 클라이브 벨Clive Bell, 레너드 울프Leonard Woolf, 그리고 후에 포스터E.M. Forster, 엘리엇T.S. Eliot 등이 함께 한 이 동인회 성격의 문학 그룹은 예술에 있어서의 미의 추구와 생활에 있어서의 인간관계의 고양을 대체로 그 주요 철학으로 삼았으며 이는 울프 문학의 특성을 잘 대변해 주고 있다. 또한 토비의 요절은 삶과 죽음의 신비에 대한 그의 예술가적 개안에 중요한 인센티브가 되었다고도 볼 수 있을 것이다.

가장 어둡고 길고 고통스러웠던 재앙

다행히 토비의 죽음은 그를 정신착란의 상태로 몰고 가지는 않았고 1900년대 후반에 들면서 첫 장편 『출항』을 집필하기 시작한 그는 작가로서의 예비 수업의 본궤도에 올라서기 시작했다. 가까운 사람들의 계속되는 죽음과 불안정한 그의 건강에서 오는 고뇌에도 불구하고 버지니아가 문학에 대하여 더욱 강하게 집념하고 작가로서의 꿈을 키워갈 수 있었던 것은 그를 둘러싼 풍요한 문학적 분위기 때문이었을 것이다.

아버지는 물론 버지니아의 대부까지도 유명한 미국 작가인 제임스 러셀 로웰James Russell Lowell이었던 스티븐 가의 가정생활은 문학생활과 직결되어 있었고 주로 블룸즈베리 그룹을 통한 버지니아의 교우 생활은 바로 문학 수업과 다름 아니었기 때문이다. 그러나 1910년 그는 다시 한번 정신착란의 전조인 심한 두통과 불면증의 고통을 겪고 거의 정신이상 상태에까지 이르러, 『댈러웨이 부인Mrs. Dalloway』의 홈즈 의사Dr. Holmes를 연상케 하는 그의 주치의 세비지 의사Dr. Savage의 지시에 따라 1903년의 경우와 마찬가지로 튀큰햄에서 요양 치료를 받아야 했다. 이때 그는 처음으로, 『댈러웨이 부인』의 셉티머스Septimus처럼 창문에서의 투신 자살을 기도했던 것으로 알려지고 있다.

2년 후인 1912년 유능한 비평가이자 언론인인 레너드 울프와의 결혼은 버지니아의 생활과 문학에 새로운 활기를 불어 넣어 주었다. 버지니아 울프의 문학의 가장 진지하고 정확한 비평가로서 그리고 후원자로서의, 동시에 그의 인생의 가장 충실한 반려자로서의 레너드 울프의 헌신적인 사랑은 버지니아 울프가 죽을 때까지 한결같이 흐트러짐이 없었다. 그러나 그들의 이러한 이상적인 결혼 생활이 채 1년도 지속되기 전에 버지니아 울프에게는 그의 일생에 세 번째의, 그의 생애에서 가장 어둡고 길로 고통스러웠던, 훗날 결국, 그의 자살을 필연적으로 몰고 온 재앙이 닥쳐들었다. 그것은 7년이라는 긴 세월의 노고 끝에 『출항』의 집필을 끝낸 1913년 그에게 다시 엄습해 온 건강의 악화와 정신병의 재발이었던 것이다.

『막간』을 끝낸 후의 건강의 상실, 그리고 뒤따른 그의 죽음에서 확인할 수 있듯이 작품의 완성 후 그가 거의 습관처럼 병석에 눕게 된 사실은 긴장과 과로 후의 심신의 허탈감과 그 작품의 평가에 대한 두려움 탓이기도 했겠지만(그는 자신의 작품에 대한 비평에 대단히 민감한 작가였다) 한 작품의 완성을 통하여 하나의 생을 철저히 살아버린 예술가로서의 집념에서 비롯된 것이 아니었던가 싶다. 그의 작품에 일관되어 온 시간과 삶과 죽음의 주제는 이러한 예술가적 체험을 더욱 짙고 절실하게 만들지 않을 수 없었으리라 생각된다.

실험가적 노력과 예술가적 투쟁

이미 두 번의 심각한 정신착란의 고통과 한 번의 자살 기도의 경험을 가진 버지니아 울프에게 결혼 후의 정신병의 재발은 실로 견디기 어려운 악몽이었을 것이다. 그해 가을, 그는 치사량이 훨씬 넘는 다량의 수면제를 마시고 음독 자살을 기도했다.

가까스로 죽음을 모면한 버지니아 울프는 남편 레너드의 지극한 간호에도 불구하고 모든 주위 사람들에게 회복이 불가능한 것으로 생각될 정도로 계속 건강이 악화되었고 이듬해인 1914년에는 레너드 역시 상당 기간의 휴양을 요할 만큼 건강이 극도로 쇠약해졌다. 그해 말 다소 회복 단계에 들어선 듯하던 버지니아 울프의 건강은 해를 넘기면서 다시 악화되어 과거의 조울증의 증상과는 달리 격렬한 분열증과 편집증의 발작 징후를 보여 심지어는 레너드에게까지 적의를 나타내는 심각한 상태로 발전했다. 1915년 여름에 거의 정상적인 건강 상태로 회복이 될 때까지 그는 만 2년이라는 긴 세월을 죽음의 그림자가 짙게 드리워진 암흑과 고통의 깊은 수렁에서 몸부림쳐야 했던 것이다.

자살을 기도하지 않을 수 없을 정도로 그가 정신적, 육체적 좌절의 극에 이르렀던 이 시기가 바로 1차 세계대전의 짙은 전운이 낮게 뒤엉키던 시기였던 것은 결코 우연이 아니다. 그가 서서히 좌절의 나락으로 함몰하여 결국 스스로 목숨을 끊어 죽음을 택한 시기가 바로 2차 세계대전의 불길이 걷잡을 수 없이 거세게 퍼져가던 시기였음을 강조하지 않더라도 전쟁은 그에겐 오직 암흑과 공포와 죽음의 상징이었으며 인성의 영원한 상실, 생의 모든 가능성의 돌이킬 수 없는 철회를 뜻하는 것이었음을 우리는 그의 문학을 통하여 충분히 암시받고 있다.

가까운 사람들의 죽음, 전쟁의 공포, 그리고 자기의 문학에 대한 회의가 그의 건강을 파국으로 이끌어 간 주요 원인이 아니었던가 하는 추측은 그 후의 버지니아 울프의 생활에서 더욱 확실한 근거를 찾을 수 있다. 그가 거기에서 결국 벗어나지 못한 채 죽음을 맞은 짙은 실의와 좌절에 빠져들기 시작한 것은, 그래서 차츰 건강이 다시 악화되기 시작한 것은 1930년대 말, 심혈을 기울여 완성한 장편 『세월The Years』이 문학적 성공을 거두지 못한 것으로 평가되고 (그의 작품 중 가장 많은 부수가 팔린 베스트셀러였지만), 사랑하는 조카 줄리안 벨Julian Bell이 요절하고, 히틀러의 오스트리아 침공과 함께 2차 세계대전의 전운이 짙게 감돌기 시작하던 것과 때를 같이 하고 있었던 것이다. 이러한 광막한, 최후의 불행의 그늘이 덮쳐 내리기 시작하기 전까지, 즉 1차 세계대전의 종결과 함께 다시 평화가 찾아오고 그의 문학이 완숙한 예술의 경지로 찬란히 꽃피어 가던 약 20년 동안, 새로운 소설 형태의 창조를 위한 그의 불굴의 실험가적 노력과 피나는 자기 극복의 예술가적 투쟁에도 불구하고 그의 건강이 비교적 정상을 유지했던 사실 또한 이를 잘 뒷받침해 주고 있다.

이 20여 년은 그의 창작 활동이 보람의 절정을 이룬 그의 문학의 전성기였고 계속되는 문제작들이 쏟아져 나와 그를 영국의, 나아가서는 세계의 현대 문학사에 중요한 한 자리를 차지하는 문제 작가의 위치로 끌어 올린 시기였다. 버지니아 울프의 미래의 문학적 실험을 예시하고 있는 단편집 『월요일 혹은 화요일Monday or Tuesday』(1921), 울프 문학의 정수를 보여 주는 『제이콥의 방』(1922), 『댈러웨이 부인』(1925), 『등대로』(1927), 『파도』(1931) 등의 장편소설, 그의 문학 이론과 예술론을 담은 『베넷 씨와 브라운 부인Mr. Bennett and Mrs. Brown』(1924), 『일반독자

The Common Reader』 1, 2권(1925, 1932), 『자신만의 방A Room of One's Own』(1929) 등의 대표적인 비평서는 모두 이 시기에 씌어진 것들이다.

이율배반적인 생의 신비

그의 현실 속에서 부단히 갈등을 일으켜 온 삶과 죽음의 문제가 그의 작품 속에서 삶의 본질과 죽음의 신비의 탐험을 통한 생의 미를 추구하는 일관된 주제로 발전해 간 것은 극히 당연한 귀결이었다. 버지니아 울프에겐 체험 자체가 창조였으며 생 자체가 하나의 예술이었기 때문이었다. 즉 인생은 어떤 순간에도 선택이 강요되는 그림자의 행렬이며 순간의 진실이 곧 생의 진실이며 인생은 포착할 수 없는 하나의 신비로운 힘으로 움직여 가는 유동체였던 것이다.

『출항』이나 『제이콥의 방』에서 우리는 주인공들의 생의 모험에의 그리고 생에서 죽음으로의 항해를 목격하며, 미와 동시에 죽음을 보며, 미묘하리만큼 고요한 조화를 감지하게 된다. 죽음은 생의 미를 파괴하며 동시에 생의 모든 균형을 유지한다는, 서로가 서로 안에 포함되어 일체를 이루는 이율배반적인 생의 신비, 그리고 이 신비의 생에 대한 애착은 울프의 작품의 저류를 이루어 면면히 흐르고 있는 그의 생활 미학이다. 그의 최초의 완벽한 성공작이라 불리는 『댈러웨이 부인』은 이러한 울프의 생활 미학을 가장 잘 보여주는 작품의 하나이다. 이제 잠시 이 작품을 살펴보기로 하자.

작품의 서두에서부터 우리는 클라리사 댈러웨이Clarissa Dalloway의 정감의 세계를 통하여 인생의 신비에 접하게 된다. 클라리사에게 있어서 가장 중요한 것은 그가 사랑하는 "인생, 런던, 이 6월의 순간"이다. 그러면서도 동시에 그는 줄곧 "단 하루를 살아간다는 것이 매우 매우 위험하다"고 느낀다. 삶에의 애착, 죽음에의 두려움, 그리고 동시에 희구, 삶과 죽음의 신비로운 관계에 대한 관조, 이러한 클라리사의 인생에 대한 태도는 바로 울프 자신의 그것이라 해도 지나침이 없을 것이다.

본드 가를 향하여 걸어 올라가며 클라리사는 이렇게 생각한다.

"내가 사랑하는 것은 지금, 여기, 눈앞에 있는 이것, 택시에 탄 저 뚱뚱한 부인이다. 그렇다면, 내가 어쩔 수 없이 죽어 없어진다 해도 그것이 무슨 문제인가. 이 모든 것은 내가 없어진 후에도 계속될 것이 틀림없다. 그것에 분개해야 할 것인가. 아니 죽음은 모든 것의 완전한 종말이라고 믿는 것이 오히려 위안이 되지 않겠는가. 아니면 이 런던 거리의 모든 것이 여기저기서 성쇠盛衰하는 속에 내가 살아남고, 피터가 살아남고, 서로의 마음 속에 살아 있다고 믿는 것이. 나는 분명 고향의 나무들의 일부분이며 저기 저렇게 보기 흉하게 널려 있는 집들의 일부분이며 또한 내가 생전 보지도 못한 사람들 사이로 안개처럼 퍼져 나무들이 안개를 떠받치듯 그들의 가지 위에 내가 떠받쳐 나의 생이, 나의 자아가 멀리 멀리 퍼져가는 것이라고······"

형이상학적 죽음

　　삶과 죽음에 대한 클라리사의 명상은 우리로 하여금 한순간에 있어서의 생의 전체적 의미와 시간과 공간을 초월한 우주적 질서 안에서의 생과 사의 관계를 감지케 한다. 그러나 클라리사에게 있어서 죽음은 역시 그의 생에 대한 애착과 끊임없이 갈등을 일으키는 불가해한 신비인 것이다.

　　"어차피 하루는 다른 하루로 이어진다. 수요일, 목요일, 금요일, 토요일. 아침에 깨어나 하늘을 쳐다보고, 공원을 거닐고, 휫브레드를 만나고, 그리고 갑자기 피터가 들어오고, 거기에 또 이 장미꽃. 그것으로 족하다. 그런데, 그런데 죽음이라니 참으로 믿기 어렵다. 종말이 있어야 하다니. 이 세상에 아무도 아는 사람이 없어지다니, 내가 얼마나 생의 모든 것을 사랑했는가를, 아아 얼마나 순간 순간을……"

　　이 작품의 종장 부분에서 파티에 늦게 나타난 윌리엄 브래드쇼William Bradshaw로부터 클라리사는 군에서 제대했다는 한 젊은 청년의 자살 소식을 듣는다. "오, 나의 연회의 한창 때 여기 죽음이 있단 말인가." 그리고 그는 그 젊은 청년 셉티머스의 죽음을 생각한다.

　　"언제가 그는 서펜타인 연못에 실링 한 닢을 던진 일이 있었다. 그러나 이 청년은 그의 몸을 던져 버린 것이다…… 죽음은 도전이다. 죽음은 생의 본체에 통하려는 하나의 시도이다. 사람은 그 본체의 중심이 그들을 교묘하게 피하기 때문에 그 중심에 도달하는 것이 불가능하다고 생각한다. 가까움은 멀어지고 환희는 식어간다. 인간은 고독하다. 죽음 속에는 포옹이 있다. 그러나 자실한 이 청년은 그 귀한 무엇을 간직한 채 뛰어 내렸을까. '지금 죽는다면 가장 행복하리라.' 언젠가 흰 옷을 걸치고 내려오면서 그렇게 혼자 중얼거린 적이 있었지."

클라리사는 그 젊은 청년의 죽음에서 자신의 죽음을 느끼며 그의 용감한 행위가 자신으로부터 상실된 귀한 무엇을 되찾아 준 것으로 생각한다. 그리고는 창문께로 다가가서, 커튼을 내리고 불을 끄고 잠자리에 드는 건너 집 노파의 모습을 지켜보면서 응접실의 떠들썩함과는 아랑곳없이 조용히 진행하는 생, 완성의 미와 죽음에의 친근을 감득케 하는 생을 감지하며 이상한 매혹을 느낀다. 그리고 그는 참으로 이상한 밤이라 생각하며 사람들이 모여 있는 응접실로 내려가야겠다는 생각으로 돌아온다.

'죽음 속에 있는 포옹', 그리고 노파가 상징하는 죽음의 이미지는 클라리사가 체득한 죽음, 니체의 소위 '각성한 눈을 가진 죽음ein Tod mit wachen Augen'을 상기시키는 죽음의 형이상학 바로 그것이다. 그것은 죽음을 통하여 다시 생에 직면하는 것, 죽음을 통과한 생의 탄생, 그리고 죽음과 교합하는 생을 의미한다.

정기(正氣)와 광기(狂氣)의 병치

이 소설은 여러 가지 점에서 죽음과 자살과 광기의 문제에 집착되어 온 울프의 생애와 깊은 관련을 맺고 있는 듯하다. 셉티머스를 등장시키지 않고 클라리사가 자살하거나 혹은 파티의 끝에 죽도록 하려던 최초의 의도를 바꾸어, 1차 세계대전의 참혹한 경험과 가장 친한 친구의 죽음에 의하여 정신착란을 일으키게 된, 작자 자신을 연상케 하는 셉티머스를 클라리사의 일종의 분신이라는 중요한 인물로 등장시킨 점, 그리고 1922년 일기에 기록하고 있듯이 이 작품에서 그가 그의 현실 세계에서 익히 경험한 '정기와 광기와의 병치에 의하여 보여지는 세계'를 탐구해 보려고 했던 점은 이를 충분히 뒷받침하고 있다.

그러나 『등대로』와 『파도』에서도 다시 암시되고 있는, 죽음을 포함한 일체가 삶 속에 내재하는, 생과 사의 영원한 조화라는 그의 생의 미학에도 불구하고, 어쩌면 오히려 그러한 생의 철학 때문에, 울프는 마치 클라리사와 셉티머스처럼 여전히 죽음에의 충동을 느끼고 있었던 것으로 생각된다.

작품의 세계에서 그가 추구한 생활의 미와 현실 세계에서 그가 겪어야 하는 고뇌라는 이율배반적인 의식에 사로잡혀 갈등을 일으키는 그의 모습은 1930년대 말 무렵의 그의 일기에 잘 나타나 있다. 이 무렵 그의 현실 세계에서의 가장 큰 고통은 그에게 마치 셉티머스에게처럼, 지워질 수 없는 악몽의 상처를 남긴 전쟁에 대한 의구심과 공포감에서 비롯되었을 것이다.

1938년 9월 5일의 일기에서 우리는 죽음의 문제가 그의 현실 속으로 서서히 그러나 심각히 침투해 오기 시작함을 목격한다. "전쟁이란 무엇을 의미하는가. 암흑과 긴장, 아마도 죽음······ 자유도 생도 없는 것······ 유일한 답은 기다리라, 그리고 확인하라는 것뿐." 1939년 8월 7일에는 "다가오는 노년, 그리고 서서히 접근해 오는 죽음"을 의식하며 같은 달 24일에는 불가항력의 운명의 힘을 예감한다. "우리는 전쟁을 하고 있는가?…… 어제의 런던은 이미 오늘의 런던이 아니다. 기차는 텅 비고 거리에는 움직임이 없다…… 그것은 운명이다. 운명에 대하여 우리는 무엇을 할 수 있을 것인가." 그 운명에 저항하는 하나의 해답이기라도 하듯, 전쟁이 절정에 이른 1940년 5월 울프 부부는 함께 자살하기로 결심하여 휘발유와 나중에는 모르핀까지 준비하여 두었고 언제 어떻게 자살을 결행할 것인가를 자주 생각했던 것으로 알려지고 있다.

이즈음의 1940년 6월 22일의 일기는 더욱 비장감에 젖어든 울프의 어조를 전해 준다. "전쟁은 이제 안전의 울타리를 걸어가 버렸다. 메아리는 되돌아오지 않는다. 나에겐 이제 주위가 없다. 그토록 오랫동안 메아리를 되돌려 주고 자신의 실체를 뿌듯이 느끼게 했던 그 낯익은 모든 주위의 것들은 이제 사막처럼 황폐하고 허허할 뿐이다. 이젠 가을도 없고 겨울도 없다. 우리는 모두 단애의 심연을 흘러 내려간다. ― 그 다음엔? 1941년의 6월 27일이 있으리라고는 도저히 믿어지지 않는다."

1940년 9월 2일의 일기에는 삶에의 욕구와 죽음의 환영에 몸부림치는 울프의 모습이 보인다.

"아직은 죽고 싶지 않다…… 10년은 더 살고 싶다. 이러한 삶이 아닌 삶을. 그러나 나는 아마도 그것을 기록할 수 없겠지, 죽음 말이다…… 불이 꺼져 가는 과정, 고통스러울까? 그렇지, 끔찍하겠지, 그리고는 혼수, 고갈, 의식을 회복하려는 두세 번의 안간힘 ― 그리고는, 그리고는……"

한 예술가의 비장한 종말

불길한 그의 예감대로 1941년 6월 27일은 그에게 찾아와 주지 않았다. 1941년 봄 울프의 건강은 악화되었고 그는 자기의 정신병이 재발하고 있다는 사실을 스스로 깨닫고 있었다. 그리고 26년 전의 그 참혹한 악몽을 선명히 기억하고 있었을 것이다.

1941년 3월 28일 금요일, 청명한 그러나 쌀쌀한 봄날 아침, 울프는 여느 때와 마찬가지로 정원에 있는 그의 서재에 들렀다가 다시 집으로 돌아와 남편인 레너드에게 편지를 쓰기 시작했다.

"다시 정신이 이상해져 감을 느낍니다. 또 한 번 그 참혹했던 시절을 반복할 수는 없을 것 같습니다. 이번엔 아마 회복이 안 될 거예요. 이상한 소리들이 들리기 시작합니다. 정신을 집중할 수가 없습니다. 그래서 제가 취할 수 있는 최선의 갈 길을 택하는 것입니다. 당신은 저에게 가능한 최대의 행복을 주신 분입니다. 당신은 당신이 할 수 있는 모든 일을 저를 위해 해 주신 분입니다. 이 비참한 병이 재발할 때까지 우리 둘처럼 행복했던 사람은 없을 것입니다. 저는 이 이상 더 싸울 수가 없습니다. 제가 당신의 인생을 망치고 있다는 사실을 저는 잘 알고 있습니다. 〈중략〉 이 세상의 어떤 사람도 우리 둘보다 서로 더 행복할 수는 없었으리라 생각합니다."

그는 응접실에 편지를 남겨 두고 지팡이를 집어 들고 집을 나서서 강둑을 향해 걸어갔다. 그리고 그는 다시는 돌아오지 않았다. 강둑에 모자와 지팡이를 남겨 두고 그는 셉티머스처럼 자신의 몸을, 어쩌면 영혼까지도, 아우즈 강물 속에, 그 '죽음의 포옹' 속에 내던져 버린 것이었다.

울프의 죽음은 전쟁과 질병에 시달린 한 정신이상자의 죽음, 결코 그처럼 단순한 죽음이 아니다. 그의 죽음은 현실의 고뇌에 시달리면서도 일생을 통하여 줄곧 생과 사와 시간의 관계, 즉 전체적 생의 의미와 그 신비를 집요하게 추구하고 새로운 예술 형식의 성취를 위하여 끈질긴 자기 극복의 투쟁을 계속해 온 한 예술가의 비장한 종말, 그 애절한 산화였다. 그의 죽음은 생과 사의 문제가 예술가에 있어서 얼마나 어려운 과제인가를, 그리고 철저한 예술가로서의 삶이란 어떠한 것인가를 새삼 깊이 생각케 해 준다.

울프는 클라리사의 희구(希求)처럼 사후에 고향의 나무들의, 널려 있는 집들의, 그가 전혀 알지 못하는 사람들의 일부로, 즉 우주의 일부로 돌아간 것일까. 그것은 어쩌면 영원히 풀릴 수 없는 생의 신비 그 자체의 문제로 남을 것이다.

1976. 3. 『독서생활』

'모호함'의 미학:
우리들의 운명 이야기
- 나사니엘 호손의 『주홍글자』

　내가 처음으로 『주홍글자The Scarlet Letter』를 읽은 것은 고1 때쯤이 아닌가 기억된다. 지금의 기준으로 보면 조잡하기 짝이 없는 인쇄에 번역자의 이름도 알 수 없는 일본어 중역판이었을 테지만 그 책을 밤새워 단숨에 읽고 며칠 동안 그 감동에서 헤어나지 못했던 기억이 아직도 새롭다. 『애수The Waterloo Bridge』와 『황혼Sister Carrie』을 보고 난 후 비비안 리와 제니퍼 존스의 환영에 한동안 시달렸듯 헤스터 프린Hester Prynne의 모습에 사로잡혀 나는 며칠 밤을 가슴앓이를 해야 했던 것이다. 그러니까 『주홍글자』가 그때 나에게 준 감동은 슬프고도 아름다운 사랑의 이야기가 주는 애절한 감상이었던 셈이다. 그 당시는 『삼국지』나 『임꺽정』, 『대도전』 등의 무협적인 내용의 소설을 즐겨 읽던 때라 『주홍글자』 같은 이른바 '연애소설'이 주는 감동은 그만큼 더 애잔하고 감상적이었을 것이다.

　내가 『주홍글자』를 두 번째로 읽은 것은 대학 시절 교환교수로 와있던 로렌스라는 미국인 교수의 강의를 들으면서였는데 영어로 직접 읽어야 하는 부담에도 불구하고, 어쩌면 그러한 부담 때문에, 그리고 차근히 설명해 주는 로렌스 교수의 친절한 안내로, 처음 읽었을 때는 모르고 지나쳤던 많은 것들을 깨달으며 깊은 감동을 느꼈던 기억이 난다. 그때의 감동은 풍부하고 신비스런 주홍글자의 상징, 특히 별똥별이 떨어지는 밤하늘의 신비스런 광경, 헤스터 프린이 주홍글자를 떼어 던져버리고 검은 머리를 풀어 내리는, 그리고 아서 딤즈데일Arthur Dimmesdale이 처음으로 삶의 의욕을 되찾는 그 깊은 숲 속의 영험스런 분위기 등, 주로 이 작품의 신비스럽고 초자연적인 분위기가 주는 오묘한 감동이었다. 그러니까 두 사람의 사랑 이야기 자체보다도 그 이야기를 전하고 있는 환상적이고 상징적인 분위기와 서술양식이 주는 오묘함에의 심취였다고 말할 수 있을 것이다.

　세 번째로 『주홍글자』와 맞닥뜨린 것은 미국에서 공부하던 시절이었다. 작품을, 특히 예술작품을 즐기고 감상하고 이해하는 데 감상자의 태도와 감상 당시의 여러 가지 상황이 얼마나 중요한 요인으로 작용하는가를 그때 나는 절실히 체험할 수 있었다. '맞닥뜨렸다'는 표현에서 이미 눈치 빠른 독자들은 짐작했겠지만 그때 나는 할 수 없이 리딩 리스트reading list에 오른 『주홍글자』를 다시 읽어야 했고 그것은 아주 고통스런 부담이었다. 도저히 정독을 할 수 없는 제한된 짧은 시간에 벼락같이 소설 한 권을 읽어치우고 거기에 대해 뭔가를 써내야 하는 상황에서 그 소설을 제대로 감상하고 즐긴다는 것은 애초에 불가능한 일이었던 것이다. 그렇게 해서 미국 유학 시절에 다시 읽은 『주홍글자』는 퓨리터니즘이라는 음울하고 경직된 세계에 대한 어두운 인식 이외에 나에게 새로운 감동을 주지는 못했고 오히려

『주홍글자』에 대한 나의 애정을 약화시키는 데 기여를 한 셈이었다.

그 약화된 애정을 되찾은 계기는 이 작품을 강의실에서 가르쳐보기로 함으로써 이루어졌다. 그렇게 해서 나는 이 작품을 네 번째로 다시 읽게 된 것이다. 세 번째 경우와 비슷하게 어떤 절박한 목적(이 경우는 처음으로 가르친다는)을 가지고 작품을 분석하는 식의 글읽기에서 어떤 예술적 감동을 얻는다는 것은 불가능한 것이었지만, 여러 학자와 비평가들의 다양한 해설과 비평을 검토하고 참고하는 과정에서 나는 이 작품에 숨겨진 많은 의미들을 캐낼 수 있었고, 그런 귀한 의미들을 은밀히 간직하고 있는 작품의 그 오묘한 깊이에 적지 않은 학문적 감명을 받았다.

그 후 20년 가까이 나는 『주홍글자』와 비교적 소원하게 지내왔고(필요에 따라 부분적으로 읽거나 개요를 확인하는 정도로) 대학원에서는 『블라이드데일 로맨스 The Blithedale Romance』를 더 자주 다루어온 셈이었다. 그러다가 이번에 이 글의 청탁을 받고 참으로 오랜만에, 마치 옛 애인을 다시 만나 듯 설레는 마음으로 이 소설을 다시 읽게 되었고 그 설렘과 기대는 옛사랑이 결코 헛된 것이 아니었음을 확인시켜 주는 귀한 보상으로 응답을 받게 된 것이다. 돌이켜 보면 이 소설에 대한 나의 역사는 마치 나의 글읽기의 역사를 압축해 놓은 듯하다. 아마추어 독자로 시작해서 문학 초년생과 좀 더 전문적인 문학도의 과정을 거쳐 직업적인 교사에 이르기까지 나의 글읽기의 여정을 잘 압축해 보여 주고 있는 까닭이다.

그 과정들을 거치면서 이 소설에 대한 나의 반응과 이해가 번번이 달랐던 것은 당연한 일이었을 것이다. 사춘기의 소년 시절에는 헤스터 프린과 딤즈데일과 로저 칠링워스Roger Chillingworth의 삼각관계로 얽힌 사랑의 내용이, 문학의 예술성에 막 눈뜨기 시작한 대학생 시절에는 상징적이고 환상적인 그 스타일과 형식이, 외국의 문화와 사회 환경에 더 민감해진 유학생 시절에는 경직된 미국의 청교도 사회에서의 음울한 죄의 주제가, 그리고 공부하고 가르쳐야 하는 교사의 입장에서는 그 다양한 문학적 요소와 숨은 의미들의 분석이 각각 더 중요한 관심사로 떠올랐을 법하기 때문이다. 그런데 중요한 것은 이런 글읽기가 모두 다 정당하다는 것이다. 그러나 이 말은 '모든 글읽기는 다 오독'이므로 어떤 글읽기도 정당화될 수 있고, 작품을 주관적으로 어떻게 읽든지 그것은 독자의 자유라는 신식 이론에 근거를 둔 것이 아니다. 그것은 어느 정도 합의된 글읽기의 '관습convention'과 그런 관습을 기본적으로 익힌 독자informed reader의 수준을 근거로 해서 내린 판단인 것이다.

그런 기준으로 볼 때 『주홍글자』는 분명 사랑의 격렬한 한 형태인 간음사건을 주축으로 칠링워스와 삼각관계로 얽힌 헤스터 프린과 딤즈데일의 이루어질 수 없는 비극적 사랑을 담은 사랑의 이야기이고, 이 소설의 강렬한 인상은 분명 그 초자연적이고 고딕적인 분위기가 뒷받침하는 상징적 형식에서 온다고 볼 수 있으며, 청교주의는 이 소설의 지리적, 역사적, 정신적 배경을 이룰 뿐만 아니라 그 자체가 바로 이 소설의 주제로서 죄의 문제는 바로 그 핵심에 자리잡고 있다고 말할 수 있을 것이다. 이런 주장을 통해서 내가 강조하려는 것은 다름 아닌 이러한 여러 가지 다양한 해석을 가능하게 하는 이 소설의 다면성과 풍요로움이다. 위에서 든 이 작품 해석의 예는 나 자신의 독서 경험을 이야기하는 가운데 예시한 극히 부분적인 몇 개의 예에 지나지 않는다. 이 소설의 출판 당시부터 오늘에 이르기까지 수많은 학자와 비평가들의 글읽기가 보여주는 다양한 해석은 이 소설이 지니고 있는 함의만큼이나 풍부하고 다층적이다.

풍부한 함의를 지니고 있는 위대한 작품들이 대체로 그렇듯이 이 작품 역시 처음 출판 당시부터 양극적인 찬반의 평가를 받았다. 이들 초기 비평의 초점은 주로 작품의 소재와 인물들의 처리에 맞추어진 것인데, 어떤 비평가들은 성직자의 간음이라는 소재 자체가 부도덕하고 불결하며 죄를 회개하지 않는 죄인들을 작가가 너무 동정적으로 다루고 있는 것은 비윤리적이고 비기독교적이라고 비판하는 반면. 또 다른 비평가들은 이 작품이 육체적 욕망의 위험과 파국을 경고하는, 도덕적으로 매우 교훈적이고 심지어 청교주의적이기까지 한 작품이라고 옹호한다. 그러나 초기 이후 19세기의 비평은 대체로 호의적인 편으로, 이 소설을 도덕적 타락의 결과를 중심주제로 다룬 식민지 문화의 기술로, 그리고 죄의 문제를 다루는 호손의 태도를 분명한 것으로, 비교적 단순히 해석하고 있다.

이 소설에 대한 평가의 새로운 전기는 헨리 제임스Henry James

에 의하여 마련되었다고 볼 수 있는데, 주지하다시피 그는 호손으로부터 많은 영향을 받으면서도 동시에 그것을 극복하려고 노력한 작가로서 이러한 태도는 이 소설에 대한 해석에도 잘 반영되어 있다. 제임스는 이 소설이 "이 나라에서 씌어진 가장 섬세하고 훌륭한 상상적 작품"임을 인정하면서도, 이 소설의 철학적 추상성이 이 작품을 너무 음울하고 고통스럽게 경직시키고 있고 그 추상성에 기여하기 위하여 상징이 너무 남용되고 있음을 지적한다. 또한 제임스는 호손 자신의 청교주의에 대한 이중적 태도, 나아가 그의 모호성ambiguity 자체를 암시하는 매우 중요한 비평적 성과를 올렸다고 말할 수 있을 것이다.

20세기 전반에는 『주홍글자』의 의미를 소설 자체보다는 작가 자신의 심리세계와 연관시켜 이해하려는, 예컨대 아버지를 일찍 여읜 상처, 어머니의 괴팍한 내성적 성격, 자신의 다리 부상, 뉴잉글랜드 사회의 억압적 전통 등에서 비롯되었을 호손의 소외감과 부적응성을 이 소설의 음울함과 연결시켜 이해하려는, 즉 작자의 자서전적 요소를 강조하는 글읽기가 성했다고 니나 베임Nina Baym은 지적하고 있는데, 그것은 당시의 프로이트Sigmund Freud 심리학의 영향과 무관하지 않을 것으로 생각된다. 이 시기의 또 하나의 중요한 해석은 로렌스D.H. Lawrence로부터 나온 것인데, 로렌스는 헨리 제임스와 마찬가지로 『주홍글자』를 너무 고통스럽고 어두운, 근본적으로 도덕적인 우화parable로 보면서 육체적,본능적 삶을 죄악시함으로써 위선을 가르치는 파괴적 신화로, 로스 머핀Ross C. Murfin의 말을 빌려 "인간 타락 신화의 미국적 재구성"으로 비판하고 있지만 다른 한편으로는 니나 베임도 지적하듯이 이 작품이 정서적으로 빈곤하고 위선적인 미국의 도덕주의에 대한, 비록 위장적이기는 하지만 매우 심오한 비판임을 시사하고 있기도 하다.

20세기 중엽에 이르면서는 매티슨F.O. Mattiessen, 포글R. H. Fogle 등 소위 학문비평academic criticism 학자들이 이 소설의 예술성에 주목하여 세 개의 처형대 장면을 중심축으로 유기적 구조를 이루고 있는 탁월한 예술적 구성과매티슨 효과적인 색깔 및 빛의 모티프, 극적 아이러니의 활용 등포글 다양한 예술적 기교를 강조하였다. 뒤이은 신비평가들New Critics은 작품의 형식과 의미를 살피는 것이 비평가의 임무라는 그들의 문학이론에 합당하게 작가의 개인적 삶의 영향이나 타락 신화 같은 역사적·문화적 문맥보다는 여러 가지 형식적 요소 및 구성의 측면을 이 작품의 더 중요한 성취로 부각시킨 바 있다.

이러한 형식주의적 접근 외에도 20세기 중반 이후, 『주홍글자』의 연구는 더 활기를 띠어 더욱 다양한 해석들이 시도되어 오고 있다. 예컨대 문학사가들은 이 소설의 낭만주의적 특성에, 프로이트 심리학 비평가들은 문화의 본질에 관련된 이 작품의 원형적·상징적 측면에, 문학작품을 한 특정 문화의 기술로 보려는 사회비평가social critic들은 이 작품에 담긴 19세기 뉴잉글랜드의 삶의 진상에, 오늘날의 새로운 도덕주의 비평가들은 이 작품이 다루고 있는 결코 단순치 않은 죄의 문제의 섬세하고 복합적인 양상에 각각 해석의 초점을 맞추어 온 것이다. 이 시기의 여러 가지 해석 중, 시적 은유와 상징에 너무 집착하는 신비평가들의 한계를 지적하고『주홍글자』를 미국소설의 로맨스적 전통을 선도하고 대표하는 작품으로 이해하려는 리처드 체이스 Richard Chase, 형식주의적 접근으로『주홍글자』의 상징성을 분석하는 한편 이 작품을 역사적 상황에서 씌어진 역사성이 강한 작품으로 다시 읽기를 시도하는 찰스 파이델슨 Charles Feidelson, 다분히 헨리 제임스와 로렌스의 영향을 받아 미국소설에서의 사랑이라는 주제의 특성을 언급하면서『주홍글자』를 "유혹 seduction이 없는 유혹 이야기, 타락 Fall이 무대 뒤에서 제대로 연기도 시작하기 전 상태에서의 타락 이야기"라고 적절히 해석하는 레슬리 피들러 Leslie A. Fiedler, 프로이트 심리학을 적용하며『주홍글자』를 리비도 libido적인 욕망과 에고 ego의 억압을 탐색하고 있는 어두운 심리적 사실주의 작품으로 읽는 프레드릭 크루즈 Frederick C. Crews,『주홍글자』를 파우스트 Faust 신화, 즉 '악마원형 devil archetype'의 틀에서 이해하여 칠링워스는 물론 헤스터 프린과 딤즈데일까지 파우스트 인물형으로 해석하는 윌리엄 비쉬 슈타인 W.B. Stein의 주장들은 특히 주목할 만하다.

최근의 비평이론에서『주홍글자』가 어떻게 해석되고 평가되고 있는가에 관심 있는 독자들은 머핀의 해설이 큰 도움을 줄 수 있을 것이다. 머핀은 1991년에 그가 편집한 세인트 마틴 출판사 St. Martin Press의『주홍글자』에서 다섯 가지의 현재 비평이론, 즉 정신분석 비평 Psychoanalytic Criticism, 독자반응 비평 Reader-Response Criticism, 여성주의 비평 Feminist Criticism, 해체비평 Deconstruction, 신역사주의New Historicism 비평을 예로 들어, 각 접근 방법을 활용하고 있는 대표적인 비평문 한 개씩을 선정해서 이들이 『주홍글자』를 어떻게 다각적으로 달리 해석하고 있는가를 잘 소개하고 있는데 관심 있는 독자들은 직접 이 비평문들을 읽어 볼 기회가 있기를 바란다.

과거의 전통적인 글읽기만이 아니라 이러한 최근의 여러 가지 새로운 실험적인 글읽기에도 이 작품이 매우 적절한 텍스트로 고루 활용되고 있음은 이 소설이 담고 있는 인간과 삶에 관한 통찰의 깊이가 어떠한가를 웅변으로 말해 주고 있다.

고전이라는 것이 어떤 것인가를 딱 부러지게 정의하기는 쉽지 않을 것이다. 그러나 일반적으로 합의될 수 있는 몇 가지 기준을 상정해 보는 것은 그다지 어렵지 않으리라 생각한다. 예컨대 상당한 오랜 기간에 걸쳐 그 품질의 훌륭함이 검증되고 보장된 작품이어야 한다든지, 인간과 삶에 관한 넓고 깊은 통찰을 담고 있어야 한다든지, 풍부하고 다층적인 함의를 지님으로써 계속 새롭게 읽힐 수 있는 작품이어야 한다는 것 등이 그 기준이 될 수 있을 것이다. 이런 일반적인 기준으로 볼 때 『주홍글자』는 우리가 이미 살펴본 대로 당연히 고전 대열에 올라야 할 작품임에 틀림없다. 니나 베임은 걸작품masterpiece이 갖추어야 할 다섯 가지 요건으로 첫째, 작가가 자신이 선택한 매체를 체득했음을 보여주는 위대한 기교의 숙련, 둘째, 역설적으로 작가가 체득한 기교의 일반규칙을 초월할 수 있는 뚜렷한 독창성, 셋째, 작품에 배인 개인적 감성의 분명한 흔적, 즉 분명한 개성, 넷째,

우리의 과거 경험에 대한 이해의 폭을 넓혀주고 나아가 우리의 삶에 대하여 새롭게 생각할 수 있게 해 주는 강력한 정서적·지적 영향력, 다섯째, 우리가 우리 주변의 세계를 이해하고 해석할 수 있게 해 주는 시금석으로서의 기능을 들면서 호손의 『주홍글자』는 이 모든 조건을 충족시켜 주는 걸작품이라고 극찬한다. 즉 이 작품은 진정한 기교의 숙련가가 언어를 가지고 무엇을 할 수 있는가를 보여 주는 탁월한 기교, 간음의 문제와 인물의 처리방식에서 드러나는 관습을 초월한 뚜렷한 독창성, 그 자신의 장르를 만들어 냈다고 할 수 있을 정도의 강한 개성, 우리의 이해를 확대시켜 우리를 변하게 하는 강한 영향력, 인물들의 특성과 주홍글자 'A'의 상징이 우리에게 마련해 주는 시금석적 기능 등 모든 요건을 다 갖추었다는 것이다.

    니나 베임이 말하는 걸작품은 곧 고전의 다른 이름이고 그가 내세운 다섯 가지 요건도 위에서 우리가 상정해 본 일반적인 고전의 기준에서 크게 벗어나지 않는다. 결국 고전이라 불릴 만한 작품은 오랜 세월에 걸쳐서 검증된 탁월한 예술성, 강한 개성과 독창성, 독자의 삶을 확대하고 변화시킬 수 있을 인생에 대한 넓고 깊은 통찰력을 갖춘 작품이라고 정리해 볼 수 있을 것이다. 그러나 나는 무엇보다도 늘 새롭게 다시 음미되고 천착될 수 있는 삶의 진실에 대한 깊은 이해와 애정을 담고 있는, 그럼으로써 어느 시대의 독자에게도 공감과 감동을 줄 수 있는 작품이 고전의 으뜸이라고 생각한다. 고전의 가치는 계속 읽히면서도 그 안에 담긴 진실의 의미가 고갈되거나 탕진되지 않는 데 있는 것이라고 믿는 까닭이다. 그런 의미에서 『주홍글자』는 과연 고전의 으뜸 대열에 끼일 만하다.

　『주홍글자』는 처음에는 인정을 받지 못하다가 나중에야 인정을 받는 등 우여곡절과 부침의 운명을 겪은 많은 고전들과는 달리 처음부터 고전으로 평가를 받아 지금까지도 그 위치가 거의 흔들려 본 적이 없는 드문 경우에 속한다. 더욱이 어둡고 음울한 어조에도 불구하고 처음 출판된 이후 지금까지 한 번도 절판된 적이 없는 진기한 기록을 세우면서 이 작품이 아직도 꾸준히 읽히는 것은, 바로 이 소설에 담긴 삶의 진실에 대한 작가의 풍부한 이해와 애정 때문일 것이라고 나는 생각한다. 그리고 이러한 나의 생각은 호손의 가장 두드러진 중요한 특징이라 할 수 있는 '모호성'이 바로 삶의 진실에 대한 호손의 이해와 애정의 태도에 밀접히 연관되어 있으리라는 생각으로 이어진다. 사실 모호성은 호손의 모든 글에, 글로 표현된 그의 모든 생각에 편재해 있는 가장 두드러진 특성이어서 이 모호성에 대한 이해는 곧 호손 문학을 이해하는 관건이 된다고 해도 과언이 아닐 것이다.

　『주홍글자』에서 우리는 이런 모호성에 줄곧 마주치며 때로 곤혹감을 느끼게 되는데, 그것은 때로는 판단의 유보로, 때로는 해석의 여러 가능성으로, 때로는 이중적 시각으로, 때로는 애증의 양면적 태도로, 때로는 복합적인 상징적 함축으로 다양하게 나타난다. 예컨대 우리는 이 작품에서 죄의 문제를 다루는 호손의 관점이 종교적인가 세속적인가, 딤즈데일과 헤스터 프린의 죄를 호손은 신의 계율을 범한 것으로 보는가, 사회적 규율을 어긴 것으로 보는가를 분명히 판단하기가 어렵다. 또한 헤스터 프린은 처음엔 자신의 죄를 뉘우치지 않은 오만스런, 그러나 결국엔 자신의 운명에 순종하는 종교적 죄인인가, 아니면 청교도 사회의 경직된 도덕률과 전횡적인 권위에 대항하는 자유주의적인 여주인공인가도 분명히 말하기 어렵다. 이 소설의 시대적·지리적·정신적 배경을 이루고 있는 청교주의에 대한 작가의 태도부터 긍정적인지 부정적인지를 가리기가 쉽지 않다. 또한 중요 등장인물들에 대한 호손의 태도 역시 어디까지 긍정적이고 어디까지 부정적인지, 그리고 그 이유는 무엇인지 명확하게 설명하기가 어렵다. 의미의 모호함은 이 소설에 가득한 여러 상징, 즉 헤스터의 주홍글자 'A', 딤즈데일의 가슴의 상흔, 펄의 요정적 특징, 어두운 숲 등 상징적 의미의 경우에도 예외가 아니다. 심지어 이 소설의 서장 격인 '세관'에서부터 우리는 어디까지가 사실이고 어디까지가 허구인지 그 한계의 모호함, 단순치 않아 보이는 작가와 화자 사이의 모호한 거리, 본 이야기와 관련되어 있을 서문의 모호한 예시적 의미와 직면하게 된다. 마지막 장인 '결론' 역시 펄에 대한 모호한 후일담과 여성의 지위에 대한 헤스터 프린의 모호한 발언으로 끝맺고 있다. 그러니까 『주홍글자』는 모호함에서 시작해서 모호함으로 끝나고 있다고 해도 과언이 아니다.

 그렇다면 이 모호함을 우리는 어떻게 이해하고 해석해야 할 것인가. 우선 몇 가지 이해와 해석이 가능할 것이다. 언어로 된 모든 텍스트는 언어 자체에 내재한 해석의 문제를 근원적으로 포함하고 있기 때문에 어느 정도의 모호성은 불가피한 것이고, 특히 문학작품은 함축과 비유의 언어에 크게 의존할 수밖에 없기 때문에 모호성은 모든 문학작품의 근본적인 속성이라는 게 그 하나가 될 수 있을 것이다. 호손은 그 함축과 비유의 언어를 유별나게 상징적으로 활용하기를 좋아하는 작가이기 때문에 모호함의 정도가 더 강할 수밖에 없으리라는 것이 또 하나의 설명이 될 수 있을 것이다. 또한 호손 자신이 「세관」에서 밝히고 있듯이 '실제적인 것the Actual'과 '상상적인 것the Imaginary'이 서로 만나서 서로의 본질에 섞여 스며들 수 있는, '사실적 세계the real world'와 '환상적 세계the fairy-land' 사이 어딘가의 '중립지대a neutral territory'를 작품세계로 선호하는 그의 취향이, 이것 같기고 하고 저것 같기도 한 모호한 세계를 결과적으로 창조해 낸 것이라고 이해해볼 수도 있을 것이다.

    그러나 이런 해석들은 그의 모호함의 특성과 배경을 설명하는 데는 도움을 줄 수 있지만 그 모호함을 정당화하는 데는 한계가 있어 보인다. 그렇다면 그 모호함의 정당성을 설명해 줄 수 있는 해석은 가능한가. 나는 사물의 이치와 삶의 진실에 대한 깊은 이해, 그런 삶을 살아야하는 인간에 대한 애정을 호손의 모호함과 연결시켜 생각해 봄으로써 그러한 해석의 가능성을 찾으려 한다.

    호손은 사물의 이치를 결코 단순하게 피상적으로 받아들이거나 이것 아니면 저것 식의 이분법적 재단으로 파악하지 않는다. 그는 근본적으로 사색적이고, 무엇보다도 사물과 삶의 이치에 대한 단순한 논리나 명쾌한 해석에 항상 경계적이고 회의적인 태도를 취하는 작가이다. 그래서 그는 사물과 삶의 양상에 대하여 이중적 또는 다면적인 측면을 늘 살피는 복합적인 관점을 취해 온 것이다. 이러한 그의 태도는 '분명한 운명Manifest Destiny'에의 확신, 명쾌한 진보 논리, 안이한 낙관주의 등 당대 미국사회에 만연한 경박한 정신적·지적 풍토에 대한 비판적 반작용의 산물이기도 하고, 청교주의의 가능성과 한계, 노예제도에 얽힌 남북의 갈등, 다양한 개혁운동의 허와 실에 대한 그의 관조적 인식의 결과이기도 하다. 호손의 모호함은 바로 이러한 복합적 관점과 복합적 인식의 결과로 나타나는데, 그것은 복합적이고 다층적이기 때문에 모호해 보일 수밖에 없지만 진실을 호도하는 것이 아니라 오히려 진실의 균형 잡힌 참모습에 가까운 것으로 이해되어야 한다. 다시 말해서 호손의 모호함은 진실의 회피나 호도라기보다는 오히려 진실의 참모습에 대한 깊은 이해를 뜻하는 것으로 보아야 한다는 것이다. 예컨대 『주홍글자』에서 청교주의에 대한 호손의 모호한 태도는 그의 청교도 조상들의 역사를 통해서 얻게 된 청교주의에 대한 깊은 이해와 복합적 인식을 오히려 더 잘 나타내고 있다고 볼 수 있는 것이다. 헤스터 프린의 처리에서 나타난 호손의 모호한 태도 역시, 여권 문제에 대한 호손의 한계, 즉 진보정신에 동조하면서도 실천에 옮기기를 주저하는 호손의 한계를 보여 주는 것으로서 색번 버코비치 등 많은 비평가들의 비판의 대상이 되고 있지만, 사실 호손은 그 모호한 태도를 통하여 진보정신이나 개혁운동에 대한 자신의 깊은 이해와 복합적 인식을 오히려 설득력 있게 전하고 있다고 볼 수도 있다. 다시 말해서 개혁정신 자체는 높이 평가하지만 그것이 필연적으로 가져올, 그 개인주의적·자유주의적 정신이 안고 있는 위험, 특히 인간의 온전함을 파괴할 수 있는 정신의 파괴적 속성에 대한 우려를 그런 모호해 보이는 태도 속에 의도적으로 담고 있다고 볼 수 있다는 것이다. 또한 헤스터 프린의 처리에 있어서의 모호성은 한 개인의 삶이 그렇게 일관된 모습으로 명쾌하게 설명될 수도 없고, 개혁이라는 것이 그렇게 분명한 처방으로 쉽게 이루어질 수도 없다는 호손의 인식을 의도적으로 암시한 것이라고 볼 수도 있다.

호손의 모호함은 이처럼 어떤 문제점에 대한 자신의 복합적인 인식을 전하기 위한 의도적인 경우가 대부분이지만 그의 '약점'에 의하여 어쩔 수 없이 드러나는 경우도 없지 않다. 그 약점은 바로 인간애와 인간적 유대에 대한 남다른 집념, 결코 단순할 수 없는 이 세상의 어려운 삶을 살아가도록 운명 지워진 약한 인간에 대해 느끼는 본능적인 애정이다. 『주홍글자』를 포함한 그의 거의 모든 작품들은 종교 같은 인간의 제도적 구속에 의하여 그리고 과학 같은 새로운 지식 혹은 정신의 힘에 의하여 인간성과 인간 간의 유대가 어떻게 위협받고 파괴되어 가는가를 극화함으로써 궁극적으로 바로 이 인간애와 인간적 유대의 주제를 강조하고 있다 해도 과언이 아니다. 위에서 예를 든 진보정신에 대한 호손의 이중적인 태도는 그런 정신 안에 내재한 인간성과 인간애를 파괴할 수 있는 위험에 대한 우려에서 비롯된 것임을 이미 살펴본 바가 있다.

　약점과 부족함의 한계를 벗어날 수 없는 인간들에 대한 호손의 근원적인 연민의 정은 그의 작품에 등장하는 거의 모든 인물들을 향해 열려 있다. 간음이라는 중죄를 지은 죄인인 딤즈데일과 헤스터 프린에 대해 호손이 보이는 모호한 태도는 의도적이라기보다는 약점을 지닐 수밖에 없는 인간의 불행에 대해서 느끼는 연민의 정이 자연스럽게 표출된 것이라 보는 것이 옳을 것이다. 그의 소설들이 거의 예외 없이 어둡고 음울하고 비극적인 내용을 다루면서도 절망적으로만 느껴지지 않는 것은 인간의 부족함과 그런 부족함이 가져오는 비극적인 삶에 대한 그의 이해와, 그런 삶을 살 수밖에 없는 인물들에게 보이는 인간적인 애정 때문일 것이다. 『주홍글자』에서 호손이 심지어 자기 자신에 의하여 악의 화신처럼 그려진 칠링워스에게조차 연민의 정을 느끼고 있음을 간파하는 순간, 우리는 호손의 고질적인(?) 약점인 인간애의 애정을 새삼 확인하게 된다. 마지막 장에서 호손은 증오의 화신으로 독자들의 뇌리에 깊이 박혀 있을 칠링워스에 대해 이야기하면서, "사랑과 증오는 근원적으로 같은 것"이어서 딤즈데일과 칠링워스가 육체적 세계에서는 "서로의 희생자"이지만 영적인 세계에서는 "지상에서 쌓인 그들의 증오가 귀한 사랑으로 바뀌게 되는 것"을 보게 될지도 모른다고 말한다. 데이비드 레버렌즈 같은 비평가는 이 부분에 대하여 "호손의 모든 글 중에서 가장 이상한 부분"이라며 일관성을 잃은 그의 근거 없는 진술을 격렬히 비판하고 있지만, 나는 이 부분이야말로 호손의 '일관된 약점'을 잘 보여주는 아주 호손다운 진술이라고 생각한다. 결국 작가도 완전한 인간일 수는 없으니까.

사실 호손의 작품들, 특히 『주홍글자』가 독자들의 사랑을 받으면서 계속 읽히는 이유는 호손의 바로 이러한 인간적 요소, 즉 한계를 지닌 인간으로서 우리 모두가 공유할 수밖에 없는 인간의 불행한 운명에 대해 깊은 이해와 애정을 가지고 우리 모두가 하나일 수 있는 '불행한 인간들'의 이야기, 곧 우리 자신의 이야기를 들려 주고 있다는 점이다. 이 소설이 계속 읽히는 또 하나의 이유는 앞에서 이미 시사한대로, 새로운 생명체로 다시 살아날 수 있는 의미의 풍요로움일 것이다. 사물과 인간에 대한 호손의 깊은 이해와 복합적인 인식은 모호함이라는 해석의 틀을 마련해 주고, 독자들은 이 모호함의 틀을 통해서 계속 새로운 글읽기를 시도할 수 있을 것이기 때문이다.

다섯 번째가 되는 이번의 『주홍글자』 읽기에서 이 소설의 위대함은 결국 호손 특유의 휴머니즘으로 귀착이 되어야 할 것 같다. 제법 거창하게 펼친 판으로는 결론이 너무 싱거운 것 같기도 하지만 문학이 궁극적으로 지향해야 할 것은 역시 휴머니즘이라는 평소의 생각을 새삼 단단히 확인시켜주었다는 점에서 너무 싱거운 결론만은 아니리라 자위하며 글을 마친다.

1997. 『안과 밖』 제2호
-글의 일부를 삭제하였음-

대학입시제도 이대로 좋은가

'이제는 제발'이라는 우리 모두의 간절한 희구와 기대에도 불구하고 올해도 우리는 열기와 혼란과 탄식의 와중에서 또 한 번 대학입시를 치렀다. '열기와 혼란과 탄식'이라는 표현이 과장처럼 들리는 사람이 혹 있다면, 그 열기를 벌써 서서히 잊어가고 있는 사람이 혹 있다면, 그런 분들에게는 전기대학 입학원서 마감일의 접수창구 주변의 생생한 혼란과 그 주변에 널린 갖가지 일화들을 다시 한번 상기해 보도록 권하고 싶다. 어느 컬럼니스트의 신랄하고 자조적인 비유처럼 그 와중은 '우리의 교육이 4천만 온 국민을 상대로 장바닥에 벌여 놓은 거대한 하나의 야바위판' 같은 것이었는지도 모른다.

지난 한 달 동안 전국의 모든 신문들은 사설과 칼럼을 통하여, 또는 특집기사나 설문조사를 따로 마련하여 현행 대학입시제도의 여러 가지 문제점을 심각하게 다루었고 많은 학자와 교육전문가들 역시 그들 나름의 진단과 처방을 제시해 오고 있다. 요란한 진단 과정에 비해 그 갖가지 치료 방법이나 처방이 별로 신통치 못해 보이는 것은 사실이지만 적어도 현행 입시제도라는 병리현상이 매우 심각한 질환의 상태에 이르렀고 이 이상 더 근본적인 치료를 늦출 수 없는 중증에 빠져 있다는 진단 결과에는 의견들이 일치하고 있는 듯하다.

그럼에도 불구하고 주치의격인 주무당국에서는 근본적인 치료의 필요성을 경시하고 국부적인 치료에 만족하고 있는 것이 아닌가 싶어 몹시 안타깝다. 현행 입시제도를 고수하기로 결정한 최근의 문교부 방침은 바로 그러한 태도로 해석될 수밖에 없기 때문이다. 문교부는 매년 치를 수밖에 없는 홍역 정도의 가벼운 증상으로 진단한 것인지, 아니면 매우 심각한 중증으로 판단을 내리면서도 도저히 만족할 만한 치유책을 찾을 수 없어 근본치료를 포기할 수밖에 없었던 것인지는 분명히 알 수 없지만, 그 어느 쪽도 결코 바람직한 태도가 되지는 못한다고 생각한다. 만일 전자의 경우라면 그것은 분명한 '오진'이라고 감히 말할 수 있을 것이며, 후자의 경우라면 치료의 성공 여부를 떠나 우선 주치의로서 최선의 노력을 다하지 않았다는 비난을 면키 어려운 까닭이다. 더구나 대학입시제도라는 이 질환의 경우, 치료를 위한 최선의 노력을 다하는 것만으로 주치의의 의무가 완수될 수 없다는 데에 문제가 있다. 중요한 것은, 그리고 분명한 것은, 지금 중태에 빠져 있는 우리의 교육이라는 환자를 어떻게든 살려내야 한다는, 어떠한 경우에도 결코 그 생명을 포기할 수 없다는 비장한 사실이다. 지금 우리의 교육은 그처럼 절박한 상항에 처해 있다는 것이 필자의 솔직한 느낌이다.

이러한 절체절명의 당위를 받아들인다면 당장 만족스러운 치유책을 마련할 수 없다 하더라도 근본적인 치료방법을 찾는 노력은 꾸준히 참을성 있게 계속되어야 한다. 또 그 작업이 어려우면 어려울수록 더욱 더 그 질환의 정확한 증상, 근인近因과 원인遠因, 그 합병증과 후유증 등에 대한 철저하고 광범위한 연구가 이루어져야 하리라 생각한다. 졸속의 처방은 오히려 증상을 악화시킬 위험을 수반하기 때문이다.

물론 주무당국인 문교부는 이 어려운 작업을 성공적으로 수행하기 위하여 그동안 어려운 여건 속에서 그 나름대로 최선의 노력을 다해 왔을 것이다. 그러나 이 무거운 짐을 문교부 혼자에게만 떠맡길 수는 없고 또 혼자서 떠맡을 수도 없는 일이다. 짐이 너무 무거워져버린 것이다. 그 작업은 한 행정부서의 전결사항이나 몇몇 교육전문가들의 관심사에 그칠 일이 아니라 온 국민의 힘과 지혜를 통하여 이루어질 수 있는 공동의 작업이 되어야 할 것이다. 여기서는 대학입시제도가 안고 있는 여러 가지 근본적인 문제점들을 전체적인 조망을 통하여 차근히 검토해 보다 나은 개선책을 모색해 보고자 한다.

본고사제도를 폐지하고 학력고사와 내신성적만으로 선발기준을 삼는 현행 대학입시제도의 골격이 갖추어진 것이 1980년의 '7.30 교육개혁조치'에 의해서임은 잘 알려진 사실이다. 새로운 입시제도는 불과 4개월이라는 짧은 유예기간만으로 실시된 그 시행의 졸속성에 대한 비난, 학력고사만으로 학생들의 실력을 정당하게 평가할 수 있을까에 대한 의문, 과연 내신제도가 생명으로 갖춰야 할 공정성을 지킬 수 있을 것인가에 대한 불안 등 부정적인 분위기 속에서 출범하였지만 동시에 우리 교육 혹은 우리 사회의 고질적 병폐였던 과열과외의 추방과 고교 교육의 정상화라는 매우 바람직한 근본취지로 인하여 상당히 긍정적인 반응과 기대를 모았던 것도 사실이다. 사실 과열과외 추방을 이만큼 성공시킨 것은 아마도 새 정부의 능력을 유감없이 발휘한, 가장 돋보이는 교육정책의 성공사례로 높이 평가받을 만하다.

그러나 그렇게 출범한 새 대학입시제도는 시행 첫 해부터 우리의 예상을 뒤엎는 극심한 '혼란의 장'을 연출하며 제도상의 여러 가지 허점과 문제점을 드러냈다. 그 혼란은 주무당국이 믿고 있듯이 무제한 복수지원이나 성적분포 공개 등 지엽적인 관리상의 허점이나 실수에서 비롯된 것이라기보다는 새 제도에 따르는 여러 가지 복합적인 문제에 대한 근본적이고 충분한 검토와 연구를 거치지 못한 졸속행정의 필연적인 결과가 아니었나 생각된다. 그것은 다음 해인 1982년의 입시에서 복수지원을 두 개 대학에 국한시키고 지원자의 성적분포 공개를 엄격히 규제한, 첫 해의 허점에 대한 보완작업에도 불구하고 그에 못지않은 혼란을 빚었다는 사실에서 선명하게 드러나고 있다.

이러한 오류는 금년의 입시에서도 예외가 아니었다. 한 개 대학 지원에 학과의 세분과 2, 3지망의 활용이라는 보완조치에도 불구하고 지난 두 해에 크게 뒤지지 않는 갖가지 비교육적 양상을 드러낸 것이다. 더구나 금년에는 고득점자의 양산으로 인하여 특히 중상층의 학력고사 성적을 얻는 다수의 학생들은 학교와 학과 선택에 보다 큰 혼란과 고통을 겪어야 했고 많은 대학들이 그 후유증의 피해를 감수해야 했다. 학력고사 출제의 난이도 조정에 실패한 이러한 부정적인 결과에 대해서도 주무당국은 그 이상 현상을 고교학력의 상향평준화의 바람직한 결과라 자찬하며 내년에는 거의 두 배에 가까운 고득점자를 양산하겠다는 이해할 수 없는 포부를 밝히기도 했다.

이제 세 차례에 걸친 현행 입시제도의 시행결과를 통하여 분명해진 것은 지금의 이 제도가 근본적으로 뭔가 잘못되어 있지 않느냐는 점, 그리고 관리상의 국부적인 땜질 작업으로는 시행착오의 연쇄반응만이 계속될 뿐 근본적인 교정은 불가능하지 않겠느냐는 점이다. 물론 모든 제도가 완벽할 수는 없으며 특히 우리나라처럼 이상교육열에 들뜬 사회에서는 어떤 입시제도를 적용하더라도 어느 정도의 혼란은 피할 수가 없을 것이다. 문제는 혼란의 정도이며 더욱 근본적인 문제는 입시제도의 교육적 기능이다.

혼란의 정도를 극소화하고 교육적 기능을 극대화할 수 있는 입시제도를 마련하기 위해서는 무엇보다도 현재의 제도가 뭔가 근본적으로 잘못되어 있지 않느냐는 냉정하고 겸허한 깨달음과 그 개선을 위한 신중하고 참을성 있는 탐구적 자세가 중요하리라 생각한다. 그러한 노력 없이 근본적인 개선을 기대하기에는 현 제도가 드러내고 있는 문제점들, 그 질환의 증상들이 이미 너무 심각한 상태에 이르고 있는 까닭이다. 그렇다면 개선방안을 이야기함에 앞서 그러한 자각증상들을 점검해 보는 것이 논의의 순서가 아닐까 한다.

현행 입시제도가 안고 있는 문제점 중 주무당국이 가장 과

민한 반응을 보이고 있는 문제는 미달사태가 아닌가 싶다. 그것은 아마도 미달사태가 객관적으로 가장 분명히 드러나는 현 제도의 취약점이라는 생각 때문일 것이다. 안전을 택하려는 수험생들이 모두들 낮추어 지원하려는 경향에서, 그리고 전년도에 경쟁이 심했던 학과나 고득점자가 몰릴 것으로 예상되는 인기학과를 피하려는 심리에서 미달사태가 빚어지는 것은 어쩌면 필연적이다. 특히 명문대 인기학과의 미달사태는 '현행 입시제도의 허를 찌르는 가장 희극적 요소'라는 한 기자의 말은 새겨들을 만하다.

문교부가 금년 입시를 성공적인 것으로 만족해 하는 가장 큰 이유 중의 하나는 지난 두 해에 비해 금년에는 미달학과가 적었고 그 미달학과들마저 2, 3지망 지원생으로 대부분 메워졌다는 사실 때문일 것이다. 마치 입시제도의 가장 중요한 목적이 지원자 배분과 미달사태를 막는 것인 듯한 인상마저 풍긴다. 만일 지원자 배분과 미달사태를 막는 것이 현행 입시제도의 가장 중요한 목적 중의 하나라면 컴퓨터 배정 방법보다 더 합리적이고 만족스런 방법이 없을 것이다.

사실 미달사태 그 자체는 그렇게 심각한 문제는 아니라고 생각한다. 컴퓨터 배정 방법을 제외한 어떤 제도하에서도 미달사태는 일어날 수 있는 일이며 지금처럼 배짱이나 투기가 통하지 않는 정상적이고 합리적인 2, 3지망의 활용으로 그 문제는 어렵지 않게 해소될 수 있을 것이기 때문이다. 문제는 합격할 수 있는 성적을 가진 수험생은 미리 지망을 포기하고, 배짱과 투기에 성공한 저득점의 수험생이 엉뚱하게 합격의 영광을 누리는 제도적 모순에 있다.

　미달사태보다 더 심각한 현 입시제도의 문제점은 대학 진학의 가장 중요한 기준이 되어야 할 적성의 요소가 거의 전적으로 무시되고 있다는 점이다. 대학진학에 있어서 우선적으로 고려해야 할 사항은 학교가 아니라 전공학과라는 사실은 새삼 긴 설명이 필요 없을 것이다. 자기의 학력에 맞는 학교를 선택하는 문제는 그 다음의 일이다. 대학에서 '무슨' 공부를 해야 할 것인가가 '어디서' 공부해야 할 것인가에 선행되어야 할 문제임은 상식에 속하는 이야기인 까닭이다.

　전공을 선택하는 데는 여러 가지 기준이 있을 수 있겠지만 가장 중요한 것은 자기 자신에 맞는 것, 자신이 좋아하는 것을 택하는 자기적성의 기준이다. 그러나 자신의 학력고사 성적을 미리 알고 학과를 선택하는 현행 입시제도 하에서는 학과선택의 결정적인 기준은 성적 자체가 되어 버릴 수밖에 없다. 오리무중의 막막한 불안 속에서 믿고 의지할 수 있는 유일한 것은 이미 확정된 자신의 성적뿐이기 때문이다. 그래서 대부분의 수험생들은 적성이고 뭐고 고려할 여유가 없이 자신의 점수로 합격이 가능한 범위 내의 가장 명문이라는 대학의, 가장 인기가 있다는 학과를 택하게 되는 것이다. 면접시험 때 '왜 이 계열을 지망했느냐'는 필자의 질문에 대한 대부분 수험생들의 솔직한 답변은 유감스럽게도 이 사실을 확인시켜 줄 따름이었다. 우문에 현답이었던 셈이다.

일류병에 대한 근원적인 책임이 우리 사회에 있는 것이긴 하지만, 특히 나어린 학생들을 직접 지도해야 할 학부모들과 진학상담을 맡은 교사들의 태도에도 문제가 있다. 일부의 경우이겠지만 간혹 성적이 좋은 학생이 인기학과를 지망하지 않고 자신의 적성에 맞는 학과를 택할 경우 학부모들과 담임교사들은 '이 점수로 이런 과를 갈 수 있는데 왜 그러느냐, 그 학과는 2지망이나 3지망으로도 충분히 합격될 수 있지 않느냐'라고 나무란다는 것이다. 이런 상황에서 문교부가 그처럼 강조하는 진로지도란 설 땅이 없을 것이다. 적성을 무시한 일류지향의 학과선택은 학생 자신의 학문발전은 물론 궁극적으로 대학의 균형 있는 학문발전에 큰 저해요인이 될 수밖에 없다.

적성 무시의 문제점과 밀접한 관계를 맺고 있는 또 하나의 중요한 문제로는 현 제도의 획일성이 가져오는 강력한 서열화 현상이다. 물론 대학과 학과와 학생들 간에 어느 정도 서열이 정해지는 것은 불가피한 일이다. 그러나 현 제도에서와 같은 획일적인 시험, 획일적인 평가, 그리고 선시험 후지원의 장치는 모든 대학과 모든 학과와 모든 수험생에게 기계적이고 획일적인 서열번호를 매기는 결과를 가져온다. 그 서열 경쟁에서 뒤지지 않으려는, 수단방법을 가리지 않는 안간힘은 극히 당연한 것일지도 모른다. 이 시점에서 한국일보 김창열 편집위원의 진단은 매우 시사적이다.

"대학입시 과열의 원인은 얼핏 생각하는 대로, 그저 '누구나가 대학에 가려 한다'는 데 있다기보다는 '누구나가 좋은 대학에 가려 한다'는 데 있다. 그것은 단순한 학력경쟁이 아니라 학교력學敎歷 경쟁이요 서열경쟁이다. 더구나 지금의 이 경쟁은 남보다 특출하려는 선두경쟁이 아니라, 남 못지않은 사람이 되려는 동조경쟁의 경향이 강하다. 그 경향이 지나쳐 자칫 탈락공포에 이르기 때문에 경쟁은 더욱 비장하고 음산해진다."

적성의 무시나 서열경쟁에 못지않게 심각한 현 제도의 문제점은 그 사행심리 조장에 있다. 눈치작전 배짱지원 야바위판 끗발 등 대학입시장 주변에 난무하는 이 '도박성 용어'들은 그 점을 단적으로 대변하는 말들이다. 원서마감 몇 시간 전, 각 대학의 접수창구 주변에서 벌어지는 눈치와 배짱과 투기로 얼룩진 혼란의 모습은 이 자리에서 새삼 다시 묘사할 필요조차 없을 것이다.

진지하고 엄숙해야 할 입시장은 이제 아파트분양의 추첨장 같은 투기열로 들뜨고 있다. 거기에 걸맞게 금년에는 아파트 추첨장에서나 볼 수 있는 '대기번호표'까지 등장했다고 한다. 그러나 '원서전쟁'이 빚은 이 투기는 일부 복부인이나 상습투기꾼을 대상으로 하는 아파트의 그것과는 달리 적어도 수백만의 선량한 국민들을 대상으로 하는, 그리고 그들을 본의 아닌 투기꾼으로 몰아넣는 '강요된 투기'라는 데 문제의 심각성이 있다. 무엇보다도 치명적인 것은, 진지한 교육의 한 장이어야 할 대학입시가 본의와는 달리 나어린 학생들에게 투기와 도박을 가르치는 그 반교육성이다.

이미 성적이 확정된 상태에서 한 장의 원서의 향방만으로

운명을 좌우하는 현 입시제도는 근원적으로 눈치와 배짱과 투기를 강요할 수밖에 없다. 물론 눈치싸움을 외면하고 소신껏 선의의 경쟁을 하려는 수험생들도 상당수에 달하겠지만 그들 역시 남의 눈치와 배짱에 의해 손익이 결정된다는 점에서 그 싸움의 영향권에서 벗어날 수는 없는 일이다. 그 와중으로부터 초연할 수 있는 학생은 전체 수험생의 불과 0.2퍼센트에 해당하는 극소수의 고득점자들뿐이다.

그 싸움은 인간과 사회에 대한 불신의 씨앗을 이미 담고 있다 해도 과언이 아니다. 운 좋게 성공한 학생들은 이 땅에 만연한 눈치와 배짱의 미덕(?)을 새삼 존중하게 될 것이고, 패배한 학생들은 마치 도박판에서처럼 '속았다'거나 '잘못 찍었다'거나 '일진이 나빴다'는 아쉬움과 불만으로 그 결과에 승복하려들지 않을 것이다. 그들에게 가르쳐왔을, '정정당당하게 최선을 다 해서 싸우고 그 결과에는 떳떳이 승복해야 한다'는 페어플레이 정신은 얼마나 허허로운 공론에 그치고 말 것인가. '이건 교육이 아니다……'는 어느 학부모의 신음 같은 짤막한 한마디 말은 현 입시제도가 안고 있는 문제의 심각성을 긴 여운으로 비장하게 전하고 있는 것 같다.

문교부가 어떤 근거와 판단에서 현 제도의 고수방침을 결정했는지는 몰라도 대부분의 교육전문가나 교육종사자들은 현 제도가 개선되어야 한다는 데에 의견을 같이 하고 있다. 한 예로 고교의 진학관계 교사들을 대상으로 한 '광주일보'의 설문조사에 의하면 전체의 92퍼센트가 어떤 형태로든 현 제도가 개선되어야 한다고 생각하고 있으며 기본골격 자체부터 뜯어 고쳐야 한다는 강경론자도 40퍼센트에 이르고 있다.

그렇다면 과연 어떤 개선방안이 가능할 것인가? 이론상으로는 위에서 검토해 본 몇 가지 중요한 문제점들을 모두 해소할 수 있다면 가장 이상적인 방안이 될 수 있겠지만, 현실적으로 그런 방안이 당장 가능할 수는 없을 것이다. 그러나 현 제도가 수반하는 혼란과 충격과 비교육적 요소를 최대한으로 줄일 수 있는 개선책은 가능할 수 있지 않을까 생각된다.

그 첫 단계가 현 입시제도의 가장 중요한 특성인 '선시험 후지원'의 방법을 '선지원 후시험'의 방법으로 바꾸는 것이다. 과잉눈치에 의한 비정상적 미달사태, 적성을 무시한 성적기준 일변도의 학과지망, 대학과 학생의 기계적인 서열화, 눈치와 배짱을 강요하는 반교육적 투기성 등 자신의 성적을 알고 학교와 학과를 택하는 데서 비롯되는 현 제도의 많은 폐단들은 선지원 후시험제에 의하여 대폭 그 정도를 감소시킬 수 있을 것이기 때문이다.

우선 눈치와 배짱싸움을 가능케 하는 중요한 근거로서의 자신과 남의 성적의 상대적 비교라는 것이 불가능해질 것이고, 자신의 성적을 미리 알 수 없는 상황에서 학과를 지망해야 할 경우 학과선택의 기준으로서 자기 적성의 고려비중이 지금보다는 한결 높아질 수밖에 없을 것이다. 먼저 지원을 한 후 시험을 치러 그 결과가 나타나는 경우, 학교 학과 개인에 대한 지금과 같은 획일적이고 기계적인 일련번호식의 서열화는 한결 그 정도가 누그러질 것이다. 무엇보다도 합격, 불합격은 최종적으로 자신의 시험결과에 따라 결정되므로 사행심이나 투기의 영향력이 극소화되고 그 결과에 대하여도 자신의 책임으로 승복하지 않을 수 없게 될 것이다.

선지원 후시험제에 대한 부정적 입장은, 고교평준화가 이루어진 지금은 과거처럼 학생들이 자신의 학력으로 어느 대학에 합격할 수 있는지의 윤곽을 제대로 파악할 수 없어 우수학생이 대거 탈락할 위험이 있고, 이에 따라 '우수한 재수생'이 양산될 것이라는 판단에 근거를 두고 있는 것 같다. 그러나 고교평준화가 이루어진 이후 지난 8년을 통하여 어느 고교에서 어느 정도면 어느 대학에 합격할 수 있다는 대체적인 통계는 나와 있을 것이고 따라서 주무당국이 걱정하는 정도의 이변은 없을 것이다. 설령 어느 정도 우수학생이 탈락한다 하더라도 그것은 경쟁을 필수요건으로 하는 입시제도의 필연적인 결과로 받아들일 수밖에 없을 것이다. 우수 탈락자와 미달사태에 대한 보완책으로는 현행의 2, 3지망제에 덧붙여 평가와 선발과정을 각 대학이 자율적으로 관장하는 추가시험제를 생각해 볼 수도 있지 않을까 한다. 선지원 후시험제의 득과 실을 비교해 보면 이 방법을 택하는 것이 바람직하다는 이유는 자명해질 것이다.

학력고사와 내신제만으로 전형기준을 삼는 현 입시제도의 골격자체에 대해서도 찬반의 이론이 있지만 필자는 현 제도의 기본골격 자체는 그대로 유지해야 한다고 생각한다. 그것은 일본과 극소수의 몇 나라를 제외한 대부분의 나라들이 이 골격을 취하고 있다는 세계적 추세를 의식해서라기보다는 한 나라의 정책은, 더구나 국민문화와 직결되는 교육정책은 그 근본취지가 옳은 것이라면 가능한 그대로 존속시키면서 필요에 따라 보완조치를 취하는 방향이 바람직하다는 이유에서이다.

과열 과외라는 치명적 고질의 추방과 고교교육 정상화라는 현 입시제도 개혁의 기본취지를 정당한 것으로 받아들인다면 다시 본고사제도로 돌아가자는 일부의 의견은 다분히 복고풍의 감상적이고 퇴행적인 발상이라고 볼 수 있다. 본고사제도의 장점, 예를 들면 선지원 후시험 방법이라든가 대학의 자율성 반영 등은 운영의 묘에 따라 현 제도의 골격 안에서도 긍정적으로 활용될 수 있을 것이기 때문이다.

그러나 현행의 학력고사와 내신제에는 상당한 보완작업이 필요하다로 생각된다. 처음부터 우려했던 대로 객관식 출제로 이루어진 학력고사만으로 수험생의 능력을 만족하게 평가한다는 것은 불가능하다. 객관식 출제로 어느 정도 정당히 평가할 수 있는 능력은 기억력과 응용력뿐이다. 정작 대학에서의 학문연구에 필요한, 나아가서 문화발전에 기여할 사회의 역군으로서의 자질에 필요한 창의력·조직력·논리적·사고력·상상력 등은 평가할 길이 없는 것이다. 또한 학력고사의 객관식 출제는 고교교육 자체를 객관식 위주의 피상적 교육으로 유도할 수밖에 없으며 그것은 곧 문교정책의 중요한 목표인 고교교육 정상화에 역행하는 길이다. 객관식 교육의 해독이 얼마나 심각한 것인가는 그런 교육에 젖어온 학생들을 대학에서 직접 가르쳐보지 않은 사람은 상상하기 어려울 것이다. 그렇다고 60만 명이나 되는 수험생을 상대로 주관식 고사를 시행한다는 것은 불가능한 일이다. 그렇다면 현행 학력고사에 대한 어떤 보완책이 가능할 것인가?

　필자의 생각은 이렇다. 첫째, 4지선다형의 문제를 5지 혹은 6지로 늘리고 요행수를 막기 위한 감점제를 채택한다. 업무량이 많이 늘겠지만 컴퓨터기술의 최대 활용으로 가능하리라 생각한다. 둘째, 현재의 70퍼센트에 이르는 학력고사 성적의 반영비율을 60퍼센트로 낮추고 20퍼센트는 내신성적으로 나머지 20퍼센트는 각 대학의 재량에 맡겨 면접고사의 강화, 혹은 일부 교육전문가들이 주장하는 논문시험 등으로 객관식 고사의 약점을 보충할 수 있도록 한다. 이중시험의 폐단을 지적하는 사람이 있겠지만 현재도 각 대학에서 면접고사를 제도적으로(비록 유명무실하다 하더라도) 시행하고 있음을 참작할 필요가 있을 것이다. 허울만의 면접고사를 현실화한다는 것 자체도 매우 바람직한 일이 아닌가 생각한다.

　셋째, 미국의 경우처럼 학력고사에 관한 업무를 독립적으로 전담하는 상설기관을 설치한다. 온 국민의 열기 띤 눈길을 집중시키고 있는 이 거대한 작업을 지금처럼 한 행정부서의 1개국에서 전담한다는 것은 너무 무거운 부담이다. 그러한 상설전담기구가 설치되면 고사 한 달 전쯤에 출제위원을 선임해서 문제를 급조해야 하는 졸속성을 면할 수 있을 것이고, 출제자나 시행년도에 따라 난이도가 달라지는 폐단도 피할 수 있을 것이다.

장기적으로는 공정하고 여유 있는 문제은행식의 출제가 가능할 것이다. 그리고 지금과 같은 관冒이 드리우는 무거운 위압감 같은 것도 거둬들일 수 있을 것이다.

현행의 내신제에도 많은 문제점이 있다. 내신제는 궁극적으로 고교교육 정상화를 이루는 데 가장 바람직한 제도임에 틀림없으며 언젠가는 이 땅에 정착시켜야 할 제도이기는 하다. 다만 우리의 현실이 내신제가 성공적인 뿌리를 내릴 수 있는 토양을 마련하고 있지 못하다는 데서 여러 가지 어려움이 뒤따르는 것이다. 현 수준 이상의 내신제의 활용은 시기상조라는 주장은 그래서 설득력이 있다. 우선 내신제 활용의 필수요건이 되어야 할 국내 모든 고교의 학력평준화가 이루어져 있지 않고, 부끄러운 이야기지만 학생들의 내신성적이 과연 공정히 매겨지고 있는지도 의문이다. 또한 상당수에 달하는 검정고시 출신과 야간고교 출신 수험생들에게 비교적 유리하게 작용할 수밖에 없는 현 적용기준에도 문제는 있다. 그러나 제도 자체가 바람직한 것이라면 적절한 보완조치를 취해 가면서 이 제도를 살려나가야 하리라 생각한다.

현행 내신제에 대한 그러한 보완조치의 하나로서 아직은 내신반영 비율을 20퍼센트선에 묶어 두어야 한다는 것이 필자의 생각이다. 그 비율은 모든 여건이 보다 개선되어감에 비례해서 점진적으로 높여가는 것이 바람직하다. 예를 들어 금년처럼 고득점자가 양산될 경우, 내신성적 한 등급의 차이가 결정적인 변수로 작용할 수 있는 까닭이다. 또 하나의 보안책은 학교성적,

점수자체를 '수우미양가'의 구분단계를 거치지 않고 직접 내신 점수로 환산하거나, 그 방법의 시행에 어려움이 있다면 적어도 내신등급 자체를 보다 세분하여 내신점수 산출과정에서 일어나는 불합리한 요소들을 최소한으로 줄이는 것이다.

현 제도의 골격 안에서 보완될 수 있는 또 하나의 중요한 문제는 대학의 자율성 반영이다. 현행 입시제도 하에서는 마땅히 입시의 주역이 되어야 할 대학이 입시관리의 시중만 들고 대학고유의 선발기능을 전혀 발휘할 수 없게 되어 있다는 데에 근본적인 문제가 있다. 대학이 최소한의 선발권한과 기능만이라도 회복할 수 있기 위해서는, 앞에서 잠시 언급한 바 있듯이 20퍼센트의 반영비율 내에서라도 강화된 면접고사나 논문시험을 통하여 수험생들의 능력을 직접 평가할 기회를 가지고, 학력고사 성적의 반영에 있어서 각 학과의 관련과목 성적에 가중치를 적용할 수 있도록 제도적 장치가 마련되어야 한다. 그러나 이상적인 입시제도는, 그리고 언젠가는 그렇게 실현되어야 할 제도는, 대학이 명실공히 신입생 선발의 권한과 기능을 발휘할 수 있는 주역이 되고 학력고사 성적이나 내신성적은 그 평가와 선발 자료에 그쳐야 하는 그런 제도인 것이다.

지금까지 현행 대학입시제도가 안고 있는 몇 가지 중요한 문제점들, 그리고 그 문제점들에 대한 개선 방안을 대략 검토해 본 셈이다. 그러나 그 개선 방안이라는 것은 정책적인 혹은 제도적인 표피적 차원에서 논의된 것임에 불과하다. 현 입시제도의 문제점과 개선 방안에 대한 진정한 논의는 보다 깊은 심층적 차원에서 그 암부暗部에의 조명을 통하여 이루어져야 할 것이다.

이 모든 문제의 근본적인 핵심은 우리사회가 안고 있는 금권만능주의 기회주의 학벌주의 찰나주의 한탕주의 등의 온갖 비합리적 요소들, 교육을 목적이 아닌 수단으로 전락시키고 있는 온갖 비리들과 직결되어 있기 때문이다. 이 비리의 늪에서 벗어날 수 있을 때 비로소 진정한 의미의 교육 개선이 가능할 것이고 우리는 우리교육의 장래에 진지한 희망을 걸어볼 수 있을 것이다.

1983. 3. 『신동아』

발문
문학과 사회비평의 이중주

김명렬 (서울대학교 명예교수, 영문학)

산여山如 천승걸千勝傑과 나의 교우관계는 반세기가 넘는다. 그것도 어쩌다 만나는 관계가 아니라 서로가 누구보다 서로를 가장 자주 만나는 사이를 50여 년간을 지속했다는 것은 흔치 않은 경우일 것이다.

우리는 1958년 봄 서울대학교 문리대 영문과에 입학하여 처음 만났다. 그런데 어찌 된 일인지 우리는 만나자마자 서로에게 끌려서 가까워졌고 그로부터 졸업할 때까지 거의 매일을 함께 붙어 다녔다. 이처럼 우리를 단짝으로 만든 것은 무엇보다 세상을 보는 눈이 같았기 때문이었던 것 같다. 우리는 같은 것을 좋아했고 같은 것을 싫어했다. 이처럼 가치관이 같으니까 정상에서 벗어난다고 여기는 것도 같았다. 거기에다 우리의 유머 감각도 신기할 정도로 일치하여서 그런 비정상적인 것을 보면 그것을 같이 희화화하면서 즐거워했다. 당시 마땅한 소일거리나 놀이가 없었던 때에 이런 장난이 우리에게는 가장 손쉬운 오락이었던 것 같다. 우리는 그 즐거움을 배가하기 위해서 그런 희화화를 더 극적으로 표현하려 했고, 그를 위해 우리들만의 특수한 술어를 사용하기도 했다. 그래서 그 당시 우리와 함께 학교를 다닌 친구들 중에는 우리를 매일 붙어 다니며 무언가에 대해 항상 낄낄거리는 작자들로 기억하는 사람이 많을 것이다. 이 놀이는 그 후에도 변함없이 이어져서 70이 넘은 이 나이에도 계속되고 있다. 아직도 우리 중의 하나가 이런 어투로 우스개를 시작하면 다른 쪽은 즉시 그에 맞장구를 치며, 그러면 우리는 순식간에 20 안팎의 철부지로 돌아간다. 우리는 함께만 있으면 언제나 시간의 경과를 이렇게 무효화할 수 있다.

대학을 졸업한 후 우리는 함께 공군장교로 군에 입대했다. 근무처는 달랐지만, 그래도 같은 군에 있었으니까 4년여 동안 군대생활도 같이 한 셈이다. 제대 후 교사생활도 같은 재단에서 운영하는 이웃 학교에서 하다가 산여가 먼저 대학으로 진출하였고 나는 몇 년 후에 그 뒤를 따랐다. 그러다가 1981년에 내가 서울대학교로 옮기면서는 정년 할 때까지 같은 학과에서 근무하였다. 정년 후에 우리는 매달 한 번씩 만나는 사교 모임을 몇 개 같이 만들었다. 그래서 지금도 한 달에 적어도 서너 번은 만나게 되어 있다.

이러니 산여와 나는 거의 평생을 같이 지내오고 있다고 해도 과언이 아니다. 백아伯牙와 종자기鍾子期는 거문고 소리로 서로의 마음을 알았다 하지만, 산여와 나는 서로 눈빛만 봐도 무슨 생각을 하는지 알고, 심지어 말을 안 해도 무엇을 말하고자 하는지를 안다. 이처럼 산여에 관해서는 내가 누구보다도 잘 알고 있다고 자처하는 바이므로, 이 글에서 인간 천승걸을 소개하면서 그의 글에 대한 언급을 곁들일까 한다. 따라서 이하에서 소개되는 그의 면면에는 이 책에 수록된 글들과 직접적인 연관이 없는 것도 있을 수 있다.

산여를 아는 사람은 누구나 먼저 그의 다재다능함에 깊은 인상을 받았다고 말할 것이다. 대학선생이라는 사람들이 대개 책상물림으로 운동하고는 담을 쌓 사람들이지만, 산여는 못하는 운동이 없을 정도로 운동을 잘한다. 젊어서는 교수 축구팀의 공격수로서 명성을 날렸고 테니스도 썩 잘 친다. 또 수십 년간 등산을 해 와서 국내의 웬만한 산을 안 가 본 데가 없고 일본, 중국, 동남아의 명산들도 다수 등반하였다. 이처럼 운동을 잘 할 뿐만 아니라 각종 스포츠에 대한 지식도 대단하다. 제반 운동경기의 규칙이나 유명한 선수, 주요 경기의 승부 현황 등에 대해서 산여 만큼 자세히, 그리고 정확히 아는 사람을 나는 알지 못한다. 또 국내의 이름 있는 산들에 대해서도 접근 방법, 등산로, 산세와 지형, 심지어 표고까지 그는 훤히 알고 있다.

그뿐만 아니라 산여는 예능에도 대단한 재능을 갖고 있다. 그는 어려서는 미술부원으로 활동할 만큼 그림에 소질이 출중했다 한다. 이런 미적 감각은 나중에 서예를 할 때에도 나타났다. 인문대 선생들이 10여 년 간 붓글씨 공부를 했는데 산여는 그중에서 가장 뛰어난 사람의 하나였다. 그는 특유의 늠름하면서도 부드러운 필치를 구사하여 글자 하나하나의 자형도 잘 구성할 뿐만 아니라, 화선지畵宣紙에 쓰인 글 전체를 놓고 볼 때도 글자와 글자의 연결, 글자와 여백과의 관계 등을 적절히 맞춰서 전체의 조화를 대단히 잘 이루어 내었다. 회원 중에서 필재로는 부동의 말석을 차지했던 나로서는 그의 남다른 미적 감각에 늘 감탄하지 않을 수 없었다.

그러나 그의 음악적 재능은 이보다도 더 탁월하다. 우선 그는 누구나 들으면 매혹되고 마는 부드러우면서도 힘있는 저음의 미성을 갖고 있다. 거기에다 그는 어느 노래나 즉시 알토로 화성을 낼 수 있을 정도의 예민한 음감을 갖고 있다. 그 목소리와 그 감각으로 노래를 하니 그가 노래를 잘 부르지 않을 수 없는 것이다. 그냥 잘하는 정도가 아니라 가수를 능가할 정도로 잘 부른다. 그의 준수한 외모와 이 프로급 가창력은 어느 모임에서나 청중을 매료하기에 충분했다. 「내 이화시절의 사진첩」에 잘 나타나 있듯이, 이화여고 교사 시절에 그는 견실한 영어실력으로 학생들의 신망을 한 몸에 모은 데다가 그 위에 이런 매력까지 더했으니, 그의 인기는 실로 대단한 것이었다. 이처럼 그의 인기는 실력 있는 교사에 대한 존경뿐만 아니라, 인간 산여에 대한 호감과 흠모가 어우러져 이룬 결과였으므로 강의 한 가지로 사람을 끄는 요즘의 소위 '스타 강사'들의 인기하고는 질적으로 다른 것이었고 그 정도도 그들의 것을 훨씬 능가하는 것이었다.

산여는 노래솜씨 못지않게 언변이 좋다. 우선 이야기를 재미있게 잘 하기도 하지만, 하다가 흥이 나면 재치와 유머를 섞어서 좌중을 사로잡는다. 그런 재주는 이 책에 실린 「'제3의 사나이' 와 '더 더드 맨」, 「일사일언」 칼럼4제」 같은 글에 약여하게 드러나 있다.

그런가 하면 산여는 평상시 늘 점잖고 의젓하여서 주위 사람들의 신뢰를 받는다. 그 용모, 그 목소리, 그 언변에다가 행동까지 믿음직하니까 누구나 그를 믿음성 있게 볼 뿐만 아니라, 동년배보다 윗길로 본다. 그러나 사실을 알고 보면 모두 놀란다. 그는 일곱 살에 학교에 들어가서도 성적이 하도 뛰어나 한 학년을 월반했다. 그래서 실제로는 동기생들보다 한두 해 어리다. 그러나 이 사실을 잘 아는 동기생들도 그를 어린 사람으로 취급하지 못하는 것은 그의 사람됨과 마음 씀이 그의 노성한 겉모습에 걸맞게 실제로 원숙하기 때문이다. 이런 의젓한 몸가짐은 주석에서도 변함이 없다. 그는 두주斗酒를 통음하는 호주이지만, 나는 아직도 술에 취해서 자세가 흐트러지는 모습을 그에게서 한 번도 본 적이 없다. 이것은 심신 양면으로 엄격한 자기관리를 오래 지속하여 이룩한 내공이 쌓이기 전에는 불가능한 일이라고 생각한다.

산여는 경제관념이 강한 편이면서도 매우 너그러운 사람이다. 이것은 필경 여유 있으면서도 규모 있는 집안에서 자란 때문일 것이다. 1950년대 말에서 60년대 중반은 우리 모두가 가난했던 때였다. 그 당시 산여네 집안은 평균보다는 여유가 있었지만, 그도 우리와 같이 가정교사를 하여서 용돈을 충당하였다. 그런데 비슷한 처지의 우리들은 언제나 빈털터리였지만, 산여는 달랐다. 그는 학생 때나, 군인 때나, 그 후 교직생활을 할 때에 항상 여축이 있었다. 나는 산여를 통해 소위 비상금이라는 것을 처음 알았다. 그런 준비가 늘 있어야 된다는 것을 배우고도 나는 실행하지 못했는데, 그는 언제나 지갑에 얼마만큼의 돈을 비치하고 다녔다. 그리고 항상 목이 말랐던 그의 친구들을 위해서 그는 그 돈을 흔쾌히 풀었다. 나는 그의 이런 시혜의 가장 빈번한 수혜자였다. 그렇게 늘 친구들에게 베풀었지만, 그는 한 번도, 농담으로도 생색을 낸 적이 없었다. 그러니까 내가 말한 산여의 경제관념은 항상 약간의 돈을 지니고 다닌다는 뜻이지, 수입과 지출을 잘 관리하여 재산을 모은다는 것하고는 상관이 없는 말이다.

이 같은 그의 대인다운 성품은 남을 돕고 배려하는 데에서도 잘 나타난다. 그는 등산을 할 때도 누구 못지않게 빨리 올라갈 수 있지만, 언제나 뒤에 처져서 늦게 오는 동료를 보살핀다. 또 비상 의약품을 늘 준비하고 다녀서 사고가 났을 때는 응급처치를 도맡아 한다. 그래서 그는 고등학교 동창 등산회의 회장직을 오래 맡았을 뿐만 아니라, 그 직을 마친 후에도 종신 명예 회장으로 추대되었다 한다. 그러니 우리 영문과 동창 등산회에서도 그가 회장이 된 것은 당연한 일이다. 등산할 때뿐만 아니라 평소에도 그가 이웃과 동료들에게 도움과 배려를 베푸는 것은 물론이다. 「주례퇴임을 위한 고별사」에도 나타나 있듯이, 그는 형편이 어려운 친구를 위해 자신의 결심을 꺾고 원치 않는 일을 마다 않고 하는 아량을 갖고 있다. 내가 제대하고 무직일 때 교사 자리가 난 것을 알려 준 것도 산여였다. 또 내가 서울대학교로 옮길 수 있었던 것도 산여의 적극적인 격려와 지원이 있었기에 가능했으며, 임용이 되고도 상당기간 연구실을 배정받지 못했을 때에 산여의 배려로 그의 연구실을 함께 썼다. 이처럼 나는 첫 직장과 마지막 직장을 얻는 데에 산여로부터 큰 도움을 받았다.

산여는 치밀하고 계획성이 강한 사람이다. 그는 무슨 일이든지 먼저 철저히 계획을 세우고 나서 실행에 옮긴다. 예컨대 그와 함께 여행을 하면 교통편, 도정, 일정, 비용계산까지 모든 계획을 그가 다 짠다. 나는 그와 여러 번 여행을 같이 했는데, 여태 한 번도 그의 계획에 차질이 있었던 적이 없었다. 이와 같은 그의 성품은 그가 큰 일을 맡았을 때 더욱 확연히 드러난다. 그는 1990년대 초에 전국 규모 학회인 한국아메리카학회의 회장에 피선되었다. 그때는 국제교류가 모든 면에서 지금같이 원활하지 못할 때였다. 그런데 산여는 임기동안에 큰 국제학술회의를 치르게 되었다. 그는 그 복잡한 계획과 집행을 거의 혼자 힘으로 주도하여 대회를 성공적으로 마치는 놀라운 역량을 보였던 것이다.

산여는 우리나라 신문학기의 유명한 소설가인 박화성朴花城 선생의 아들이다. 박선생의 문학적 천분天分이 당연히 자손에게 전해져서 산여의 두 형님은 저명한 문필가들이 되었다. 형님들에 결코 못지않은 재능을 타고난 산여의 글 솜씨가 어찌 범연할 리 있겠는가. 그가 20대에 쓴 「여로에서: K형에게」와 「바다」같은 글에 나타난 그의 예민한 감수성과 섬세한 표현력은 벌써 그의 비범한 문재文才를 확인해 주고 있다. 그러더니 장년기에 이르러서는 아닌 게 아니라 그는 명품이라고 일컬을 만한 여러 작품을 발표하기에 이른다. 「어촌의 아침」은 프로스트R. Frost의 시 내용과 바다를 바라다보며 꿈을 키워가는 어린 아들의 모습을 성공적으로 대비시킨 수채화 같은 작품이다. 「월출송」은 그의 어린 시절부터 시작된 고향에 대한 깊은 애정이 짙게 깔린 작품으로서 그 기이한 산의 다양한 모습을 핍진하게 그려낸 솜씨가 일품인 글이다. 그 묘사가 하도 정교하고 여실하여서 월출산을 안 가 본 사람도 그 산을 눈앞에 훤히 그려볼 수 있을 정도이다. 그래서 이 글은 월출산이 안고 있는 여러 명소들에 대한 상세한 안내서 역할도 충분히 해 내고 있다.

산여는 인물을 그리는 데에도 대단한 재능을 보여 주고 있다. 세상 사람들이 모두 다 쓸 수 있다고 생각하지만 실제로는 가장 쓰기 어려운 것이 자신의 어머니에 대한 글이다. 이 책에는 산여의 모친에 대한 글이 두 편 실려 있는데, 그중 짧은 글인 「나의 어머니 박화성 – 돌아가신 어머니를 추모하며」는 간명하면서도 박화성 선생의 특징을 약여하게 잡아낸 수작秀作이다. 그가 이 어려운 소재를 성공적으로 다룰 수 있던 것은 무엇보다도 자식으로서, 특히 어머니의 사랑을 가장 많이 받은 막내로서 빠지기 쉬운 감정적 몰입을 철저히 배제했기 때문이다. 그 같은 감정의 억제와 객관성의 유지가 묘사의 사실성을 제고하여 인물을 더욱 오롯이 살아나게 할 뿐 아니라, 독자로 하여금 절제된 육친에 대한 정을 무언중에 오히려 더 깊이 느끼게 하고 있다. 「잊을 수 없는 스승, 송욱 선생님」도 송 선생님의 '괴짜성'을 적절한 예와 곡진한 묘사를 통해 여실히 그려내고 있다. 거기서 한 발 더 나아가 송선생님의 시 세계와 학문에 대한 폭넓은 이해를 바탕으로 한 논의도 아울러 전개함으로써 그는 단순한 인물묘사를 넘어 깊이 있는 인물평전으로 이 글을 발전시키고 있다.

「캠퍼스의 꿈은 평화롭고」는 산여의 이런 뛰어난 글 솜씨에 정의감이 어우러진 작품이다. 요즘 독자들은 이 글을 그냥 잘 짜인 콩트라고 볼 것이다. 그러나 지금 보면 아무 문제 될 것이 없는 내용의 이 글이 산여에게는 가히 필화筆禍라 할 만한 고난을 안겨 준 작품이다. 이 글이 쓰인 1983년은 군사정권의 학원 탄압이 극에 달하여 수많은 학생과 교수가 구속되거나 출교되던 때였다. 또 학생 시위가 일어나면 교수들은 즉시 정해진 위치에 가서 시위 학생들을 만류하라고 당국이 강요하던 때였다. 이런 교수 동원을 효율적으로 하기 위해서 각 교수실에 스피커까지 설치하였었다. 한편 당시 시위에 나선 학생들의 주요 구호 중의 하나가 졸업정원제 폐지였다. 이 글은 꿈이라는 장치를 이용하여 이런 것들의 부당성을 지적하고 있는 것이다. 그러므로 산여는 상당한 위험을 무릅쓰고 이 글을 쓴 것이다. 아니나 다를까? 이 글이 발표된 날 저녁에 신원을 밝히지 않은 자가 전화를 걸어와서 무례한 말투로 "몸 조심하라"는 협박을 했다. 다음 날 아침에는 총장실에 불려가서 동정과 위로의 말이 아니라 꾸중과 훈화를 듣는 수모도 했다. 그러나 이런 협박과 강압도 그의 강고한 정의감을 위축시키지 못했다. 그 후에도 민주화를 촉구하기 위한 교수들의 서명이 있을 때에, 내가 알기로 그는 늘 그에 참여하였다.

　이런 면에서 짐작할 수 있듯이 산여는 문학적 관심에 못지않게 사회적 문제에 대한 관심이 많다. 그는 우리의 잘못된 언어 현실에 대한 글을 대여섯 편 썼는데, 이는 우리 사회에 만연한 언어의 오용을 바로 잡아야겠다는 문학선생다운 충정의 발로라 하겠다. 이 밖에도 우리 사회의 여러 병리적 현상에 관한 비판이나 논설에 가까운 글들을 많이 썼다. 그런 글들에 나타난 그의 진단과 해법이 하나같이 공감을 불러일으키며 강한 설득력을 가지는 것은 그것들이 정확한 관찰과 건실한 상식에 기초하고 있기 때문일 것이다. 그런 글 중에서도 특히 대학 입시에 관한 장문의 논설인 「대입제도, 이대로 좋은가?」는 시종 교육자다운 양식과 열의를 가지고 전문가 수준의 심도 있는 분석과 논의를 수행한 역작이다.

 이 같은 사회 비판적 논설 외에도 산여는 고전에 속하는 영미 소설들에 관한 글도 여럿 이 책에 싣고 있다. 간단한 플롯 개요와 해설 및 논평을 곁들린 소개서는 그 작품을 처음 대하는 일반 독자들이 작품을 이해하는 데에 좋은 길잡이가 될 것이다. 그러나 개중에는 이런 소개서가 아니라, 그 분량이나 논의의 깊이로 보아 본격적인 논문이라고 해도 손색이 없을 만큼 무게 있는 글들도 있다. 일반 독자뿐만 아니라 영미문학을 전공하는 학생들이 읽으면 많은 도움을 받을 이런 중후한 글들에서 독자는 중진重鎭 학자인 산여의 면모를 엿볼 수 있을 것이다. 이 자리는 산여의 학문적 성취를 논할 자리는 아니다. 그러나 그가 우리 학과에서 미국문학 전공 석, 박사를 가장 많이 배출했을 만큼 큰 학덕의 교수였음만은 밝혀두고 싶다. 이 밖에 몇 편의 한국문학 작품에 대한 논평은 영미문학에 한정되어 있지 않은 그의 넓은 관심의 폭을 반영할 뿐만 아니라 탁월한 비평가로서의 그의 역량을 확인해 주고 있다.

 이상에서 살펴보았듯이, 이 책에 실려 있는 글들은 크게 문학적인 글과 사회비평적인 글의 두 가지로 분류될 수 있다. 이 두 종류의 글들은, 마치 두 개의 다른 악기가 서로 다른 음색으로 화합을 이루어 하나의 음악을 만들어내듯이, 산여라는 인간을 입체적으로 엮어내고 있다. 그래서 이 책을 읽는 독자들도, 한 종류의 글로 일관하는 여느 산문집에서와는 다르게, 간간이 다른 류의 글을 대하는 다양하고 풍요로운 독서의 즐거움을 맛볼 수 있을 것이다.

    산여는 3년 전 뜻밖에 중병이 들어 큰 수술을 받았다. 퇴원 후에도 여러 가지 후유증으로 오랫동안 무척 고생하였다. 그러나 그는 하루에도 몇 번씩 사신과 마주치는 그 무서운 투병 중에도 한 흑인 작가의 소설을 번역해 출간하는 초인적인 인내력을 보여주었다. 이 산문집은 그가 그런 어려운 고비를 당했을 때 신변을 정리해야겠다는 생각으로 기획했다고 한다. 그러나 본인의 강인한 의지와 가족의 헌신적 간병 덕으로 이제는 많이 회복되어 곧 정상적인 생활을 눈앞에 두고 있으므로, 이 책을 출간하는 의미도 달라져야 할 것이다. 즉, 일생을 정리한다는 뜻이 아니라, 이제부터 새롭게 시작하는 새 삶을 위해서 옛것을 정리한다는 것이 그 뜻이 되어야 할 것이다. 또 이 책의 출판을 계기로 그가 건강하고 희망찬 새 삶을 오래도록 누리라는 바람은 그를 아끼고 사랑하는 많은 그의 친척, 친구들의 간절한 염원이기도 하다. 그래서 나는 산여가 이 산문집을 내는 것을 축하함과 더불어 앞으로 이런 산문집을 여러 개 더 내라는 기원으로 이 발문跋文을 맺는 바이다.